언론의 亂

마녀사냥·인민재판·촛불 우상화·졸속 탄핵·오보와 왜곡

趙甲濟 외

조갑제닷컴

언론의 亂, 그 뒤

1. 최순실 사건이 JTBC의 특종으로 확대되기 시작한 지 한 달 보름 만에 국회가 朴槿惠(박근혜) 대통령에 대한 탄핵소추를 가결시켜 헌법 재판소로 넘기고 대통령 직무가 정지되었다. 너무나 빠른 사태전개이다. 당사자인 박 대통령은 '어, 어' 하다가 당한 기분이 들 것이다. 5년제 단임 대통령 중심제의 근간을 뒤흔드는 탄핵소추를 덜컥 걸어놓으니 일의 頭緖(두서)가 뒤엉켜버리고 말았다.

2. 검찰은 대통령을 신문도 하지 않은 상태에서 피의자니 공범이라 발표하였다. 최순실 씨에 대한 형사 재판, 특검, 국정조사와 헌법재판소의 재판이 동시에 진행된다. 헌재의 결정이 먼저 나오면 나중에 형사재판의 결과와 다를 수가 있다. 대통령 파면 여부를 결정하는 재판에서 이런 불일치는 심각한 憲政(헌정) 위기를 제기한다. 내년 대통령 선거가 언제 치러질지도 몰라 정당도 혼돈에 빠졌다.

3. 국회가 언론의 폭풍 같은 보도와 촛불시위에 등이 떠밀려 서둘러

탄핵 가결을 한 것이 이런 부작용을 낳고 있다. 여기에 문재인 씨는 연일 내란선동적 발언을 퍼부어 혼란을 가중시킨다. 국회의 탄핵 소추안은 검찰 공소장과 언론 보도를 그대로 옮겨놓은 것이다. 국회의 독자적 조사가 全無(전무)하다. 헌법재판소는 수많은 증인을 부르고 수많은 증거 조사를 하는 등 시간이 많이 걸릴 것이다. 2004년 노무현 대통령 탄핵 재판 때는 소추된 사실에 대한 다툼은 없었고 법리 적용만 하면 되었다. 그래도 두 달이 걸렸다.

4. 정치와 재판 일정을 뒤죽박죽으로 만든 것은 대통령에 대한 인민재판식 보도가 몰고 온 졸속 탄핵 소추이다. 일련의 사태를 언론의 亂이라 부르는 이들 중엔 언론인 출신이 많다. 최순실 마녀사냥, 대통령 인민재판, 촛불 우상화를 주도한 것은 '조중동'으로 불리는 主流(주류) 언론이었다. 신문과 종편 TV를 입체적으로 동원한 폭로성 집중 보도는 감정적이고 적대적이며 주관적이었다. 저널리즘의 원칙을 포기한 선동 일변도였다. 오보나 왜곡으로 밝혀져도 바로잡지 않았다. 한국 언론사의 큰 오점으로 남게 되었다.

5. 박근혜 대통령이 최순실을 '최 선생님'이라 불렀다. 최순실의 아들이 청와대에 근무하고 있다. 세월호 침몰 날 朴 대통령은 청와대에서 최태민을 위한 굿을 했다. 최순실을 중심으로 한 8선녀 그룹이 있다. 최순실이 대통령 전용기에 동승하여 외국을 다녔다. 고영태가 호스트바에서 최순실을 만났다. 차은택이 심야에 청와대로 들어가 대통령과 만났다 등의 보도는 허위로 밝혀졌지만 제대로 바로잡지 않아 거의 모든 한국인들이 이 순간에도 사실로 믿고 있다. 언론의 社說(사설)과 논평은 균형 감각을 상실, 박 대통령에 대하여 거의 加虐(가학)취미적인 공격을 일삼고, 헌법을 자의적으로 해석, 말도 안 되는 대안을 제시하였다. 교

양과 思索(사색)이 실종된 격문 수준이었다.

6. 조중동이 선도한 대통령 난타에 좌우가 합작, 反朴통일전선이 형성되니 분노한 시민들이 광화문으로 쏟아져 나왔다. 언론은 촛불시위를 적극적으로 응원하였다. 시위 군중 숫자를 주최 측의 주장대로 표기, 실제보다 5~10배나 과장하였다. 비판적 견해는 '촛불비하 발언'으로 규정되어 뭇매를 맞았다. 박근혜 대통령은 항거불능 상태가 되었다. 청와대 비서실은 일찌감치 無力化(무력화)되고 새누리당(특히 친박세력)이 두려움에 떨면서 무릎을 꿇은 사이 朴 대통령 비방은 아무리 해도 괜찮다는 인식이 널리 확산되면서 드디어 동네북이 되고 말았다. 한국의 거의 모든 언론이 종일 朴 대통령을 벌거벗겨 놓고 난도질하니 '잘한다'는 평가가 5%대로 떨어졌다. 이런 분위기 속에서 검찰은 마음 놓고 대통령을 몰아세울 수 있었다.

7. 조중동이 경쟁적 보도로 최순실의 비리를 파헤친 초기 공로는 인정되어야 한다. 朴 대통령이 줄곧 秘線(비선)의 실체에 대하여 국민들에게 거짓말을 한 것이 탄로 났고 그 뿌리가 40년 전으로 거슬러 올라 최태민이란 문제적 인간으로 이어진다는 점에서 통속적 주간지에 어울리는 흥미유발 요소는 차고 넘쳤다. 언론의 보도를 검찰이 수사로 확인해 주고 촛불시위가 격화되는 가운데 이를 받아 국회가 탄핵 절차를 밟으니 一瀉千里(일사천리)로 진행된 것이다.

8. 언론은 朴 대통령과 새누리당이 반격 의지를 상실하자 무리하기 시작하였다. 객관성과 공정성과 공익성을 핵심으로 하는 저널리즘의 윤리를 무시하였다. 나중에 오보로 밝혀진 의혹이 머리기사로 오르고, 반론은 묵살되었으며, 대통령의 머리 손질 시간이나 복용한 약을 놓고 며칠간 내리 선정적 방송을 이어가는가 하면 오보임이 밝혀져도 訂正(정정)

엔 인색하였다.

9. 언론은 박근혜 대통령에게 불리한 정보는 극대화하고 촛불시위대에 불리한 정보는 고의로 축소하거나 은폐하였다. 촛불시위를 주도한 단체가 좌파 성향이고 2008년 광우병 난동 주도 단체와 많이 겹친다는 사실, 시위 주제가로 불린 노래 '이게 나라냐'가 김일성 찬양가를 만든 이의 작품이란 사실을 보도하지 않았다. 촛불 시위 응원에 조중동이 가담한 것은 희극적이다. 보수언론으로 알려진 이들이 좌파와 손잡고 朴 대통령을 공격하는 데 합세, 이념적 배신자가 되었다. 새누리당 비박계와 비슷한 車線(차선) 변경을 한 것이다.

10. 조갑제닷컴은 이런 정치적 격변기에 늘 사실을 중시하는 편집 자세를 견지하였다. 사실관계만 명백해지면 판단이나 대책은 저절로 이뤄진다는 믿음이 있다. 최순실 사태를 보도함에 있어서 자연히 언론비판이 主가 된 것은 언론의 역할과 일탈이 그만큼 컸기 때문이다. 조갑제닷컴에 기고한 분들의 예리한 분석이 우리를 도왔다.

자유기고가 이강호 씨는 〈'21세기 한국판 양반-상놈의 시대', '新 士農工商의 시대'가 열렸다〉에서 기자, 검사, 정치인이 주도한 탄핵 사태의 역사적 배경을 건드렸다.

〈조선시대, 反正(반정)으로 王(왕)을 쫓아낸 뒤 권위의 자리를 차지한 건 百姓(백성)이 아니라 士林(사림)이었다. 21세기의 한국도 그렇게 됐다. '먹물 기레기 선비', '386 좌빨 士林'들이 나라를 쥐락펴락하는, '21세기 한국판 양반-상놈의 시대', '新 士農工商(신 사농공상)의 시대'가 열렸다.〉

그는 국정조사 청문회에서 세계적 대기업 경영자들이 교양 없는 의원들로부터 당한 수모에 흥분하였다.

〈기업인이라는 工商人(공상인)들은 이제 결사의 자유도 없으며, 21세기 판 士林(사림) 완장들이 자기들 마당 앞으로 호출하기만 하면, 머리를 조아리고 훈계를 들어야 하는 시대가 됐다. 기레기 선비들이 신문이라는 21세기 판 上疏狀(상소장)에 아무렇게나 갈겨쓰기만 하면 바로 "네 죄를 네가 알렷다"고 할 수 있는 시대가 됐다.

광장에 도취된 자들은 "국민의 승리"라고 환호하지만 사실은 국민은 패배했고 승리한 것은 새로운 士林 양반 패거리들이다. 국민은 법치국가의 국민다운 양식을 잃고 民心(민심)이라는 굴레로 묶이는 백성이 됐을 뿐이다. 승리를 움켜진 새로운 사림 패거리들은 앞으로도 계속 민심을 들먹이겠지만 예전에도 사림 양반들이 '백성의 마음'을 진정으로 존중한 적은 없었다. 그들에겐 백성이란 牧民(목민)의 대상일 뿐이었고, 그래서 백성은 잘해야 가축이요 못하면 개돼지에 지나지 않았다.〉

11. 조선조 이후 오늘까지 언론의 도덕적 명분론은 항상 정치를 움직였다. 조선 시대엔 三司(사헌부, 사간원, 홍문관)와 吏曹銓郎(이조전랑)과 士林이 언론과 여론을 주도, 정치를 이끌었다. 조선조의 정치구조와 언론의 생리는 오늘의 한국과 비슷하다.

宣祖(선조) 이후의 지배 관료층을 배출한 주자학 신봉 士林은 조선조 開國(개국)을 반대한 유학자의 제자들이었다. 생래적으로 反體制的이고 大義名分論(대의명분론)이 강했으며 저항적이었다. 조선조에서 살면서 조선조 開國의 정당성을 인정하지 않는 것이나 대한민국에서 살면서 建國(건국)의 정통성을 부정하는 심리는 흡사하다. 이는 자해적이고 僞善的(위선적)인 도덕주의로 연결될 수밖에 없다. 조선조의 엘리트들은 性理學[朱子學]을 교조적으로 섬겼다. 한국의 정치인과 언론인은 민주주의를 교조화한다. 조선 黨爭(당쟁)의 主무기는 주자학적 명분론이고, 三司와 吏曹銓郎이 조성한 언론과 탄핵이었다. 한국 지식인의 한 패션은 교조화된 민족주의와 민주주의를 무기화하여 주로 국가, 군대, 기업, 미국, 법치를 공격, 양심가인 척하는 것이다. 언론은 실용정신, 尚武(상무)정신, 自主(자주)정신과는 담을 쌓았다.

12. 21세기 한국 언론의 작동 메커니즘도 조선조와 비슷하다. 조선시대 司諫院(사간원)의 역할을 언론이 맡고, 司憲府(사헌부) 역은 검찰과 법원이, 홍문관은 학생, 士林(사림)은 재야 운동권에 비견된다. 이번 사태에서 여실히 증명되었듯이 이들이 핵심세력이다. 자유민주주의와 시장경제 체제 속의 언론이지만 가치관과 행태는 조선적[守舊的]이다. 조선조적 전통, 즉 명분론, 위선, 反체제성, 군사-경제-과학에 대한 無知(무지), 사대성, 교조성은 前근대적이므로 자연스럽게 수구적인 좌경이념과 통한다. 類類相從(유유상종)이다. 북한정권은 조선조의 後續(후속)이다. 좌경적 조선조는 600년에 걸쳤고, 대한민국 建國 이후 비로소 자유와 경쟁 등 우파적 가치관이 힘을 얻게 되었다. 그래도 우파 70년, 좌파 600년인 셈이다. 우파의 뿌리는 약하고 좌파는 깊고 넓다.

13. 조선조와 한국 지식인들의 정신세계를 지배하는 생각 중에서 가장 중요한 결함은 자주국방 의지의 실종이다.

"주한미군이 있는 한 데모는 없어지지 않는다."

1970년대 박정희 대통령이 독백처럼 한 이야기이다. 광화문으로 시위하러 나가는 사람들 중에 '우리가 이렇게 하는 것이 안보에 어떤 영향을 줄까'라고 생각하는 사람이 열 명이나 될까? 북한의 핵문제가 최순실 사건보다 더 중대한 사안이란 사실에 동의하는 이는? 자주국방을 포기한 사람들이 못할 짓은 없다. 자신과 공동체의 생명, 재산, 자유를 지키는 일에 관심이 없으면 필연적으로 사소한 데 목숨을 거는 치졸한 권력투쟁에 몰입한다. 자주국방 의지는 彼我(피아) 구분에서 출발한다. 적과 동지를 가르는 것이다. 황장엽 선생은 "이념이란 공동체의 利害(이해) 관계에 대한 自覺(자각)이다"라고 했다. 자주국방을 포기한 사대주의자들은 내부의 敵(적)에 대한 경계심이나 분노, 그리고 적대감이 약할 수밖에 없다. 이런 생각이 일반화되면 자유를 파괴하는 자유를 허용한다.

14. 이희도라는 조갑제닷컴 회원이 쓴 글을 소개한다.

〈왜 대한민국 보수는 다 잃었는가? 왜 대한민국 보수는 세계사에 유례가 없는 금자탑을 쌓고서도 다 잃었는지 곰곰 생각해 봅니다. 나는 대한민국 보수가 공정 공평이란 함정과 값싼 관용의 함정에 빠진 결과라고 생각합니다. 우리 보수는 공정 공평이란 잣대를 아주 관념적인 차원에서 적용하여 極左(극좌)까지 허용하는 愚(우)를 범했던 것입니다. 법조계를 봅시다. 특히 법원은 당연히 우파의 이념이 지배되어야 합니다. 따라서 법관을 뽑을 때 당연히 극좌 성향의 인물은 배제되었어야 합니다. 사법고시를 패스해도 인터뷰에서 걸러 냈어야 합니다. 그러나 그 무분별 公正 公平 때문에 붉은 사상의 소유자도 시험을 통과하면 임용이 되어 오늘날 대한민국의 安危(안위)가 걸린 사건에서조차 법원의 정당한 판결을 기대하기 어렵게 되었습니다. 이문열 씨가 당할 때 같이 싸워주고 지켜줘야 하는데 몰매를 맞도록 놔두니 누가 감히 우파를 자처하겠습니까? 지금도 마찬가지로 김진태 의원이 몰매를 맞으면 지켜줘야 하는데 지킬 수단조차 없습니다. 뭐가 있어야 지키는 것 아니겠습니까? 노쇠한 우파 진영이 여기저기 몰려다닐 수도 없고. 다 보수가 무분별한 관용을 한 결과입니다. 이제부터라도 보수 우파는 지키고 싸워야 합니다.〉

15. 文明(문명)국가에선 유례가 없는 언론의 亂(난)은 문자의 亂이기도

하다. 2016년 언론을 뒤덮은 문장의 특징은 부정확, 감정적, 애매모호, 관념적이다. 국어에 대한 반란이다. 한국어가 사실파괴, 상식파괴에 이용된 것이다. 한 세대에 걸친 한글專用(전용)이 한국어를 암호문으로 만들더니 드디어 기자들의 思考(사고)를 저급화 시켜 淺薄(천박)한 기사문을 양산하고 있으며 이런 글들이 세상을 뒤흔든다. 자주국방 의지를 포기한 사대주의적 노예근성과 한글專用에 의한 언어능력의 퇴화가 결합된 것이 '언론의 亂', 그 배후일 것이다.

16. 이 책은 조갑제닷컴에 실렸던 글을 시간 순으로 정리한 것이다. 조갑제닷컴 직원 이외의 기고가들에게 감사한다. 특히 미국에서 울분에 찬 名文(명문)을 보내주신 金平祐(김평우) 변호사에게 감사한다.

2016. 12.19.

趙甲濟

차 례

1

"기자정신의 반대말은 맨정신"

2016.11.12 ~ 2016.11.21

시위로 下野하면
이게 민중혁명!

이제 朴槿惠 대통령의 마지막 임무는 憲政질서 수호를 위한 정치적 殉職이다. 절대로 시위에 굴복, 하야해선 안 된다. 이는 민중혁명의 共犯이 되는 것을 뜻한다.

趙甲濟·조갑제닷컴 대표

선진 민주국가는 시위에 의하여 무너지지 않는다. 20세기 이후 미국도, 프랑스도, 독일(1945년 이후)도, 영국도, 일본도, 스페인도, 이탈리아도 그런 적이 없다. 1960년의 한국, 1986년의 필리핀, 2000년 세르비아, 2011년 이집트, 2014년의 우크라이나에선 그런 적이 있었다.

오늘 역대 최대 규모의 시위가 광화문 주변에서 벌어지고 있다. 시위장의 분위기는 절박하지 않고 여유가 있었다. 경찰도 별로 보이지 않고 최루탄, 물대포, 투석도 없다. 다양한 계층의 참여자들은 문화 축제를 즐기는 것 같기도 했다. 음식을 파는 노점상들도 많이 보였다. 외국 관광객들도 구호가 적힌 종이를 들고 다녔다. 악에 받친 모습은 아니다. 1987년의 6월 사태, 2008년 광우병 난동 때의 분위기와는 다르고, 2002년 월드컵 거리 응원 때와 더 비슷하다.

밤이 되니 청와대 방향으로 군중이 모였다. "박근혜는 퇴진하라"고 외치면서 내자동 네거리에 집결하였다. 노조원들이 시위를 이끌었지만 일반 시민들이 많이 참여하여서인지 과격한 행동으로 치닫는 것을 자

제시키는 분위기였다. 나도 휴대전화기로 사진을 찍었는데 아무도 시비를 걸지 않았다. 左右 대결의 현장 같지는 않았다. 군중 속으로 경찰관들이 걸어 다녀도 야유를 하지 않았다. 이렇게 많은 군중이 모였는데도 폭력과 부상자가 없다는 것은 하나의 기적이다.

이게 민주국가의 장점이다. 경직된 권위주의 정부는 작은 시위에도 민감하게 반응한다. 박정희 대통령이 부마사태에 비상계엄령으로 과잉대응한 것이 10·26 사건으로 이어졌다. 민주체제는 약한 것 같지만 유연하다. 폭력 시위 진압도 부드럽게 한다. 자제력을 발휘하여 死傷者(사상자)를 줄이는 것이다.

선거로 뽑힌 대통령은 헌법적 정당성이 있으므로 시위에 공포감을 갖거나 주눅이 들면 안 된다. 시위대가 청와대 담을 넘고 들어가지 못하게 하는 것을 최후의 저지선으로 삼고 유연하게 대응할 필요가 있다. 청와대 경비엔 군인들이 참여하고 있다. 무장한 이들이 시위대를 맞상대하도록 하면 안 된다.

朴 대통령은 물러나고 싶어도 國體(국체)수호의 책임자로서 물러날 수가 없는 처지이다. 憲政(헌정) 질서 유지가 대통령의 가장 중요한 책무이기 때문이다. 시위대의 압박에 굴복, 下野(하야)하는 모양새가 되면 그 뒤의 박근혜 대통령은 이승만이나 전두환의 길을 가게 될 것이다. 하야 날은 제2의 4·19로 기억될 것이고 그 뒤에도 혁명적 상황이 벌어질 가능성이 있다. 이런 분위기를 타고 비정상적인 선거가 이뤄져 反헌법적 세력이 정권을 잡을 수도 있다. 朴 대통령은 하야하면 안전해질 것이라 생각할지 모르지만 이는 오산이다. 청와대에 있는 것이 안전하다. 동서양의 왕조시대에도 왕이 강제 퇴위당하면 죽는 경우가 많았다.

朴 대통령 앞에 놓인 장애물은 산 넘어 산이다. 검찰 조사를 받아야

하고, 검찰의 수사 발표가 있을 것이며, 언론의 추가적 폭로가 이어질 것이다. 검찰 수사로 박 대통령에게 재벌회장을 압박, 최순실을 돕기 위한 모금 책임, 즉 제3자 뇌물공여죄가 적용된다면(물론 기소는 할 수 없다) 탄핵 요구가 본격화될 것이다. 최순실 씨가 수석이나 장관 인사에 간여한 것이 확인되어도 朴 대통령이 그토록 자주 사용하였던 國紀(국기)문란 혐의를 스스로 쓰게 될 것이다. 국회에서 탄핵안이 발의될 경우 새누리당에서 이탈표가 생기면 3분의 2 이상이 찬성, 가결될 가능성도 있다.

11월 말에 검찰 수사 발표가 이뤄지면 12월엔 탄핵 절차가 시작될 것이다. 탄핵안이 국회에서 통과되면 대통령의 권한은 정지되어 국무총리가 대행하는 사이 헌법재판소의 탄핵심판이 시작된다. 2~3개월 걸릴 수도 있다. 결정이 나오는 것은 내년 3~4월 정도일 것이다. 헌법재판관 9명 중 6명의 찬성으로 대통령 파면이 결정되면 여름에 대통령 선거가 치러진다.

탄핵으로 물러나는 것은 合憲的(합헌적)이지만 시위에 밀려 물러나는 것은 혁명적이다. 언론보도나 국민여론은 주관적이고 可變的(가변적)이다. 이를 근거로 하야를 촉구하는 것은 非이성적이다. 검찰수사 결과라는 1차적 사실이 나와야 그동안 거론되었던 혐의 중 무엇이 사실이고 무엇이 과장인지를 알게 된다. 이를 근거로 탄핵을 하든지 말든지 해야 옳다.

가장 큰 변수는 이 기간 민심의 변화이다. 대통령 지지율이 10%대를 벗어나지 못한다면 하야나 탄핵에 힘이 실릴 것이고, 30%대를 회복하면 잔여 임기 보장론이 힘을 받을 것이다. 박근혜 대통령에 대한 분노는 언론의 집중보도와 시위, 그리고 대통령의 대응조치에 의하여 상당히 배설될 것이다. 이 분노의 일부는 黨利黨略(당리당략)만 생각하면서 억지를 부리는 야당에 향할 가능성이 높다. 그럴 경우 군통수권을 넘기라고 대통령을 압박하는 문재인 씨가 가장 큰 피해를 볼 것이다.

이제 朴槿惠 대통령의 마지막 임무는 憲政질서 수호를 위한 정치적 殉職(순직)이다. 절대로 시위에 굴복, 하야해선 안 된다. 이는 민중혁명의 共犯(공범)이 되는 것을 뜻한다. 탄핵을 받아 물러나는 것은 민주적 절차를 따르는 일이므로 혁명과는 관계없다. 앞으로 대통령은 온갖 수모를 받겠지만 한국의 민주주의를 56년 전으로 돌려선 안 된다. 1960년의 한국은 세계에서 가장 가난한 나라였지만 2016년의 한국은 산전수전 다 겪은 富國强兵(부국강병)의 민주복지 국가이다. 버티는 것이 속죄의 길이다. 시간을 끌어야 국민이 냉정해지고 정치세력이 정비되어 다음 大選(대선)이 정상적으로 치러진다. 대통령이 문제가 있어도 任期(임기)를 채우도록 노력하는 것은 대통령을 위한 것이 아니라 공동체의 격과 우리의 명예를 위한 일이다.

(2016.11.12.)

軍통수권에 대한, 조선일보 社說의 위험천만한 기회주의

논란 대상이 될 수 없는 것을 논란거리로 만든 뒤 是非 판단도 안 해. "태양이 동쪽에서 뜨는가 서쪽에서 뜨는가를 확실하게 해야 한다"고 나섰으면 "태양은 동쪽에서 뜬다"는 결론을 내려야 하는 것 아닌가. 사설의 결론이 "모르겠다"라면 이 신문의 양식과 지성의 수준을 의심하지 않을 수 없다.

趙甲濟·조갑제닷컴 대표

오늘 조선일보에 위험한 社說(사설)이 실렸다. 제목은 "軍통수권 비상대권의 소재만은 확실히 해야 한다"이다. 제목부터가 틀렸다. 군통수권과 비상대권은 헌법에 의하여 대통령의 고유권한임이 명백하다. 소재 확인을 할 필요가 없다. 이 제목은 "태양이 동쪽에서 뜨는지 서쪽에서 뜨는지를 확인해보자"는 말처럼 말이 안 된다. 헌법이 살아 있고 대통령이 有故(유고)가 아닌데 왜 조선일보는 느닷없이 군통수권 소재를 확인하자는 사설을 쓴 것일까?

〈문재인 민주당 전 대표가 11일 박근혜 대통령에게 內治(내치)는 물론 외교·안보 관련 모든 권한까지 내놓으라고 요구했다. 문 전 대표는 사흘 전에는 軍(군)통수권·계엄발동권까지 내놓으라고 했다. 추미애 대표도 같은 주장을 했다. 국회 추천 총리가 이 권한들을 행사해야 한다는 것이다.〉

문재인 씨의 황당한 주장을 존중하여 쓴 사설이란 이야기이다.

사설은 이렇게 이어갔다.

〈주장 자체가 이 나라가 처해 있는 현실의 위중함과 위험성을 그대로 보여주고 있다. 옳고 그름을 떠나 국민이 대통령을 거부하는 지금 군통 수권과 비상대권과 같은 국가 유지의 바탕을 이루는 권한과 책임이 어디에 있는지는 명확히 해야 한다. 잘못하면 유사시조차 나라가 마비될 수 있다.〉

'옳고 그름을 떠나'는 비겁한 표현이다. 보도는 옳고 그름을 가리는 게 아니라 사실을 전달하는 기능을 하지만 사설은 '옳고 그름'을 가려내기 위하여 써진다. 한국 언론은 보도는 社說처럼 하고 社說은 보도처럼 하는 경우가 자주 있다. 조선일보는 '옳고 그름을 떠나'라는 표현으로써 이 사설을 통하여 의문의 여지가 없는 비상대권과 군통수권의 소재를 불분명한 것처럼 만들고는 소재 확인을 하지 않을 것임을 예고한다.

사설은 〈군통수권을 내놓으라는 것은 쿠데타 같은 헌법 파괴 상황이 일어나지 않고서는 있을 수 없는 일이다〉고 정확하게 지적한다. 그렇다면 쿠데타 같은 헌법 파괴 상황이 일어났다는 말인가?

〈하지만 정치 현실은 12일 서울 광화문 광장에 수십만 시민이 모여 대통령 퇴진을 요구하려는 상황이다. 대통령 지지도는 5%에서 움직이지 않고 있다. 앞으로 검찰 수사 결과에 따라 대통령 탄핵도 구체적으로 거론될 수밖에 없다. 탄핵 절차가 시작되면 대통령 권한이 정지돼 군통수권 등도 자동으로 총리에게 넘어간다.〉

조선일보는 미래에 일어날 최악의 상황을 제시하면서 문재인의 '쿠데타적 발상'을 비판하지 않고 오히려 의미를 부여한다.

〈국회 추천 거국 총리가 등장할 경우엔 군통수권이나 계엄선포권을 비롯해 재정긴급명령권, 선전포고권 같은 중대한 권한이 어디에 있는지

가 계속 논란이 될 수 있다. 이 논란 자체가 있어서는 안 되는 일이다.〉

거국 총리이든 구국 총리이든 총리는 총리이다. 헌법을 읽으면 알 수 있는데, 총리에게 군통수권이나 계엄선포권이 있는지 없는지 왜 논란이 되나? 대통령이 유고상태가 되어 국무총리가 권한을 대행하는 경우를 빼고는 총리가 군통수권을 행사할 수 없다는 것은 상식이 아니라 철칙이다. 논란이 될 수 없는 걸 논란으로 규정한 점에서 사설은 결정적 논리 모순을 보인다. 헌법에 거국 총리에 한해서 군통수권을 준다는 규정이 있는가 말이다. 없는데 왜 논란이 일어나나. 군통수권은 대통령의 권한 중 가장 중요하고 핵무장한 敵(적)과 대치하는 한국으로서는 국가 존망이 걸린 사안이다. 이 권한을 국회 추천 총리가 접수할 수도 있다는 취지의 사설 자체가 反헌법적이고 위험천만한 논란을 만든다.

조선일보는 필요 없는 논란을 만든 다음 더 나아가서 겁까지 준다.

〈북한이 만약 연평도 포격이나 천안함 폭침 같은 짓을 재차 저지르고 나올 때 최고 명령권자가 대통령인지, 거국내각 총리인지 헷갈리는 상황이 온다면 말 그대로 재앙이다.〉

이 대목을 김정은이나 한국 장교들이 읽으면 무슨 생각을 할까? 그렇게 '헷갈리는 상황'은 올 수가 없는데 사설은 올 수 있다고 했다. 헌법에 충성하는 대한민국 장교들 중 간첩이 있다면 모르지만 누가 (총살형을 각오하고) 현직 대통령을 제치고 거국내각 총리의 反헌법적 군통수권 행사를 따르겠는가? 조선일보는 지금 군사변란을 선동하나? 이 사설 자체가 재앙이다. 그 거국내각 총리가 보안법폐지론자이고 사드배치 반대론자이며 연방제통일론자라면?

이 사설의 기회주의는 결론에서 더욱 명백해진다.

〈헌법 전문가들 사이에서는 군통수권·선전포고권을 넘기는 것 자체

가 위헌이라는 주장과 현행 헌법 하에서도 가능하다는 주장이 엇갈린 다고 한다.〉

정말일까? 대통령의 2선 후퇴 범위를 둘러싸고는 이견이 있을 수 있지만 대통령만이 행사할 수 있는 군통수권과 선전포고권을 헌법에 명시 규정이 없음에도 멋대로 총리에게 넘길 수 있다고 주장하는 학자가 정말 있을까? 있다면 틀렸다고 가르쳐줘야지 사설에서 이렇게 존중해줄 필요는 없다. 헌법 해석은 최고의 통치행위에 관련된 것으로서 백면서생 같은 학자의 전유물이 아니다.

〈전문가들 의견마저 갈라진다면 대통령과 거국 총리가 정치적으로 합의해 권한의 경계를 명확히 하는 수밖에 없다. 모두가 私慾(사욕)을 버리고 이 비정상적 상황을 하루빨리 벗어나야 한다.〉

이 대목에서 조선일보는 중대한 헌법위반을 저지르고 있다. 〈정치적으로 합의해 권한의 경계를 명확히 하는 수밖에 없다〉는 말은 대통령이 군통수권과 비상대권을 私的(사적) 소유물로 생각하고 국무총리와 反헌법적 거래를 하여 양도할 수도 있다는 뜻을 시사한다. 기회주의적이고 위험한 주장이다. 조선일보 사설은 문재인 씨를 엄중하게 비판한 뒤 〈대통령이 물러나지 않는 한 군통수권과 비상대권 등은 총리에게 넘길 수 없다〉는 결론을 내렸어야 했다. "태양이 동쪽에서 뜨는가 서쪽에서 뜨는가를 확실하게 해야 한다"고 나섰으면 "태양은 동쪽에서 뜬다"는 결론을 내려야 하는 것 아닌가. 사설의 결론이 "모르겠다"라면 이 신문의 양식과 知性(지성)의 수준을 의심하지 않을 수 없다.

● 군인은 개인에 복종하지 않고 계급으로 표현되는 명령계통에 복종한다. 사단장에게 복종하는 것은 사단장 개인에 대한 충성이 아니라 그 직책에 대한 충성이다. 대통령이 비리를 저질렀다고 해서 군인들이 〈기

분이 나쁘다고) 그의 명령을 거부할 수 있는 것이 아니다. 군인은 헌법의 명령에 따라 대통령에게 부여된 군통수권에 복종하는 것이지 박근혜 개인에게 복종하는 게 아니다. 조선일보는 박근혜 대통령의 비리에 대하여는 가차 없이 파헤치더라도 대통령의 직무만은 정상적으로 수행할 수 있도록 도와주어야 한다. 박근혜 개인을 위해서가 아니라 공동체, 그리고 조선일보를 위해서이다.

(2016.11.12.)

조선일보는 무슨 근거로 박근혜를 '식물인간'으로 단정하나?

이성을 상실한 오늘자 조선일보. 조선일보가 사고라고 판정하면 모든 대통령은 뒤로 물러나야 하나?

趙甲濟

교양이나 知性(지성)의 한 척도는 혼란 속에서 평상심을 유지하는 것이 아닐까? 조선일보 같은 대신문의 社說(사설)이 그런 역할을 맡아야 한다. 오늘 이 신문의 사설 제목은 〈朴 대통령, 헌법 71조 '대통령 권한대행' 수용하길〉이다. 어제는 1면 머리기사를 통하여 이런 주장을 소개하는 데 그쳤는데 오늘은 조선일보의 공식적 주장으로 승격시킨 셈이다.

헌법 제71조는, 〈대통령이 궐위되거나 사고로 인하여 직무를 수행할 수 없을 때에는 국무총리, 법률이 정한 국무위원의 순서로 그 권한을 대행한다〉이다. 권한대행을 해야 할 사고의 성격은 '직무를 수행할 수 없을' 정도이다. 교통사고나 질병으로 식물인간이 된 경우라고 보면 된다.

조선일보의 주장이 헌법을 잘못 해석한 것임은 이미 社說의 문장 속에서 드러난다. 국어만 정확하게 쓰면 왜곡과 거짓을 상당히 줄일 수 있다는 한 증거이다. 조선일보는 〈(박 대통령은) 이제 모든 것을 내려놓는 것 외에는 방법이 없다. 더 이상 시간도 없다〉고 말한다.

시간은 영원하다. 유독 朴槿惠(박근혜) 대통령에게만 시간이 없다는 판정은 무슨 근거인가? 어제 이 신문은 박근혜 대통령이 결단할 수 있는 시간은 1주일밖에 없다고 했다. 누가 대통령의 시간표를 정하는가? 다른 사람의 시간표를 결정하는 사람은 전체주의 독재자나 할 일이다. 인간의 자유는 자신의 시간표를 스스로 정하는 데서 출발한다. 이를 무시하는 것은 좋게 말하여 知的(지적) 오만이다.

신문은 〈도덕성과 신뢰가 땅에 떨어진 상황에서 유·무죄 논란에까지 휘말린 대통령이 직무를 정상적으로 수행하는 것은 불가능하다〉고 했다. 이 신문의 과거 논조를 살펴보면 역대 대통령 치고 도덕성과 신뢰성이 떨어지지 않은 이는 거의 없었다. 그때마다 신문이 직무를 정상적으로 수행하는 것은 불가능하다고 판정하면 대통령 권한 대행을 지명하고 물러났어야 했다는 말인가? 조선일보가 결심만 하면 대통령은 실무에서 물러나야 하나. 조선일보는 하느님인가?

〈현재 다수의 헌법학자는 박 대통령의 이 상황이 헌법 71조상의 '사고'에 해당한다고 해석하고 있다.〉

그렇게 양식이 없는 헌법학자가 과연 다수일까? 적어도 100명 이상의 학자들을 상대로 한 의견 조사는 했어야 이 말이 믿겨질 것이다. 그 다음 문장에서 조선일보는 한 발을 뺀다.

〈물론 법률 해석상으로는 이견이 있을 수 있다. 그러나 헌법은 법률 문서이기 이전에 국민의 정치적 합의를 담은 문서다.〉

내가 아는 한도 내의 헌법학자는 모두가 헌법 71조의 '사고'를, 교통사고나 질병 같은 것으로 心身(심신)이 망가진 경우라고 말한다. '정치적 사고'가 아닌 것이다. 이를 '정치적 사고'라고 해석하기 시작하면 대통령은 야당과 언론으로부터 수시로 물러나라는 요구에 직면할 것이다. 문제는 그럴 경우 직무를 수행할 수 없을 정도의 사고라는 판정을 누가 내리는가이다. 야당이? 언론이? 논설위원이? 헌법은 그런 주관적, 자의적 해석을 허용해선 안 된다.

〈여야가 시급히 새 총리에 합의하고 대통령은 거국 총리를 대통령 권한대행으로 지명하겠다는 뜻을 밝혀야 한다.〉

이 문장에서 이 사설의 모순이 결정적으로 드러난다. 舉國(거국) 총리를 박근혜 대통령이 권한대행으로 지명한다면 대통령은 '정상적인 직무를 수행할 정도의 판단력'을 가졌다는 이야기이다. 그렇다면 '사고'가 아닌 것이다. 박근혜 대통령은 며칠 전 외국에서 온 국가원수와 정상회담도 했고 트럼프와 통화도 하였다. 그 정도이면 식물인간도 사고인간도 아니다.

이 사설의 결론은 격문 수준이다.

〈국민이 나라 걱정하게 만드는 정치인은 사라져야 한다. 그런 대통령은 물론이고 그런 여야 정당과 정치인들까지 모두 퇴출시켜야 한다.〉

정치인의 인생 종말을 뜻하는 '사라져야' '퇴출시켜야'를 헤프게 社說에 쓰면 안 된다. 조선일보 사설은 퇴출시켜야 할 사유를 '국민이 나라 걱정하게 만드는 것'으로 결정하였다. 한국의 거의 모든 정치인이 이에 해당될 것 같다. 그들을 몰아낸 뒤 정치는 조선일보나 논설위원이 하는가?

사설은 신문사의 공식 견해이다. 현 시국에 중대한 영향을 끼칠 헌법 해석을 이렇게 비논리적 문장으로 개진하고 이를 신문사의 주장으로 채택하는 것은 위험하다.

(2016.11.15.)

'조선일보 헌법해석은 틀렸다'

'대통령 2線 후퇴', '擧國 총리' 주장한 조선일보 社說에 대한 김상겸 동국대 법대 교수의 견해: "거국 총리, 정치적인 용어… 헌법 어디에 거국 총리라는 게 있나?"

趙成豪·조갑제닷컴 기자

　　조선일보가 社說(사설)을 통해 헌법 71조에 의거, '擧國(거국) 총리'에게 '대통령 권한대행'을 맡길 것을 박근혜 대통령에게 촉구했다. 조선일보는 15일자 사설(朴 대통령, 헌법 71조 '대통령 권한대행' 수용하길)에서 〈우리 헌법 71조는 '대통령이 闕位(궐위)되거나 事故(사고)로 인하여 직무를 수행할 수 없을 때에는 국무총리, 법률이 정한 국무위원의 순서로 그 권한을 대행한다'고 규정해놓고 있다〉면서 〈유·무죄 논란에까지 휘말린 대통령이 직무를 정상적으로 수행하는 것은 불가능하다〉고 단정했다. 사설은 헌법학자들의 의견을 빌려, 〈朴 대통령의 이 상황이 헌법 71조상의 '사고'에 해당한다고 해석하고 있다〉고도 했다. 사설은 〈물론 법률 해석상으로는 이견이 있을 수 있다〉면서도 〈헌법은 법률 문서이기 이전에 국민의 정치적 합의를 담은 문서다. 現 시점에서 혼란을 최대한 줄이며 질서 있게 수습해가는 방안은 거국총리로 하여금 '대통령 권한대행'을 맡도록 하는 것 외에 달리 찾기 어렵다〉고 주장했다.

　　다음은 이 社說과 관련해 헌법학자인 김상겸 동국대 법대 교수와 나눈 일문일답의 요지이다.

— 대통령의 現 상황이 '事故(사고)'에 해당되는가?

: 헌법 71조의 사고라는 것은, 대통령이 직무수행을 할 수 없는 상태가 되었을 때, 즉 신변에 이상이 생겼을 때를 말한다. 지금은 어떻게 보면 대통령이 사고를 당한 게 아니라 사고를 친 상태라고 볼 수 있다. 우리나라는 대통령제이기 때문에, 행정부의 모든 최종 결정 사항(권한)을 대통령에게 부여하고 있다. (대통령이) 신변에 이상이 생겼을 정도의 사고를 당하여 직무를 수행할 수 없을 경우에만 국무총리가 법률에 따라 권한대행을 할 수 있다는 뜻이다.

— 헌법 65조는 탄핵소추를 명시하고 있다. 그렇다면 순서가 어떻게 되는 게 맞나? 탄핵이 먼저인가, (조선일보가 사설에서 말한) 2線 후퇴가 먼저인가?

: 대통령에 대한 검찰 조사가 끝나 혐의가 구체화되면 과거 노무현 대통령 때처럼 탄핵소추에 들어갈 수 있다. 그렇게 하는 게 현행 대통령제 下에서의 가장 合憲(합헌)적인 절차이다. 헌법 84조에는 대통령에게 형사 불소추 특권이라는 게 부여되어 있다. 내란죄나 외환죄가 아닌 다음에는 처벌할 수 없다는 것이다. 그렇다면, 탄핵소추밖에 없다. 정상적인 헌법 절차를 밟아야 한다. 그래야 우리 헌정사에 교훈이 된다.

— (조선일보가 주장하는) '擧國 총리'라는 개념이 헌법에 부합하는가?

: 대통령제 下에서는 거국내각이라는 게 존재할 수 없다. 거국 총리라는 건 정치적인 용어이다. 헌법 어디에 거국 총리라는 게 있나? 거국 내각을 구성하려면 정부형태가 바뀌어야 한다. 많은 사람들이 국가권력 조항을 자의적으로 해석하고 있다. 그것은 헌법을 바꾸는 것과 마찬가지인데, 개헌을 하지 않고 헌법을 바꾸는 것은 違憲(위헌)이다. 아마도 야당 등 정치권 일각에서 황교안 씨가 대통령 권한대행이 되는 걸 막기 위해 거국 총리를 주장하는 것 같다는 생각도 든다.

金 교수는 "지금 정치권에서 논의되는 내용을 보면, 자기들 정권 창출에만 목적을 두고 있다는 생각밖에 안 든다"고 비판했다. 그의 말이다.

"헌법의 기본권 조항은 확대해석하고, (헌법 71조와 같은) 국가권력 조항은 엄격하게 축소 해석해야 한다. 그래야만 권력을 오남용하지 않는다. 만약 정부가 반대로 해석하면 (정치권에서) 결사적으로 반대할 것 아닌가. 참 이상한 사람들(注: 정치인)이란 생각이 든다."

(2016.11.15.)

"그렇게 말하라고 누가 시켰나요?"

기자가 검사처럼 행세하는 나라에서 선량한 사람은 맨정신으로 살 수가 없다. 그래서 기자정신의 반대말은 맨정신이라고 하는지 모르겠다.

조갑제닷컴

한 시간 전에 KBS는 김종 전 문체부 차관이 검찰에 소환되는 장면을 보여주었다. 몰려간 기자들이 질문을 던지는데 김 차관은 굳은 표정으로 '들어가서 성실하게 조사에 임하겠다'는 취지의 말을 되풀이한다. 한 기자가 날카로운 목소리로 "그렇게 말하라고 누가 시켰나요"라고 말해도 같은 대답이다. 다른 기자는 "반성하십니까"라고 묻는다. 기자인지 형사인지 구분이 안 된다. 검사보다 먼저 김 씨를 심문하겠다는 것인가. 그럴 권리가 있다는 건가? 기자가 검사처럼 행세하는 나라에서 선량한 사람은 맨정신으로 살 수가 없다. 그래서 기자정신의 반대말은 맨정신이라고 하는지 모르겠다.

(2016.11.16.)

"기자정신의 반대말은 맨정신"

"대통령의 인권을 지켜주지 못하면 서민의 인권은 누가 지키나?"

趙甲濟

어제 밤 TV조선 '왜'에서 趙甲濟 대표가 한 말.

"대통령은 참고인이다. (외환의 죄가 아니면) 재임 중엔 형사소추 대상이 아니다. 검찰과 언론이 참고인 조사 날짜를 두고 대통령을 너무 몰아세운다. 최순실 기소장에 박 대통령의 역할이 어떻게 기록되느냐가 탄핵으로 가느냐의 여부를 결정한다. 자연히 박 대통령은 조사에 대비하여 시간을 가지고 준비해야 한다. 검찰이 결정한 날짜에 응하지 않는다고 대통령을 공격하는 것은 인권 문제이다. 대통령도 인권이 있다. 대통령의 인권을 지켜주지 못하면 서민들의 인권은 누가 지켜주나. 검찰이 편리한 날짜도 있고 대통령이 편리한 날짜도 있는 것이다. 검찰의 편의를 반드시 따라야 하나? 최순실 기소장은 나중에 얼마든지 추가 변경할 수 있다. 기자 등이 압수수색 영장을 거부하고 피의자 신분으로서도 소환에 응하지 않는 일이 있었는데 이는 비판하지 않고 대통령을 사법방해라고 비판하는 것은 경우에 맞지 않다.

지금 한국 언론은 관찰자가 아니라 플레이어 역할을 한다. 심판이 선수로 뛰는 격이다. 自重自愛(자중자애)해야 한다. 퇴직 기자들이 모이면 '기자정신의 반대말은 맨정신'이라고 한다. 지난 토요일 집회에 100만 명이 모였다고 썼는데 경찰 발표는 26만이었다. 그렇다면 국가기관의 통계를 인용해야 한다. 주최 측이 부풀리는 숫자를 받아쓰면 안 된다. 일본 언론은 모두 26만이 모였다고 했다."

(2016.11.18.)

조선일보 社說 제목 바로잡기

최근 10일간 선보인 조선일보의 일탈된 사설 제목들.

펀드빌더·조갑제닷컴 회원

모든 일에는 끝이 있기 마련이다. 이번 최순실 사태 또한 마찬가지다. 모든 것은 결국 원래의 자리를 찾아가게 되어 있다. 선동당했던 많은 국민들은 햇볕(진실, Fact)이 들고, 안개(왜곡, 날조)가 걷히면 점차 원래의 자리를 찾아갈 것이다. 그런데 朝鮮日報(조선일보)는 원래의 자리를 못 찾아갈 가능성이 크다. 선동의 주체가 되면서 스스로 타락하는 길을 선택했기 때문이다. 조선일보의 타락을 상징하는 것 중 하나가 社說(사설)의 노골적 일탈이다. 최근 10일간 선보인 조선일보의 일탈된 社說 제목을, 바람직한 쪽으로 바꾸어 본다.

〈朴 대통령 슬그머니 업무 복귀 민심이 받아들이겠나.〉(18일 사설 原題)

→ (訂正) 〈朴 대통령 확실하게 업무 복귀 선언하고 할 일 하라.〉

〈참고 보기 힘든 대통령의 검찰 상대 줄다리기.〉(18일 사설 原題)

→ 〈참고 보기 힘든 검찰의 대통령 상대 압박.〉

〈朴 대통령 지금 다른 사건 철저 수사 지시할 처지인가.〉(17일 사설 原題)

→ 〈朴 대통령 흔들리지 말고 의혹 사건은 예외 없이 철저 수사토록 지시하라.〉

〈'崔 선생님'이 국무회의 일정까지 바꿨다니.〉 (17일 사설 原題)

→ 〈'崔 선생님'이라는 호칭조차 문제 삼는 마녀사냥 문제 있다.〉

〈靑 '2선 후퇴·퇴진 없고 탄핵 감수하겠다'니.〉 (16일 사설 原題)

→ 〈靑 '2선 후퇴·퇴진 없다'는 헌정수호 의지 환영한다.〉

〈檢, '최순실·우병우 커넥션' 의혹 밝혀야.〉 (16일 사설 原題)

→ 〈檢, '최순실·우병우 커넥션' 끼워맞추기 위한 무리한 수사는 없어야.〉

〈朴 대통령, 헌법 71조 '대통령 권한대행' 수용하길.〉 (15일 사설 原題)

→ 〈朴 대통령, 헌법이 정한 '대통령 임기' 끝까지 완주하길.〉

〈암담한 상황에 빛 같은 시민 의식, 오늘 집회도 밝혀야.〉 (12일 사설 原題)

→ 〈암담한 상황일수록 부화뇌동 않는 것이 진정한 시민 의식이다.〉

〈軍통수권·비상대권 소재만은 확실히 해야 한다.〉 (12일 사설 原題)

→ 〈軍통수권·비상대권 소재를 묻는 것은 반역에 가깝다.〉

〈식물 대통령에 무책임 야당, 트럼프 충격 감당할 수 있나.〉 (10일 사설 原題)

→ 〈누가 '식물 대통령' 운운하나. 임기 중에는 '온전한' 대통령만 있을 뿐이다.〉

〈朴 대통령 '다 내려놓겠다' 선언하는 게 낫다.〉 (9일 사설 原題)

→ 〈朴 대통령 '끝까지 책무 다하겠다' 선언하라.〉

소금이 맛을 잃으면 소금이 아니다. 나중에, 최순실 사태로 가장 큰 타격(이미지 손상 등)을 입을 후보자로서 조선일보는 이미 손색없는 수준이다. 세상에는, '돌이킬 수 있는 일'이 있고 '돌이킬 수 없는 일'이 있다. 안타깝지만, 조선일보의 최근 일탈은 後者(후자)에 가까워 보인다.

(2016.11.18.)

탄핵에 대한 黨論도 정하지 못하는 새누리당의 末期 증상

의리를 좋아하는 한국인들은 배신자를 싫어한다. 특히 상대가 어려울 때 배신하는 것을 오래 기억한다. 새누리당이 살 길은 親朴은 뒤로 물러나고 非朴이 黨權을 잡으면서 탄핵 반대를 黨論으로 결정하는 것이 아닐까? 개미들은 서로 싸우다가도 공동의 敵이 나타나면 싸움을 잠시 멈추고 서로 연합, 敵을 무찌른 뒤 다시 싸움을 시작한다고 한다.

趙甲濟

　野3당이 朴槿惠(박근혜) 대통령에 대한 탄핵을 추진하기로 결정하였다. 이 순간 새누리당은 무엇을 하고 있는가? 이날(11월21일) 최고위원회의 주요 토의 내용이 당의 홈페이지에 실렸다. 한가한 논평뿐이다. 야당의 탄핵 추진에 대한 토론이 아니라 주로 非朴(비박) 계열에 대한 비판이다. 서로 싸우느라고 적과 싸울 시간이 없다던 1940년 프랑스의 지도부를 연상시킨다.

　새누리당은 집권여당이다. 자신의 당 출신인 대통령이 검찰, 시위대, 야당, 언론에 의하여 난타를 당하고 있는데도 朴 대통령을 도울 생각을 하지 않는다. 親朴(친박) 계열은 朴 대통령을 좋아하거나 朴 대통령이 좋아하는 이들이다. 朴 대통령이 힘이 있을 때는 아부하면서 최순실의 발호를 비호하다가 (또는 모르다가) 대통령이 어려움에 처하니 대통령을 멀리한다. 김진태 의원을 제외하면 대통령을 공개적으로 변호하고 나서는 친박 의원은 거의 보이지 않는다.

새누리당이 정상적인 정당이라면 오늘은 바쁘게 움직였어야 한다. 의원총회를 긴급 소집, 탄핵에 대한 黨論(당론)을 정해야 한다. 상대가 결투를 하자고 칼을 뽑았는데 이쪽은 결투에 응할지 항복할지조차 태도를 정하지 못하고 있다.

非朴 의원들도 그동안 朴 대통령의 일탈에 대하여 제대로 된 비판을 하지 않은 책임이 있다. 굴종적 태도를 보이다가 대통령이 약해지니 탈당, 출당, 탄핵 이야기를 하니 국민들의 視線(시선)이 차가울 수밖에 없다. 비박 친박의 공통점은 배신이다. 친박은 대통령을 지키기 위한 싸움을 포기함으로써, 비박은 물에 빠져 허우적거리는 동료를 버림으로써 배신하고 있다.

새누리당의 비극은 친박, 비박 사이에 노선과 정책, 그리고 가치관의 차이가 없다는 점이다. 오로지 누구는 박 대통령이 좋아하고 누구는 싫어한다는 식의 감정싸움으로 갈라져 있다. 동네 꼬마들의 패싸움 수준도 못된다.

새누리당이 저항을 포기함으로써 朴 대통령은 孤立無援(고립무원)이다. 이는 그가 자초한 것이니 누구한테 하소연도 할 수 없다. 대통령이 되어서도 새누리당을 통합하지 못하고 막강한 공조직의 힘도 조직화하지 못했으니 위기를 돌파할 힘이 없다.

대통령 탄핵에 관한 黨論을 정할 수 없다면 與黨(여당)의 존재 이유는 소멸된다. 각자 알아서 투표하라고 한다면 정당이 아니라 협회가 된다. 비박은 당을 깰 용기도, 대승적 결단으로 친박과 화해하여 탄핵 반대에 나설 지혜도 없어 보인다.

개미들은 서로 싸우다가도 공동의 敵이 나타나면 싸움을 잠시 멈추고 서로 연합, 敵을 무찌른 뒤 싸움을 재개한다고 한다. 오늘의 새누리 당은 개미떼보다 못하다. 생명의 기본 윤리도 없다는 이야기이다. 존재 이유가 없다는 의미이다.

義理(의리)를 좋아하는 한국인들은 배신자를 싫어한다. 특히 상대가 어려울 때 배신하는 것을 오래 기억한다. 새누리당이 살 길은 親朴세력 이 뒤로 물러나고 非朴세력이 黨權(당권)을 잡으면서 탄핵 반대를 黨論 으로 결정하는 것이 아닐까?

(2016.11.19.)

새누리당이
사는 길과 죽는 길

대한민국의 공산화나 內戰的 상황을 막을 수 있는 정치세력은 새누리당뿐이지만
非朴이 탈당하고 親朴이 소멸하면 체제수호 세력으론 국군밖에 남지 않는다.

趙甲濟

오늘(11월19일) 서울 광화문 광장은 또 다시 절규와 함성으로 뒤덮였다. 오늘은 고등학생들이 많이 나온 게 특징이었다. 내자동 네거리 부근을 둘러보았다. 여학생들이 외치는 소리가 선명하였다. 한 고등학생은 큰 비밀 봉지를 들고 다니면서 땅에 떨어진 전단지 등을 주워 담고 있었다. 지난 토요일 집회는 노조 등 조직원들이 주도하였는데 오늘 집회는 고교생, 대학생, 회사원이 주류였다. 그래서인지 분노보다는 생기가 느껴졌다. 간간히 '한일군사협정 반대' 구호가 흘러나왔다. '데모당'이라는 깃발도 보였다. 좌파 단체 깃발이 더러 눈에 뜨였다. 고등학생들이 이렇게 많이 나온 집회는 처음인 것 같은데 이화여대 부정입학 사건이 기름을 부은 듯하다. 집회행렬을 향하여 휴대전화로 사진을 찍어도 시비를 거는 이는 없었다. 얼굴을 숨길 필요가 없는 나라가 된 것이다.

대중민주주의는 代議(대의)민주주의와 함께 직접 민주주의의 요소를 갖고 있다. 광장 민주주의는 소란스럽고 거칠지만 場內(장내) 정치에 영향을 끼친다. 정당이 광장을 포기하면 場內 정치에서도 동력을 잃게 된

다. 오늘 새누리당은 광장을 포기하였다. '박근혜는 퇴진하라'에 동참할 수 없을 뿐 아니라 박근혜 지지세력의 시위에도 참여하기를 꺼린다. 어정쩡한 자세가 집권당의 현주소를 잘 보여준다.

총선 패배에도 불구하고 새누리당은 원내 제1당이고 현직 대통령을 배출한 與黨(여당)이다. 이 당은 親朴, 非朴으로 분단되어 있다. 두 세력 사이엔 가치관, 역사관, 노선, 정책의 차이가 거의 없다. 오로지 朴대통령을 좋아하느냐(또는 박 대통령이 좋아하느냐)를 기준으로 갈라져 있다. 인간에 대한 好不好(호불호)로 갈라섰다는 점에서 새누리당은 전근대적 조직이거나 패거리적 속성을 지닌다.

민주국가의 정당은 선거를 통하여 정권을 차지하기 위한 목적을 가진 점에서 군대와 비슷한 속성을 가진다. 선거가 없던 시기엔 권력이 총구에서 나왔고 군대가 정권 창출의 母胎(모태)였다. 민주주의 체제에서는 정당이 여론을 조직, 선거에 임하여 정권을 쟁취한다. 선거는 정권을 놓고 다투는 피 흘리지 않는 전쟁이다. 毛澤東(모택동)은 일찍이 정치는 피를 흘리지 않는 전쟁이고 전쟁은 피를 흘리는 정치라고 규정하였다.

정당정치에서 소속 당원은 정당에 종속된다. 국회의원이든 대통령이든 소속 정당을 무시하거나 정당을 예속시킬 순 없다. 하지만 새누리당은 박근혜 대통령에게 예속된 모습을 보였다. 이것이 새누리당 위기의 본질이다. 새누리당 개혁은 대통령과의 관계를 정리하는 데서 출발해야할 것이다.

새누리당 해체론이 나온다. '해체'는 보수적 용어가 아니다. 다분히 좌파적이다. 보수는 제도와 전통을 소중히 여긴다. 위와 아래를 아는 이들이다. 죽은 사람, 살아 있는 사람, 태어날 사람을 이어주는 이들이다. '해체' '단절' '청산' '혁명'은 위아래를 무시하는 좌익들에게 어울린다.

保守(보수)는 補修(보수)하고 개선하여 제도와 전통을 계승 발전시키는 이들이다. 공동체를 하루아침에 뒤집어엎을 수는 있으나 인간을 그런 식으로 改造(개조)할 순 없다고 믿는다. 이는 하루하루를 새롭게 개선해가는 점진적 개혁, 즉 日新又日新(일신우일신)의 자세이다. 문재인 씨는 나라의 근본을 확 바꾸겠다고 했는데, 새누리당은 나라의 근본을 튼튼히 해야 한다.

새누리당의 현주소는 한심하지만 역사적 역할은 뚜렷하다. 정체성에 대한 확신이 이념인데, 새누리당은 어려운 때일수록 "우리가 잘한 일은 무엇인가"를 찾아야 한다. 남이 욕한다고 "아 우리가 죄인이구나"라고 낙담하면 自滅(자멸)뿐이다.

새누리당의 뿌리는 1990년 노태우 정부 시절의 3당 합당으로 등장한 민자당이다. 전두환-노태우 세력의 민정당, 김종필의 신민주공화당, 김영삼의 통일민주당이 합친 것이다. 산업화 세력과 온건 민주화 세력이 연대하였다는 점에서 역사적 맥락을 지닌 정당이었다. 이 안정된 보수 연합의 기반을 딛고 1992년 12월 대선에서 김영삼 후보가 200만 표 차이로 김대중 후보를 누르고 당선되었다.

문제는 김영삼의 집권 이후였다. 김영삼은 출신이 보수인데, 좌경적 이념에 현혹되어 좌파가 좋아하는 反보수적 정책을 펴면서 나라와 보수를 분열시켜갔다.

'文民정부'라는 이름으로 군인을 소외시키고, 前 정권의 공적을 모조리 부정하여 한국 현대사의 정통성을 위협하였다. 노태우 정부가 퇴출한 전교조 교사들을 복직시키고, 역사의 평가로 넘겼어야 할 12·12 사건, 광주사태 등을 다시 끄집어내 이른바 역사 바로 세우기 재판으로 전두환, 노태우 대통령을 斷罪(단죄)하는가 하면 충청도를 기반으로 한 김종필 세력을 배척, 보수연합을 깼다. 보수분열의 연장선상에서 김대중이 대통령으로 당선되었다. 그는 오늘의 한국에 어두운 그림자를 깊게 남기고 있는 좌파의 宿主(숙주) 역할을 충실히 한 것이다. 김영삼은 좌파집권의 1등 공신이 되었다.

민자당은 김영삼 정부 시절에 신한국당으로, 이회창 후보 시절에 한나라당으로 改名(개명)되었다. 한나라당은 이회창 후보를 내세웠으나 1997년, 2002년 두 차례 패배하였다. 李 후보는 이인제, 김종필, 정몽준 씨와 연대하는 데 실패, 보수 분열을 자초, 필승 구도에서 졌다. 좌파 정권 10년간 한나라당은 나름대로의 역할을 했다. 한나라당의 견제가 없었더라면 낮은 단계 연방제나 국가보안법 폐지가 이뤄졌을지 모른다.

이 시기 처음으로 自生力(자생력)이 있는 애국보수 세력이 아스팔트로 나서기 시작하였다. 김대중, 노무현의 10년 집권이 가져온 한국 사회의 좌경화와 친북화에 싫증을 느낀 유권자들은 2007년 大選(대선)에서 보수분열 구도(이명박, 이회창 동시 출마)임에도 불구하고 이명박 후보가 500만 표 차이로 정동영 후보를 누르도록 밀었다.

2008년 이명박 정부는 탄탄한 듯하였다. 그해 4월 총선에서도 한나라당이 압승하였다. 대통령, 국회, 지방자치단체를 완벽하게 장악하였다. 한나라당의 총선 후보 공천 과정에서 親이명박 세력이 박근혜 세력을 약화시키려 하다가 반발을 사 黨內(당내) 분열을 고착시켰다. 그해 봄 좌파 세력이 주도한 광우병 난동에 이명박 정부는 기가 꺾였다. 反대한민국적인 친북좌파 세력을 정치권에서 일소할 수 있는 기회를 놓쳤다.

하지만 2008년 세계를 휩쓴 금융위기 때는 이명박-강만수(기획재정부 장관) 팀이 신속하게 대응, 피해를 최소화하였다. 이 성공적 대응이 한국의 국제적 位相(위상)을 높였으며 2012년 대선에서 보수세력이 정권을 놓치지 않도록 하는 기본 조건을 만들었다.

이명박 대통령은 국가통치 기능을 분할하는 세종시 건설의 피해를 줄이려고 세종시를 행정도시가 아닌 교육 과학 도시로 계획을 바꾸려 하였고, 정운찬 총리를 발탁, 그 일을 맡겼다. 박근혜 세력은 충청표를 의식하여 이회창 세력과 함께 이를 반대, 좌절시켰다.

2011년 10월26일 선거에서 박원순 씨가 서울시장 선거에서 나경원 후보를 이기면서 좌파 집권의 가능성이 대두되어 보수가 위기감을 느끼기 시작하였다. 한나라당은 박근혜 의원을 비상대책위원회 위원장으로 추대, 黨名(당명)을 새누리당으로 바꾸었다. 朴 위원장은 2012년 4월 총선에서 새누리당의 승리를 牽引(견인)하였다. 그 직후 새누리당은 국회법을 개정, 몸싸움을 없앤다면서 다수결이 먹히지 않는 조항을 집어넣었다. 상당수 의원들이 반대하였으나 박근혜 세력이 밀어붙여 통과시켰다. 세종시 개혁 반대와 이른바 국회식물화법 찬성은 박근혜의 정치적 과오로 영원히 기록될 것이다. 이 국회법이 박근혜 정부를 무력화시켰으니 自業自得(자업자득)이었다.

2012년 대선은 통합진보당 파동으로 종북 세력의 발호가 국민들 사이에서 부각되는 가운데서 치러졌다. 좌파성향의 문재인 후보와 종북성향의 이정희 후보가 나오고, 막판에 가서 이정희 후보와 안철수 후보는 출마를 포기하면서 문재인 지지를 선언, 선거판은 좌우 대결 구도가 되었다. 선거 기간 중에 터진 노무현-김정일 회담록 폭로(NLL 포기 등)가 결정타가 되었다. 박정희를 그리워하는 구세대와 종북세력을 싫어하는 신세대가 연대하고 50대가 몰표를 던지면서 박근혜 후보가 51.6%의 득표율로 승리, 최초의 여성 대통령이 되었다.

2013년 박근혜 대통령도 2008년 이명박 대통령처럼 좋은 조건으로 출발하였지만 외교정책에서 첫 단추가 잘못 끼워졌다. 이명박 정부 말기 독도 및 종군위안부 문제로 한일관계가 악화되었는데 이 유산을 이어 받아 親中反日(친중반일) 노선으로 나아갔다. 이는 한미관계도 불편하게 만들었다. 2015년 가을 박 대통령은 중국군의 전승절 행사에 자유진영 인사로서는 유일하게 참석하였지만 중국은 핵문제에서 북한 비호 노선을 조금도 수정하지 않았다. 친중반일 노선은 박 대통령의 큰 약점을 노출시켰다. 그것은 사람과 정책과 전략에 대한 판단력 부족이었다.

새누리당 정부는 朴 대통령과 함께 국가정체성 확립을 위한 몇 가지 조치를 취하였다. 한미연합사 해체 무기연기, 통합진보당 해산, 좌편향 한국사 교과서 개혁, KBS와 MBC의 정상화 추진, 엄정한 對北(대북)정책 등이다.

이명박 대통령이 광우병 난동 때 용기를 잃었듯이 박근혜 대통령은 세월호 침몰 사고를 처리함에 있어서 무능을 드러냈다. 가장 큰 무능은 언론의 선동 보도에 굴복, 최선을 다한 해경 해체를 선언한 점이다. 선동을 잠재우기 위하여 제2의 해군으로 불리면서 영해 수호와 人命(인명) 구조에 헌신적으로 활동해온 조직을 해체한 것은 제도와 전통을 존중하는 보수정치인이 절대로 해선 안 되는 일이었다.

유능한 대통령이었더라면 적절한 선에서 수습할 수 있었는데 박 대통령은 언론과 야당, 그리고 유족들의 압박에 후퇴에 후퇴를 거듭, 수천억 원이 들어가는 세월호 船體(선체) 인양까지 지시하였다.

박 대통령은 막강한 국가 조직을 시스템적으로 운영하지 않았다. 지시나 선언만 있고 진지한 토론도 확인도 없었다. 그의 지시내용도 구체성 없이 막연한 것이라 공무원은 물론 국민들의 지지를 끌어낼 수가 없었다. 장관과는 불통하고 비선과는 내통하는 국정운영 방식이 정부의 기능을 전반적으로 저하시켰다.

박 대통령은 검찰을 애용하였다. 대통령은 특정 사건에 대하여 수사 방향을 지시하면 안 되는데 이 선을 자주 넘었다. *私感*(사감)이나 *私益*(사익)을 실어 검찰을 이용한 게 아닌가 하는 의심이 들 만하였다. 노무현, 이명박 정부 때보다 검찰을 더 정치적으로 악용하였다는 평가를 받는다. 그 검찰이 이젠 박 대통령을 겨눈다.

박 대통령은 새누리당의 친박세력을 편애, 당을 분열시켰다. 이 친박세력과 박근혜 맹종세력은 박근혜를 대한민국적 가치보다 더 높게 모시는 경향이 있었다. 이들은 대한민국의 입장에서 박근혜를 비판하는 건전한 보수세력까지 적대시하기도 하였다. 이들이 보수 분열의 책임을 져야 한다. 다수 보수세력도 박 대통령의 해경해체, 親中反日 노선, 중국군 전승절 참석, 총선 때의 편파적 공천을 비판하지 않음으로써 '박근혜 펜클럽'으로 전락하였다. 박근혜–최순실 사태에도 불구하고 새누리당은 좌파정당과는 다르다. 새누리당의 가장 큰 공적(이명박, 박근혜 정부)은 한국의 공산화를 막아온 점이다. 적어도 새누리당은 북한 핵을 비호하지 않고, 북한의 인권탄압에 침묵하지 않으며, 사드 배치에 반대하지 않았다. 국가보안법 폐지를 막았다.

대한민국의 가장 큰 위기는 경제도 부패도 아니다. 간첩이나 반역자가 선거 때 유권자를 속여 국회의원이나 대통령이 되어 대한민국 조종실을 차지하는 것이다. 내년 대통령 선거에서 그런 후보의 청와대 입성을 막을 정당으로서는 현재 새누리당밖에 없다.

새누리당은 해체, 분당해야 할 정당이 아니라 내부 개혁을 통하여 재건되어야 할 정당이다.

1. 박근혜 대통령의 失政(실정)을 객관적으로 비판해야 한다. 잘한 것까지 비판할 필요는 없다.

2. 새누리당의 역사적 역할에 대하여 자부심을 가져야 한다. 바깥에서 욕한다고 해서 잘한 것까지 잘못한 것처럼 생각하면 그런 조직은 안으로부터 무너진다.

3. 친박세력은 黨權(당권)을 놓아야 한다.

4. 비박세력이 당권을 잡는 수밖에 없는데, 그렇다고 야당의 탄핵이나 하야 요구에 동참하면 존재이유가 소멸될 것이다. 박 대통령의 과오는 용서 받기 힘들지만 김대중의 對北송금이나 노무현의 NLL 포기 같은 반역행위는 아니다.

5. 박 대통령이 5년 단임제의 임기를 채우고 퇴임할 수 있도록 돕고 내년의 대통령 선거를 정상적으로 치르는 데 당의 목표를 두어야 한다.

6. 탄핵, 하야, 임기 완수 이외의 길도 모색해야 한다. 그것은 개헌이다. 1987년 6월에도 벼랑 끝 대치상황이 계속되었지만 6·29 선언으로 직선제 개헌에 여야가 합의, 평화적 민주화의 길을 열었다.

7. 새누리당은 有力(유력) 후보가 없어 개헌을 주도하기 쉬운 면이 있다. 야권 내의 온건세력과 손잡아 개헌을 추진하는 과정에서 政界(정계)를 개편할 수도 있다. 개헌을 하면 대통령 임기는 단축되고 내각제를 채택할 경우 국회의원 선거도 새로 치러야 한다. 한국의 정치판이 크게 정리될 수 있다.

8. 힘이 빠졌지만 새누리당만이 국가정체성을 지켜낼 수 있는 힘이 있다. 혼을 빼앗기지 않으면 공산화나 內戰的(내전적) 상황을 막을 수 있다는 뜻이다. 국회가 책임총리를 추천할 때도 정체성과 맞지 않는 인물에 대하여는 거부권을 행사해야 한다.

9. 반기문 총장을 영입하거나 그와 협력할 수 있어야 한다. 그의 능력이 문제가 아니다. 그가 한국의 공산화나 내전적 상황을 막을 수 있는 지지율을 갖고 있다는 점이 중요하다.

10. 어려움에 처한 새누리당을 깨거나 탈당하는 정치인은 체제 수호의 보루에서 탈영하는 사람으로 규정될 것이다.

11. 북한의 핵무기와 남한의 친북정권이 결합되면 한국의 반공자유민주주의 체제는 유지될 수 없거나 유지하려면 피를 흘려야 할 것이다. 새누리당이 단결해야 그런 사태를 막을 수 있다. 지금 이 순간 모든 국민, 모든 정치인은 한 점에는 합의해야 한다. 그것은 민족, 민주세력으로 위장한 공산주의 세력이 대한민국의 주인이 되는 사태를 막는 일이다. 이 大義(대의) 앞에서 새누리당이 단결하지 못한다면 역사의 죄인이 될 것이다. 한국의 민주주의는 우리와 선배 세대가 피·땀·눈물로 이룩한 세계사의 금자탑이다. '천국 다음은 한국'이다. 이 근사한 나라를 '헬조선'이라고 저주하는 이들의 선동과 분열책동에 맡겨놓아선 안 된다. 한국의 보수세력이 가진 장단점을 다 가진 새누리당이다. 현실적으로 국민이 믿을 정당은 이곳뿐이다.

12. 새누리당은 광장을 버려선 안 된다. 새누리당이 주도하는 애국집회가 100만 명을 모을 수 있어야 한다.

13. 새누리당은 박근혜를 버리더라도 대한민국을 버려선 안 된다. 憲政질서 수호를 위해서는 국민의 분노를 잠재울 수 있는 속죄양이 필요하다. 그 속죄양은 박근혜와 최순실을 비호해온 親朴(친박)세력일 수밖에 없다.

14. 새누리당이 체제수호 정당의 역할을 포기하면 대한민국이 기댈 수 있는 조직은 헌법 제5조에 의하여 국가안전보장의 최후 보루로 지명

되어 있는 국군뿐이다. 이는 매우 위험한 구도이다.

15. 새누리당이 죽는 길: 非朴세력이 탈당, 좌파나 중도 정당과 제휴, 박 대통령 탄핵에 가담하고, 남은 親朴세력이 反헌법 세력과 싸우지도 못하고 朴 대통령을 보호하지도 못하는 어정쩡한 태도를 취하면서 불임 정당으로 소멸해가는 길이 있다.

16. 체제수호정당으로서 새누리당이 소멸하면 애국시민들은 비상한 결단을 내려야 할 것이다.

(2016.11.19.)

'이순신, 부하에게 거짓말하도록 지시, 도덕성 논란 일파만파'

참고인 신분의 대통령이 조사를 안 받겠다는 게 아니라 날짜를 조정하자는데 언론은 일제히 사법 방해, 버티기 운운하면서 검찰을 편들어 대통령을 압박한다. 블랙 코미디 수준이다.

趙甲濟

이미 검찰 조사를 받겠다고 선언한 대통령은 검찰이 일방적으로 통고한 참고인 조사 날짜를 늦춰달라고 했다. 언론사 기자들은 피의자 소환에도 잘 응하지 않는 경우가 많고 법원의 영장 집행도 예사로 방해한다. 참고인 신분의 대통령이 조사를 안 받겠다는 게 아니라 날짜를 조정하자는데 언론은 일제히 사법 방해, 버티기 운운하면서 검찰을 편들어 대통령을 압박한다. 블랙 코미디 수준이다.

언론은 한편으론 경찰이 26만 명이 모였다고 발표한 광화문 집회를 '100만 시위'라고 네 배나 과장, 국민들을 선동한다. 국가기관보다 주최 측의 과장을 선택한 점에서 언론이 아니라 시위대의 선전기관화를 자청하였다고 판단된다.

한국 언론의 트집을 빗댄 아래 우스개가 결코 우스개가 아니란 이야기이다.

1. 예수가 "죄 없는 자, 저 여인에게 돌을 던져라"라고 발언한 것을 트

집 잡는 한국 언론의 기사는 이러했다. 〈예수, 매춘부 옹호 발언 파장. 잔인한 예수, 연약한 여인에게 돌 던지라고 사주.〉

2. 예수가 위선적 바리새인들에게 분개하여 "독사의 자식들아"라고 꾸짖은 데 대한 한국 언론의 보도: 〈예수, 국민들에게 X새끼 발언 파문〉

3. 석가가 구도의 길을 떠나자, 한국 언론은 〈국민의 고통 외면, 제 혼자만 살길 찾아나서〉라고 보도하였다.

4. 석가, "천상천하 유아독존"

한국 언론: 〈오만과 독선의 극치, 국민들이 끝장내야〉

5. 소크라테스, "악법도 법이다."

한국 언론: 〈소크라테스, 악법 옹호 파장〉

6. 시저, "주사위는 던져졌다."

한국 언론: 〈시저, 평소 주사위 도박광으로 밝혀져〉

7. 이순신, "내 죽음을 아무에게도 알리지 말라."

한국 언론: 〈이순신, 부하에게 거짓말하도록 지시, 도덕성 논란 일파만파〉

8. 김구, "나의 소원은 첫째도, 둘째도, 셋째도 통일입니다."

한국 언론: 〈김구, 통일에 눈이 멀어 민생과 경제 내팽개쳐〉

9. 클라크, "소년들이여, 야망을 가져라."

한국 언론: 〈클라크, 소년들에게만 야망 가지라고, 심각한 성차별 발언〉

10. 스피노자, "내일 지구가 멸망해도 나는 오늘 한 그루의 사과나무를 심겠다."

한국 언론: 〈스피노자, 지구멸망 惡談, 全세계가 경악 분노〉

11. 최영, "황금 보기를 돌같이 하라."

한국 언론: 〈최영, 돌을 황금으로 속여 팔아 거액 챙긴 의혹〉

12. 전두환, "全재산이 29만 원이야."

한국 언론: 〈現정권 국가원로 홀대 극치, 코드 인사 보훈처장 경질해야〉

13. 링컨, "국민의, 국민을 위한, 국민에 의한…"

한국 언론: 〈국민을 볼모로 하는 국가 정책에 국민은 피곤하다〉

14. 니체, "신은 죽었다."

한국 언론: 〈現정권, 신이 죽도록 뭐 했나?〉

(2016.11.19.)

박 대통령을 동네북으로 삼는 조선닷컴

〈'박근혜 정부 내각 첫 인사도 최순실이 주물렀다' 검찰이 확인〉이란 제목을 클릭했더니…

趙甲濟

〈'박근혜 정부 내각 첫 인사도 최순실이 주물렀다' 검찰이 확인〉

조선닷컴의 초기 화면엔 이런 제목의 기사가 실렸다. 클릭을 하면 다른 제목이 나온다.

〈現정부 내각 첫 인사도 최순실이 주물렀나〉

2013년 박근혜 정부 출범 초기 組閣(조각)과 관련한 인사안이 대거 최순실 씨 손에 넘어간 것으로 검찰 수사에서 확인됐다는 것이다. 검찰이 20일 기소한 최 씨와 정호성 전 부속비서관, 안종범 전 정책조정수석의 공소장 別紙(별지)에 따르면 박 대통령 지시로 최 씨에게 유출된 국가 기밀 47건 가운데 정부 인사 관련 자료가 13건 포함돼 있었다고한다. 박 대통령의 취임식 당일인 2013년 2월25일엔 행정부 조직도와 '국무총리·감사원·국정원·각부 장관 후보안'이 최 씨에게 전달됐다. 사흘 뒤인 28일엔 '국민대통합위원장·청년위원장 인선 자료'가 넘어갔다. 3월1일에는 '국정원장·총리실장·금융위원장 인선 발표안'이 최 씨에게 전달됐고, 이튿날인 2일 박 대통령은 남재준 국정원장과 김동연 국무총리실장, 신제윤 금융위원장을 후보자로 발표했다고 한다.

그해 8월 4일엔 '청와대 비서진 교체 내용'이라는 문건이 최 씨에게 전달됐는데, 다음날인 5일 김기춘 비서실장, 박준우 정무수석, 홍경식 민정수석 등 청와대 수석비서관급 이상 5명에 대한 인사가 단행됐다.

〈이에 따라 현 정권 첫 조각 과정에 최 씨가 개입한 게 아니냐는 의혹이 커지고 있다. 박 대통령이 정부의 주요 관료들에 대한 인사를 할 때 최 씨의 의견을 들은 게 아니냐는 게 검찰이 갖고 있는 의심이다. 박 대통령이나 정 전 비서관이 단순히 '참고하라'고 보낸 게 아닐 가능성이 있다는 것이다.〉

조선일보는 〈그러나 최 씨와 정 전 비서관은 '인사 개입' 문제에 대해서는 "그런 일이 없다"는 식으로 부인하고 있는 것으로 알려졌다〉고 했다. 이 기사에는 〈'박근혜 정부 내각 첫 인사도 최순실이 주물렀다' 검찰이 확인〉이라는 제목을 뒷받침할 만한 내용이 없다. 〈'박근혜 정부 내각 첫 인사도 최순실이 주물렀다' 검찰이 의심〉이라고 달았어야 했다. '확인'과 '의심'의 차이는 사실과 소문의 차이이다. 天地(천지) 차이이다. 조선닷컴은 박 대통령에 대한 기사는 아무리 과장하고 왜곡해도 안전하다고 생각하고 이처럼 엄청난 왜곡을 한 것 같다. 대통령을 동네북으로 삼으면 언론은 자동적으로 정의를 구현하나?

(2016.11.21.)

2

촛불 우상숭배

2016.11.21 ~ 2016.12.1

현직 대통령에게 체포영장 청구?

이런 공상을 하는 이가 있는 모양이다. 〈검사가 현직 대통령 체포영장을 청구하고 판사가 발부하면 현직 대통령을 구금, 정권을 무너뜨릴 수 있다. 검사와 판사가 짜면 쿠데타도 가능하다!〉 언론의 박근혜 마녀사냥이 도를 넘었다.

趙甲濟·조갑제닷컴 대표

오늘자 문화일보에는 엄청난 내용의 기사가 실렸다. 제목부터 으스스하다.

〈검찰 강제수사 나서나. 朴, 의혹에 거짓·否認으로 일관. 일부선 "체포영장 청구" 제기〉

현직 대통령에 대하여는 外患(외환)의 죄가 아니면 형사소추를 할 수 없다. 형사소추 대상이 아닌 사람에게 '체포영장을 청구'해야 한다고 주장하는 이가 있다면 정신감정이 필요하다.

기사에는 〈'법리적 실익'이 없음에도 검찰 내부에서 "박근혜 대통령에 대한 강제수사가 불가피하다"는 목소리가 나오는 것은 박 대통령이 피의자 신분임에도 법에 따른 검찰 수사를 대놓고 거부하는 점, 청와대 차원의 조직적 증거인멸이 이뤄질 가능성이 크다는 판단 때문인 것으로 전해졌다〉고 되어 있다.

박 대통령은 검찰이 자신을 조사하기도 전에 안종범, 최순실 등의 공소장에 자신을 피의자(공범 혐의)로 적시한 데 대하여 반발, 차라리 특검 조사를 받겠다고 한 것이다. 이는 법에 따른 수사를 거부하는 것이 아니라 소추대상이 아닌 이의 적법한 自救策(자구책)이다. 그럼에도 이 신문은 검찰의 이야기만 일방적으로 대변한다.

〈유 변호사의 발언에 검찰은 부글부글 끓고 있다. 대통령이 법에 따른 공식 검찰 수사를 대놓고 무시하는 상황이 펼쳐진 데 대해 상당수 검사가 충격을 토로하고 있다. 박 대통령은 전형적으로 거짓말하는 피의자에 해당한다는 지적이다. 검찰 일각에서는 법리적 실익과 상관없이 피의자임이 적시된 출석 요구서를 청와대로 공식 발송하고, 이에 응하지 않을 경우 체포영장을 청구해야 한다는 '강경론'이 제기되고 있다.〉

〈법리적 실익과 상관없이〉라는 말이 무슨 뜻일까? 前後(전후) 맥락으로는 실익이 없지만 대통령을 창피 보인다는 뜻으로 해석된다.

기사도 〈헌법에 따라 법원이 검찰이 청구한 영장을 기각할 가능성이 커 '법리적 실익'이 없는 측면이 분명 있지만〉이라고 했다. 소추대상이 아닌 대통령을 체포하라는 영장이 청구될 리도 만무하고 (체포는 형사 소추를 전제로 한다) 이를 받아 줄 판사도 있을 수 없지만 혹시 이런 공상을 하고 있는지도 모른다.

〈검사가 현직 대통령 체포영장을 청구하고 판사가 발부하면 현직 대통령을 구금, 정권을 무너뜨릴 수 있다. 검사와 판사가 짜면 쿠데타도 가능하다!〉

세상 물정을 모르는 머리 좋은 판·검사들 중에는 문자로 세상을 바꿀 수 있다고 생각하는 과대망상자들이 더러 있다. 언론의 박근혜 마녀사냥이 도를 넘었다.

(2016.11.21.)

제주도를 外國으로 아는 동아일보

정유라가 작년 5월 제주서 '원정 출산'했다고 보도

趙甲濟

오늘 동아일보의 동아닷컴은 〈정유라, 작년 5월 제주서 '원정 출산'한 까닭은… '상속 포기각서'도 작성〉이라는 제목의 기사를 올렸다. 이 신문은 제주도를 외국으로 아는 모양이다. 증오의 계절에 웃음(비웃음)을 선물한 이 신문은 한때 民族紙(민족지)로 불렸다.

(2016.11.23.)

선배들이 쟁취한 언론자유를 공짜로 누리면서 남용하는 기자들에게

어제 MBC '100분 토론'에서 한 발언

趙甲濟

"최순실 사태는 언론이 파헤치고 확대시켰다. 지금 언론은 관찰자가 아니고 플레이어이다. 특종은 역사를 기록하지만 역사를 만들기도 한다. 하지만 과장과 선동이 심하다. 2004년 노무현 탄핵 때 방송들이 주도하였던 선동보도를 방불케 한다. 지금 기자들이 누리는 언론자유는 나와 같은 고참 기자들이 권위주의 정권과 싸워서 쟁취한 것이다. 박정희를 옹호하는 나지만 박정희, 전두환 정권 때는 기사 문제로 세 차례 해직된 적도 있다. 지금 기자들은 선배들이 쟁취한 언론자유를 공짜로 누리면서 남용하고 있다. 언론자유를 촛불 시위대에 바쳐선 안 된다. 최순실 사태를 탄핵절차로 해결하겠다고 한 이상 언론은 공정한 심판 역할을 하여야 한다.

경찰관들이 너무 수고하고 있다. 경찰이 무너지면 청와대로 시위대가 들어가고 그러면 안을 지키는 군인들과 충돌하게 된다. 오는 토요일 서울의 대규모 시위 때 경찰관이 잘 버티어줘야 한다. 박근혜 대통령을 싫어하는 이들도 많겠지만 여러분은 개인 박근혜가 아니라 憲政(헌정)질서, 그리고 대한민국을 지키는 이들이다."

어제 점심 식사 시간에 모인 네 명의 원로 기자와 언론학자는 이 사태가 '언론의 亂(난)'이라는 데 합의하였다. 줄여서 言亂이다. 한국의 두 기득권 세력인 언론과 검찰이 상호 견제를 포기하고 결탁하면 지옥이다. 무고한 이들이 피눈물을 흘려야 한다. 현직 대통령의 인권도 무참히 짓밟는다.

(2016.11.23.)

미친 검사, 선동 기자, 좌경 판사 3명만 짜면…

민주적으로 선출된 현직 대통령을 잡아넣는 쿠데타도 가능하겠구나 하는 생각이 든다.

趙甲濟

요사이 일부 검사, 다수 기자, 일부 판사의 행태를 볼 때 미친 검사, 선동 기자, 좌경 판사 3명만 짜면 민주적으로 선출된 현직 대통령을 잡아넣는 쿠데타도 가능하겠구나 하는 생각이 든다.

선동 기자가 대통령 관련 거짓 보도를 하고 이를 근거로 미친 검사가 체포영장을 청구하면 좌경 판사가 영장을 발부, 현직 대통령을 잡아넣음으로써 정권을 무너뜨리는 시나리오이다. 이를 위해서는 사실과 헌법이 무시당해야 하는데 작금의 한국에선 선동 언론과 정치가 진실을, 선동된 여론이 증오심을 폭발시켜 상식과 헌법정신을 마비시키고 있다. 한국은 아직도 士農工商(사농공상)이다. 여기서 士는 기자, 교수, 검사, 판사, 정치인을 통칭한다.

(2016.11.23.)

야당과 언론의
무책임한 언사들

배설하듯이 아무렇게나 뱉어낸 말과 글은 종래에는 신뢰를 매장하는 관 뚜껑이
될 수도 있다.

이강호·조갑제닷컴 회원

'난장판'이라는 말이 떠오른다.

박근혜 대통령의 잘못이 아무리 크다 해도 작금의 소동은 도를 지나치게 넘어가고 있다. 불순한 무리들과 정략적 욕심에 혈안이 된 야당세력들의 모습이 가관이다. 행여나 소동의 불씨가 꺼질까 부채질에 여념이 없다.

문재인은 "국가적 위기이지만 우리에겐 큰 기회"라고 했다. 이 사람에겐 국가적 위기도 그저 정략적 기회일 뿐인가? 더불어민주당의 추미애 대표는 계엄령을 어쩌고 하더니 이번에는 광주에서 "박 대통령이 미용에 '2000억 원' 이상 썼다"고 떠들어댔다. 그야말로 나오는 대로 뱉어대는 꼴이다.

한 검사는 박근혜 대통령을 체포해야 한다고 했다. 헌법상 대통령은 임기 중에는 형사소추도 못하게 돼 있다. 그런데 현직 검사라는 자가 이런 말을 했다. 이 검사야말로 기본적 자질이 의심스러운 만큼 해임이 마땅하겠다. 그러나 이를 제대로 지적하는 언론이 없다. 아니 언론이

오히려 온갖 과장과 무책임한 의혹 제기로 광란을 부추기는 데 앞장을 서고 있는 꼴이다. 광화문 광장이 천안문 광장인 줄 아나?

언론들은 지난 12일 시위 이후 '100만' 운운을 관용구처럼 써대고 있다. 하지만 광화문 일대에 아무리 사람이 많이 모여도 면적 상 100만은 불가능하다. 중국의 천안문 광장은 동서 500m 남북 880m 총면적 44만㎡의 세계 최대 광장이다. 광화문 광장은 길이 770m 폭 34m다. 도로까지 다 포함해 잡는다 해도 폭은 세 배 남짓이다. 광장 일대 총면적은 7만~8만㎡로 천안문 광장의 5분의 1~6분의 1에 지나지 않는다. 시청 앞 광장부터 광화문 광장까지 모두를 다 포함해도 그 면적은 최대로 잡아도 천안문 광장의 3분의 1 선이다.

1976년 6·4 천안문 사태 때 천안문 광장을 꽉 메운 시위 인파를 100만이라 했다. 1㎡당 2.5명이 들어선 셈이다. 실제로 만원전철이 아니라면 1㎡에 들어갈 수 있는 인원수는 그 정도가 최대일 것이다. 그런데 그 3분의 1 선인 시청에서 광화문 일대의 인파, 그것도 그 모든 공간을 다 채우지도 못한 것을 100만이라 하고 있다.

중국식 '뻥'이 있다. 10만 남짓에도 미치지 못해도 걸핏하면 100만을 운운하는 게 중국식 소설 '연의'다. 그런 중국에서도 아무도 천안문 광장의 인파를 1000만이라고 하지는 않는다. 그런데 한국의 촛불 패거리들과 언론들은 웬 중국식 뻥이냐? '삼국지연의'처럼 '광화문연의' '촛불연의'를 쓰는 거냐?

張三李四(장삼이사)들끼리 술자리 사석에서 떠들어대는 것도 도가 지나치면 사고가 난다. 하물며 공인들의 발언과 언론의 글은 그냥 사석의 말이 아니다. 그것은 기록으로 남는다. 흥분된 상황도 시간이 지나고 나면 가라앉는다. 그때가 되면 지금 되는 대로 내뱉은 말들과 갈겨대듯,

쓴 글들은 어떻게 받아들여질까? 배설하듯이 아무렇게나 뱉어낸 말과 글은 종래에는 신뢰를 매장하는 관 뚜껑이 될 수도 있다. 각오들 하고 있는지 모르겠다.

(2016.11.24.)

친박계가 분당을 부추긴다는 조선일보

누가 봐도 당의 해체를 부추기는 건 김무성 세력이다.

趙甲濟

〈새누리당 친박계가 24일 박근혜 대통령 탄핵에 앞장서겠다고 한 김무성 의원을 향해 '정계 은퇴하라'라며 '당을 떠나라'고 했다. 分黨(분당)을 사실상 부추기는 모양새다.

이장우 최고위원은 이날 최고위원 회의에서 '(김 의원은) 먹던 우물에 오물을 던졌다. 사람은 먹던 우물에 오물을 던지지 않는다'면서 '(김 의원이) 엎드려 사죄하고, 의원직 사퇴하고, 정계 은퇴 선언을 해야 한다. 저는 김 전 대표가 새누리당을 떠나줄 것을 다시 한 번 강력하게 촉구한다'고 했다.〉

조선일보의 조선닷컴에 올라 있는 기사이다. 김무성 전 대표는 탈당도 하지 않은 상태에서 좌파 정당이 주도하는 탄핵에 가담, 自黨(자당)의 대통령을 몰아내겠다고 한다. 정치도의상 있을 수 없는 일종의 간통이다. 탈당하지 않고 黨에 남아서 害黨(해당)행위를 하는 것은 배신이고 自害(자해)이다. 당을 깨겠다는 짓이다. 누가 봐도 당의 해체를 부추기는 건 김무성 세력이다. 그런데 조선일보는 친박계가 분당을 부추긴다고 왜곡하였다. 김무성 세력이 나가는 것은 分黨(분당)이 아니라 脫黨

(탈당)이다. 새누리당을 지키겠다는 친박세력은 당을 가르자는 말을 한 적이 없기 때문이다. 당을 지키겠다는 세력을 분열주의자로 모는 조선일보의 문법이 궁금하다.

(2016.11.25.)

세계 언론사에 길이 남을
코미디 중 코미디:
채널 A의 촛불 우상숭배!

기자는 혹시 拜火敎 신도가 아닐까? 히틀러, 스탈린, 모택동, 김일성 치하의 선전 매체에 맞는 내용을 자유대한의 메이저 언론이 보도하니 최순실 사태는 언론의 亂이 틀림없다.

趙甲濟

북한 노동신문에도 실리기 어려운 전체주의적 기사가 동아일보의 동아닷컴에 났다. 채널 A의 보도를 인용한 것인데 자유세계의 언론 역사상 길이 남을 코미디이다.

〈어제 저녁 춘천에서는 박근혜 대통령의 하야와 함께 새누리당 김진태 의원의 사퇴를 촉구하는 집회가 열렸습니다. 천여 명의 시민들은 아예 촛불집회를 김 의원의 사무실 앞에서 열고 촛불 비하발언을 사죄하라고 요구했는데요. 그런데 바로 그 시간 김 의원은 춘천 시내의 한 사우나에 있었던 것으로 확인됐습니다.〉

나는 어제 촛불집회 중 화장실에 있었는데 이것도 문제가 되나 하는 걱정이 생길 정도의 狂氣(광기)어린 보도가 이어진다.

〈앞서 김 의원은 지난 17일, '촛불은 촛불일 뿐 바람이 불면 다 꺼진다'는 발언으로 국민들의 공분을 샀습니다. 시민들이 추운 날씨 속에

촛불집회를 할 때 사우나를 즐긴 사실까지 밝혀지면서 또 한 번 공분을 불러일으킬 것으로 보입니다.〉

차근차근 따져 보자. 첫째 '촛불 비하 발언'이란 말이다. 촛불이 뭔데? 촛불이 하느님인가? 누구의 조상인가? 아니면 애인인가? 촛불은 무생물체이다. 인격이나 생존권이 있을 수 없다. 금강산 비하죄가 성립될 수 없는 것처럼 촛불을 비하하였다고 처벌을 한다든지, 비판을 할 순 없다. 바위를 욕했다고 감옥에 보낼 수 없는 것과 마찬가지이다.

외국 언론이 이 기사를 영어로 번역하여 세계로 발신한다면 '한국인들은 拜火敎(배화교·조로아스터 교) 신자들인가?' 하는 문의가 쏟아질 것이다. 북한에선 김일성 3代와 관련된 상징물을 비하하면 처벌을 받을 것이다. 예컨대 김일성花(화)가 못 생겼다고 하면 국가보위부에 불려가 혼이 날 것이다. 채널 A는 평양에 지국을 내는 게 어떨까?

〈시민들이 추운 날씨 속에 촛불집회를 할 때 사우나를 즐긴 사실까지 밝혀지면서 또 한 번 공분을 불러일으킬 것으로 보입니다.〉

국민의 공분? 5000만 명 중 몇 명의 국민인가? 막연히 국민의 공분이라면 모든 국민을 가리킨다. '극소수 국민의 공분'이라고 해야지.

기사문의 자격이 안 되는 이런 글이 기사화되는 것으로 보아 채널 A의 교정 기능은 마비된 것으로 보인다. '유머'로 분류해 실었어야 할 글이다. 김진태 국회의원은 시위군중의 시종인가, 노예인가? 아무리 노예라도 그렇지, 주인이 추운 데 있다고 노예는 방 안에서 얼음물에 몸을 담고 추위를 같이 느끼면서 대기해야 하나. 이런 채널 A 기사가 민주시민의 공분을 불러일으킨다. 히틀러, 스탈린, 모택동, 김일성 치하의 선전매체에 맞는 내용을 자유대한의 메이저 언론이 보도하니 최순실 사태는 언론의 亂이 틀림없다.

(2016.11.28.)

목적을 가지고
언론계, 법조계에 뛰어든 이들

그들은 최순실 씨와 관련한 사실 규명에는 애초에 관심이 없었던 것이다. '최순실'을 도구로 '박근혜'를 축출, 이를 통해 보수를 밀어내고 새로운 사회를 만들려 하고 있다.

우리의 미래·조갑제닷컴 회원

　　언론에 대한 비판은 많았지만 요즘 같았던 적은 없었다. 특히 보수신문으로 알려졌던 C, D 신문의 左傾的(좌경적) 論調(논조)에 의아해 하는 사람이 많다. 왜 갑자기 변했느냐는 것이다. 그 신문들이 좌경화된 것은 10여년 전부터였다. 평범한 독자들이 눈치 채지 못했을 뿐이다. 과거에도 기자의 성향에 따라 일정 사안에 대한 기사의 색깔이 달라지기는 했지만 사실관계가 완전히 왜곡된 기사는 드물었다. 이 정권 들어서는 잘못된 기사가 너무 많아 오히려 진실하고 객관적인 기사를 찾는 것이 어려울 정도이다. 언론계 원로들은 요즘 주류신문 기자 다수가 좌경적이라는 것은 알지만 어느 정도인지는 잘 모르는 것으로 보인다. 그들의 허위, 왜곡 보도가 얼마나 많은지, 그 근본 원인이 무엇인지도 자세히는 모를 것이다. 그럴 수밖에 없는 것이, 그 분들은 터무니없는 기사를 작성한 사실이 없어 까마득한 후배들이 상식에 어긋나는 취재와 보도를 한다고는 생각지 않을 것이기 때문이다. 지금 이른바 최순실 사태를 다루는 언론의 목표는 '保守(보수) 세력' '保守의 뿌리 말살'이다. 허위, 왜곡 보도의 근본 원인이다. 이 基調(기조)를 알 수 있는 정황은 매우 많다. 여기서 거론해도 될 만한 예를 하나 든다. 보수의 先鋒(선봉)에 있다는 평가를 받아 온 C 신문사 정치부 기자가 3일 전 자신의 공개 블로그에 쓴 글이다.

〈2016년은 1961년 5·16 군사반란 이후 55년간 한국 사회를 지배하고 있던 박정희 권위주의를 완전히 청산하는 元年(원년)이 돼야 한다. 박정희의 육체는 1979년 10월26일 죽었지만 그의 유령은 여태껏 한국 사회를 지배하고 있기 때문이다. 무력으로 민주주의를 짓밟고 헌정을 찬탈했던 그 천박한 권력지상주의는 '하면 된다' '안 되면 되게 하라' 따위의 구호로써 아직까지도 이 나라 공동체 구성원들을 괴롭히고 있다. 하급자의 몸과 영혼을 마음대로 부릴 수 있다고 믿는 상사들의 갑질 문화는 거기서 비롯됐다. 돈이 많으면 가난한 자들을 얼마든지 경멸하고 짓밟을 수 있다고 믿는 부자들의 천민 의식도 거기서 왔다. 나이가 많으면 자기보다 어린 사람들을 업신여겨도 된다고 생각하는 늙은이들의 고집도 마찬가지 뿌리에서 싹텄다.

우리는 박정희의 육체가 통치한 18년(1961~1979년)과 박정희의 유령이 지배한 37년(1979~2016년) 동안, 알량한 권력과 돈으로 타인을 짓밟으며 '억울하면 출세해'라고 말하는 법을 배웠다. 그러나 민주주의와 공동체의식에 대한 배움은 그것의 半(반)에도 이르지 못했다. 민주정부를 무력으로 전복했던 군인 박정희가 한국사회를 통치한 가르침은 '힘이 곧 질서'라는 것이었다. 2016년의 광화문 광장을 두고 '계엄령' '쿠데타' 운운하는 목소리가 아직도 들리는 걸 보면, 박정희의 가르침이 얼마나 뼛속 깊이 각인됐는지 알 수 있다.

박근혜의 몰락은 처절할 것이다. 박근혜도 미국의 닉슨처럼 그나마의 명예를 지키고 물러날 길이 남아 있지만 그 시한도 오래지 않아 지나갈 것이다. 대통령 박근혜가 합헌적인 절차에 따라 탄핵돼 일반 시민이 되는 모습을 우리 모두 지켜봐야 한다. 피의자 박근혜가 검찰청 포토라인에 서고, 구속된 박근혜가 푸른 수의 차림으로 법정에 서는 모습을 우리 모두 두 눈을 시퍼렇게 뜨고 지켜봐야 한다.

박근혜는 헌정 사상 유례없이 무지하고 추악한 방식으로 민주공화국의 國體(국체)를 파괴하고 공동체 구성원들의 몸과 영혼을 핍박한 대죄인이다. 그 죗값을 치르게 하는 과정이 참으로 쉽지 않지만, 한국 사회를 55년 간 지배한 박정희의 영혼을 우주로 돌려보내는 천도재이자 푸닥거리라고 생각하면 참을 수 있지 않을까. 55년이면 일제 36년보다 20년이나 긴 세월이다. 아버지의 유령은 우주로, 딸의 몸은 감옥으로 보내고 새 시대를 열어야 한다.〉

무엇이 그로 하여금 朴正熙를 그토록 증오하도록 만들었을까. 그도 그렇지만 法(법)과 현실, 제도에 대한 그의 인식도 과연 최고의 대학을 졸업한 이가 맞나 의심스러울 정도였다. 그의 또 다른 글 중 일부를 옮겼다.

《(상략) 박근혜는 이번 주 내내 검찰 조사를 거부했다. 도대체 대한민국의 어느 법이 이런 특권을 용인하는지 알 수 없어서 한 주 내내 화가 났다. 박근혜는 헌법을 유린한 것도 모자라 이제는 법치주의 자체를 부정하고 있다. 박근혜는 특권 계급인가? 박근혜는 법 위에 있나? 대다수 국민들에게 그리도 가혹하게 집행되는 법이 왜 박근혜 앞에서 이리 허망하게 무력해지는지 역시 알 수 없어서 화가 났다. 누구의 딸이면 그렇게 해도 되는 것인가? 박근혜가 1952년 태어났을 때 아버지 박정희는

육군 정보국 제1과장이었다. 박정희가 대통령이었던 1962년부터 1979 년까지 박근혜는 대통령 영애로 청와대에서 살았다. 박정희가 죽은 뒤 전두환으로부터 받았다는 수억 원의 돈도 국민 세금이었을 것이다. 박 근혜는 1999년부터 2012년까지 14년 동안 국회의원이었고 2013년부터 2016년까지 3년 동안 대통령이었다.

　그러니까 박근혜는 평생을 국민 세금으로 먹고 산 자다. 그런 자가 대 통령씩이나 되어서 한 짓이 무자격자에게 국민이 위임해준 권력을 내 준 것이다. 이는 형법 제91조가 규정한 국헌 문란에 해당한다. 무자격 자 최순실은 국민들이 땀 흘려 일하는 터전인 기업들로부터 불법 자금 을 거둬들였고 공정한 경쟁의 장이 돼야 할 교육 현장을 완전히 쑥대밭 으로 만들어버렸다. 박근혜에게 최소한의 애국심이라도 있다면 정치적 책임을 지고 국민들에게 엎드려 용서를 구해야 한다. 그러나 박근혜는 석고대죄는커녕, 청와대에 버티고 앉아 임기를 채우겠다고 한다. 박근혜 를 끌어내려라. 그러지 못한다면 대한민국은 민주공화국이 아니다.〉

　이 외에도 글쓴이가 보수 세력과 국가기관에 대해 적개심을 가지고 있다고 느낄 만한 글들이 제법 있었다. 그는 편향적인 것은 차치하고 기 자로서의 최소한의 법률 지식도 없었다. 內亂(내란)이나 外患(외환)의 죄 외에는 형사소추 될 수 없는 현직 대통령이 검찰 조사를 거부하는 것을 특권이라고 하다니. 이런 이가 정치부에서 활동하고 있다.

　말고도 C 신문사에는 편향적인 기자들이 많다. 저렇듯 내놓고 '박정 희'에 대한 거부감을 드러낸 기자들이 여럿 있다. "이제 당당히 선포하 자 민중권력"을 외치다가 운동권 후배들에게 '너희들 생각하며 기사쓰 겠다'고 하고 들어온 이도 있고 現 野圈(야권) 정치인과 유독 친밀하게 지내는 이도 있다. 김무성 의원이 자신의 홈페이지에 "탈이념과 실용을 추구하고 아예 '보수'란 표현을 쓰지 말자"고 한 것처럼 '보수' 그 자체에 거부감을 가지는 이들이 많다.

KBS의 경우 작년 여름 李承晩(이승만) 전 대통령에 대한 날조 보도를 한 사실이 있다. 그에 앞서 KBS는 文昌克(문창극) 국무총리 후보자에 대한 왜곡, 편파보도를 하기도 했다. 그 보도를 한 홍성희 기자는 오마이뉴스 시민기자 출신으로 KBS에 입사할 당시의 상황에 대한 오마이뉴스 측의 물음에 이렇게 답한 바 있다.

〈우리(KBS)는 질문이 노골적이었다. 면접에서 '천안함'과 'PD수첩'에 대한 질문이 나왔다. 내 가치관을 묻기보다는 우리 편인지 다른 편인지 알아보겠다는 느낌이었다. 나는 철저히 거짓말을 준비해서 갔다. 솔직히 일단은 입사를 해야 한다는 생각이 우선이었지만 괴리감과 회의감이 컸다. 면접이 끝나자 언론사에서 기자를 뽑는다는 게 우습다는 생각을 했다.〉

이명박 정권 초 광우병 난동은 MBC PD수첩의 보도로 촉발되었다. 그 방송의 악의성을 밝히려 검찰은 프로그램 제작자 김은희 씨가 지인에게 보낸 이메일 내용을 공개했다. 여러분도 기억할 것이다(아래 내용은 2009년 6월 언론이 보도한 것이다).

〈**김은희 작가**: 1년에 한두 번쯤 '필'이 꽂혀서 방송하는 경우가 있는데 지난해 삼성이 그랬고, 올해엔 광우병이 그랬어요. 정말 죽을 만큼 힘들었는데도 어찌나 광적으로 일을 했던지, 아마도 총선 직후 이명박에 대한 적개심이 하늘을 찌를 때라서 더 그랬나 봐요. 여전히 '이명박의 운명'에 관심이 많은 나는 날마다 촛불시위 중계며 아고라 눈팅이며 시간을 무지하게 보내고 있지요.〉

김 씨는 촛불시위 현장에서 동료인 김보슬 PD와 만나 나눴던 대화

내용을 그대로 知人(지인)에게 메일로 보내기도 했다.

〈그녀(김보슬 PD를 지칭)가 물었어요. "김 여사(김은희 씨를 지칭) 현장에 나와 보니 소감이 어때? 당신이 무슨 짓을 했는지 눈에 보여? 이제 만족해? ㅋㅋ"

그래서 대답했지요. "아니 만족 못해. 홍정욱(국회의원 당선자)은 못 죽였잖아. 그는 자라나는 미래의 기둥들과 교육의 백년지대계를 위해 서둘러 제거해야 한다는 것이 제 생각이에요. 무엇보다 (총선에서) 노회찬을 이겼잖아요."〉

김은희 씨는 이런 내용을 知人에게 전하기도 했다.

〈이번 PD수첩 아이템을 찾는 과정에서 총선결과에 대한 적개심을 풀 방법을 찾아 미친 듯이 홍○○에 대한 뒷조사를 했었다(뭐 우리가 늘 '표적 방송'을 하는 것은 아니에요).〉

한편 PD수첩으로 촉발된 사태에 대한 자신의 소회를 知人에게 이렇게 전했다.

〈출범 100일 된 정권의 정치적 생명줄을 끊어놓고, 결코 무너지지 않을 것 같던 조중동의 견고한 아성에 균열을 만든, 과거 그 어느 언론도 운동세력도 해내지 못한 일을 해낸 그 '대중의 힘'의 끝이 나는 못내 불안해요.〉

저런 마음가짐으로 기사를 작성한다면 어떤 성격의 보도가 될지는 불을 보듯 뻔하다. 예를 든 이들만 그런 것일까. 필자가 보기엔 저런 性情(성정)을 가진 기자들이 많다.

국가정상화추진위원회 위원장을 지낸 高永宙(고영주) 변호사는 2002년 고등검찰청 차장으로 재직하면서 사법시험 1·2차에 합격한 사람들을 상대로 3차 면접을 보는 자리에 참여했다. 이날 고 변호사가 사법시험 2차 합격자들에게 "대한민국의 정통성에 대해 어떻게 생각하느냐", "북한에 정통성이 있느냐"를 묻자 다수가 "유엔의 감시 하에 선거를 치렀으니 유엔이 볼 때는 정통성이 있다고 볼 수 있겠지요. 하지만 주체세력에 대해서는 생각해 봐야 한다"고 답하더란다.

어떤 이는 "美軍철수에 대해 어떻게 생각하느냐"는 물음에 "지네들 멋대로 들어왔으니 당연히 나가야지요"라고 하였다. 이에 고 변호사가 "美軍이 철수하면 북한이 南侵(남침)할 거라 생각 안 해봤느냐"고 하자 "美軍이 철수한다고 왜 북한이 남침합니까! 같은 민족끼리 사이좋게 지내야죠"라고 반문했다고 한다.

고 변호사는 사법시험 2차 합격자 10명 중 8~9명의 답변이 같아 큰 충격을 받았다고 한다. 그들이 사법연수원 2년간 교육받으면 조금 나아질 것이라 생각한 고 변호사는 2005년 대검 감찰부장 시절 검사임관시험에 참여해 국가관 관련 물음을 하였으나 답변은 똑같았다고 한다. 그는 "지금 검사로 나온 사람들이 그런데 법원으로 간 사람들은 더 말할 것도 없다. 그게 큰 문제"라고 말했다.

保守 진영에서는 앞다투어 최순실이 잘못을 저질렀다고 하고 있지만 정작 그들은 다른 곳을 바라보고 있었다. 오마이뉴스의 경우 이런 요지의 글을 실었다(이달 초 게재).

〈영원할 것만 같았던 현직 대통령의 서슬 퍼런 권력이 일주일도 채 되지 않아 '탄핵'과 '하야'란 여론에 밀리고 있다. 믿기지 않는다. 한 방송사의 특종 보도에 의해 불쑥 튀어나온 것 같지만, 사실 그것은 도화선이었을 뿐이다. 취임 초부터 지금까지 쌓였던 수많은 직무수행의 실패가 결국 터져 나온 것이다. 시국선언들과 시민들의 저항이 대통령의 퇴진과 더불어 이끌어 내야 할 과제가 있다. 배후에 최순실이 있었다는 것이 더 충격이라 해도, 어쨌든 대통령의 왜곡된 정책들을 정상으로 되돌리는 작업이 병행되도록 해야 한다. 학교 현장의 국정역사교과서 강행이 이제는 과연 가능할까 싶지만, 반드시 짚고 넘어가야 할 것이 있다. 권력자의 부당한 역사 조작의 기획에 동조했던 집필진 등 지식인과 교육부 관료들은 부끄러워해야 한다는 점이다.

한편 '사드' 배치 문제는 어떤가. 일단 대통령의 퇴진에 시선이 집중되는 것은 당연하겠지만, 기지 조성 등 사드 배치를 위해 진행되고 있는 실무 역시 그대로 놔둘 일이 아니다. 이승만을 하야시켰던 4·19 혁명이 불과 1년 뒤 친일군인 박정희의 쿠데타로 인해 빛이 바랜 것을 보라. 그런데 그 독재자가 김재규에 의해 사망한 뒤 권력은 (다시 박정희 못지않은) 전두환에게 돌아가고 만다. 또, 그 뒤 전두환에 대한 강한 저항은 다시 6·10 민주항쟁을 낳았지만, 그 과실로 얻은 대통령 직선제는 결과적으로 전두환의 지원자였던 노태우 같은 사람을 후임 대통령으로 만들어 주고 말았다. '저항'으로 독재자를 몰아냈으나, 또 다른 독재자가 반복해서 등장했던 역사를 보라.

까딱 잘못하다가는 본질적으로는 변한 것이 없는 상태에서 최순실, 아니 '박근혜 게이트'가 마무리될 수 있다는 것을 경계해야 한다. 작금의 국가적 위기를 이전과는 다른 사회를 만드는 기회로 승화시킬 수 있을 법도 한데, 이러다가 기존의 권력 시스템 속에 무늬만 바뀐 정치인들의 '어부지리'로 귀결되어서는 안 되지 않겠는가.

무엇보다도 새로운 사회의 상을 설정하고 이를 정책적으로 추진해야 한다. 박근혜 퇴진 후 새로운 사회를 만들기 위해 경제적, 정치적 차원에서 이전과는 다른 패러다임의 정책 방향을 설정해야 한다. 이것은 들불처럼 일어나고 있는 현재의 '저항'에 더 큰 의미를 부여할 수 있다. 바

꿔 말하면, '박근혜 퇴진'을 외치는 것 이상의 준비가 없게 되면 분노 표출의 집단적 카타르시스는 달성할 수 있을지 몰라도, 기존의 독재자가 물러난 자리에 또 다른 독재자가 출현했던 것과 같은 한국 현대사의 '아픈 반복'이 다시 일어날 수밖에 없다.〉

보았다시피 그들은 역사교과서 국정화, 사드 배치 등을 무산시키고 개성공단을 재가동하는 그런 것에 이번 사태의 초점을 맞추고 있다. 최순실 씨와 관련한 사실 규명에는 애초에 관심이 없었던 것이다. '최순실'을 도구로 '박근혜'를 축출, 이를 통해 보수를 밀어내고 새로운 사회를 만들려 하고 있다. 최순실이 아닌 박근혜가 잘못했다는 것을 보수 세력이 自認(자인)하도록 사회적 분위기를 조성한 다음 이 자백을 근거로 '보수'를 말살하려 한다. 그들은 보수 세력을 향해 박근혜 정권을 탄생시킨 잘못을 인정하라고 하고 있었다. 그들이 만들려는 새로운 사회는 어떤 사회일까? 여기에 주류신문 기자들도 가세하고 있는 것만은 틀림없다.

(2016.11.30.)

조선일보의
윤복희 마녀사냥

'빨갱이'라는 단어를 썼다고 촛불집회 비난으로 몰아붙여

趙甲濟

조선일보의 조선닷컴은 느닷없이 가수 윤복희 씨 공격에 나섰다.

〈윤복희는 지난 29일 자신의 트위터 계정을 통해 촛불집회를 비하하는 듯한 발언을 해 네티즌들의 공분을 사고 있다〉고 했는데 제시한 근거가 터무니없다.

윤복희는 '대한민국을 위해 기도합니다. 내 사랑하는 나라를 위해 기도합니다. 억울한 분들의 기도를 들으소서'라며 '빨갱이들이 날뛰는 사탄의 세력을 물리쳐주소서'라는 내용의 글을 게재했다는 것인데 '촛불'의 '촛'자도 나오지 않는다.

이어지는 글은 조선일보의 윤복희 공격이 마녀사냥 수준임을 입증한다.

〈해당 글에서 '사탄의 세력'이 구체적으로 누구를 지칭하는지는 적혀 있지 않으나, 일부 보수인사들이 촛불집회 참가자들을 '빨갱이'라고 부르는 것으로 미루어 촛불집회를 비하하는 발언으로 해석돼 논란이 일었다.〉

조선닷컴의 이 기사는 기상천외의 논리 비약을 보인다.

1. 일부 보수인사들이 촛불집회 참가자들을 '빨갱이'라고 부른다.

2. 윤복희 씨도 '빨갱이'라는 표현을 썼다.

3. 따라서 윤복희 씨는 촛불집회를 비하하는 듯하다.

4. 그래서 네티즌들의 공분을 사고 있다.

조선일보의 논리대로라면 '빨갱이'라고 말하기만 하면 이는 무조건 촛불집회를 비하하는 게 된다. 이는 '빨갱이'를 보고 '빨갱이'라고 부를 권리를 억압한다. 조선일보는 하여간 '빨갱이'라고 말하는 사람이 싫은 것이다.

조선일보는 〈촛불집회를 비하하는 듯한 발언을 해 네티즌들의 공분을 사고 있다〉고 했다. '비하하는 듯하다'는 것은 사실이 아니고 추측이다. 추측을 근거로 화를 내는 이는 좀 모자란 사람이다. 사실인지 아닌지 확인을 한 뒤에 화를 내든지 말든지 해야 한다. 결국 조선일보는 분별력이 부족한 사람들의 분노를 모아서 고스란히 윤복희 씨에게 덮어씌운다. 이런 날벼락이 없다.

김진태 의원이 촛불집회 날 사우나를 했다고 '국민의 공분' 운운한 채널 A와 더불어 조선일보의 윤복희 마녀사냥은 최순실 사태가 한편으론 '언론의 亂'임을 실증한다. 최순실 사태로 인하여 특종상을 받는 언론사도 있겠지만 문을 닫는 언론사도 생기지 않을까 걱정이다.

요사이 여성들이 수난이다. 언론 때문에 한국인들이 加虐(가학)취미자라는 욕을 먹지 않아야 할 터인데….

(2016.12.1.)

3

풍요 속의 야만

2016.12.1 ~ 2016.12.8

公私 혼동하여, 배임과 직권남용 범하는 언론 기자들

동아일보가 제목에 〈시민들 분통〉 운운했다. 〈시민들〉이란 선동된 시민인가? 아니면 친북좌파 시민인가? 자신의 평소 희망사항을 다른 시민이 반응한 것처럼 위장한 것은 혹시 아닌가?

펀드빌더·조갑제닷컴 회원

11월30일 동아일보에는 〈'190만 촛불 우롱' 시민들 분통… 주말 촛불 더 거셀 듯〉이라는 제목의 기사가 선보였다. 본문은 이렇게 시작된다.

〈박근혜 대통령이 29일 세 번째 對국민 담화에서도 잘못을 전혀 인정하지 않고 자신의 거취까지 국회에 떠넘기는 모습을 보이자 국민의 분노는 더 끓어올랐다. '평화적으로 타오르던 촛불에 기름을 부은 모양새'라는 반응도 나왔다.〉

선동 언론이, 자기 마음대로 판단하여 제목에 '시민들 분통' 운운했다. 여기서 말하는 '시민들'이란 어떤 시민을 말하나? 선동된 시민인가? 아니면 친북좌파 시민인가? 아니면 유시민을 말하나? 아예 이제, 대놓고 과격(폭력)시위를 은근히 부추기는 분위기를 조성하는 식이다.

본문의 〈'평화적으로 타오르던 촛불에 기름을 부은 모양새'라는 반응도 나왔다〉 운운하는 부분은 그 例(예)다. 이러한 반응이 나왔다는데 구체적으로 누구로부터 나온 반응인가? 선동된 시민? 친북좌파 시민?

유시민? 아니면 기자 자신의 평소 희망사항을 본문에 반영해놓고, 마치 다른 시민이 반응한 것처럼 위장한 것은 혹시 아닌가?

요즘 기자들은 언론을, 기자 자신의 편향되고 주관적 생각을 전파하는 도구로 삼는 것 같다. 기자 개인의 주관적이며 자의적 생각이나 신념, 희망사항 따위는 각자 집에 가서 일기장에나 열심히 쓸 일이다. 公[언론, 신문지면] 私[개인 일기장]를 혼동하면 안 된다. 일반 기업체에서의 경우, 公私(공사)를 혼동하면 횡령이 되기 쉽고, 배임이 되기 쉽고, 직권남용이 되기 쉽다. 요즘 선동에 맞들려 본분을 망각한 상태에서 폭주를 거듭하는 언론 기자들 모습은, 최소한 公私 혼동에 의한 배임과 직권남용에 해당하고도 남는다.

(2016.12.1.)

'시위는 무조건 善이다. 시위군중 숫자는 주최 측 발표를 따른다. 그것이 실제보다 다섯 배나 많아도 그렇게 쓰는 것이 안전하다.'

趙甲濟·조갑제닷컴 대표

국민들의 정신 상태에 가장 큰 영향을 끼치는 것은 장기적으로는 교육과 종교이고 단기적으론 언론과 정치이다. 작금의 언론과 정치행태를 보면 국민들에게 이런 걸 가르쳐주는 듯하다.

1. 일단 의혹을 제기하라. 사실은 중요하지 않다. 사실이 나중에 밝혀지더라도 그때는 기억하는 사람이 없다. 의혹이 남긴 기억에 덮여 사실은 묻혀버린다. 반박되지 않는 거짓말은 사실로 통용되는 나라이다.

2. 모든 것을 녹음하고 촬영하라. 私談(사담)도 私生活(사생활)도 구애치 말라. 폭로할 날이 온다. 폭로한 사람의 부도덕성은 따지지 않는다. 오로지 내용이 문제가 된다. 취득 과정의 부정은 소란 속에서 묻힌다. 안심하고 약점을 잡아두라. 돈이 될지 모른다.

3. 시위는 무조건 善(선)이다. 시위군중 숫자는 주최 측 발표를 따른다. 그것이 실제보다 다섯 배나 많아도 그렇게 쓰는 것이 안전하다. 광주사태 사망자가 200여 명이라고 정확히 보도한 언론이 불매운동을 당한 적이 있다는 것을 잊지 말라.

4. 말을 하든, 글을 쓰든, 행동을 하든, 일단 자극적으로 튀는 모습을 보여라. 그래야 주목을 받는다.

5. 안보 같은 건 걱정 말라. 그 누군가가 지켜준다. 사소한 데 목숨을 거는 삶이 얼마나 스릴 있나.

6. 문법이나 헌법은 무시할수록 편하다. 적당히 쓰고 말하고 적당히 법을 어기면서 사는 게 행복한 삶이다. 정확성을 추구하는 건 치졸한 삶이다.

7. 한국인은 복수와 응징을 모른다. 마음 놓고 깽판을 쳐라.

(2016.12.5.)

조선일보의 운명도
검찰 손에 달려 있다!

요사이 사태의 시작인 우병우 장모 땅 의혹 보도가 誤報로 밝혀지면 거대한 逆風
이 불 것이다. 특히 보수층에서 '너희들도 박근혜처럼 당해 봐라'는 보복심이 작용
할 것이다. '모든 것은 조선일보의 오보에서 비롯되었다'는 주장이 확산될 때 다시
조선일보 등 언론은 칼날을 잡게 될 것이다.

조갑제닷컴

지난 7월18일 조선일보 1면 톱은, '우병우 민정수석의 妻家(처가) 부동
산… 넥슨, 5년 전 1326억 원에 사줬다'는 題下(제하)의 기사였다. '사줬
다'라는 표현은 안 팔리는 땅을 무리하게(또는 비싸게) 매입하였다는 암
시로서 非理(비리)가 있다는 점을 시사하는 것이다. 다른 언론도 일제
히 이 문제를 취재하면서 朴槿惠(박근혜) 대통령과 언론의 대치가 시작
되었다. 그 연장선상에서 언론의 최순실 사건 폭로와 朴 대통령 때리기,
그리고 촛불시위와 탄핵국면이 조성되었다. 사태의 시작은 이 기사, '우
병우 민정수석의 妻家 부동산… 넥슨, 5년 전 1326억 원에 사줬다'이다.
지금 검찰은 우병우 전 민정수석을 수사하고 있는데 결론을 낼 때는 부
동산 거래 의혹에 대한 발표도 포함될 것이다.

조선일보를 포함한 어떤 언론도 몇 달 간 집중 취재를 하였지만 우병
우 처가 부동산의 부정 매입설을 뒷받침하는 確證(확증)을 제시한 적이
없다. 誤報(오보)일 가능성이 높다(다음 글 참조). 언론은 이 중대한 本

案(본안)이 확인되지 않으니 다른 사소한 약점을 캐기 시작하였다. 일종의 별건 취재를 한 셈이다. 장모 땅 문제에 대한 우병우 수석의 결백을 보고 받은 朴 대통령은 언론과 정치권의 압박을 거부하고 그를 감쌌다. 이것이 대통령과 언론의 사이를 결정적으로 벌어지게 하였다. 조선일보를 비롯한 언론이 朴 대통령을 조준하여 마녀사냥식 보도를 하고 있는 작금의 사태 뒤엔 이런 감정이 깔려 있다.

김진태 의원이 조선일보 주필 관련 폭로를 한 직후엔 조선일보가 코너로 몰렸지만 최순실 사태가 터진 이후엔 조선일보가 칼자루를 잡고 朴 대통령은 칼날을 잡은 형국으로 변하였다. 언제 또 逆轉(역전)이 될지 모른다. 검찰이 우병우 사건의 수사결과를 발표하면 장모 땅에 대한 판단도 포함될 것이다. 이 발표로 조선일보와 언론의 보도가 誤報로 밝혀지면 逆風(역풍)이 불 것이다. 특히 보수층에서 '너희들도 박근혜처럼 당해 봐라'는 보복심이 작용할 것이다. 관련책임자의 퇴진도 요구하게 될 것이다. 불매·불시청 운동도 벌어질 것이다. '모든 것은 조선일보의 오보에서 비롯되었다'는 주장이 확산될 때 다시 조선일보 등 언론은 칼날을 잡게 될 것이다. 조선일보의 운명도 검찰의 손에 달려 있다.

(2016.12.5.)

'우병우 수석과 김정주 대표는
일면식도 없고 진경준은 땅 거래와 無關'

넥슨코리아 김정주 대표 측 변호인 인터뷰: '조선일보가 우병우 妻家 부동산 매매 과정에서 진경준 검사장의 역할이 있었을지 모른다고 무리하게 연결시킨 것으로 보인다'

趙成豪·조갑제닷컴 기자

조선일보의 최초 보도와 의혹 제기

우병우 청와대 민정수석 妻家(처가)가 소유했던 부동산을 넥슨코리아(대표 김정주)가 매입해 되팔았다는 보도가 지난 몇 달 간 언론에 오르내렸다.

시작은 7월18일 조선일보 보도였다. '우병우 민정수석의 妻家 부동산… 넥슨, 5년 전 1326억 원에 사줬다'는 題下(제하)의 기사를 1면 톱으로 게재했다.

2011년 3월18일, 서울 강남구 역삼동 825-20과 21·31·34 등 일대 네 필지의 토지와 건물을 넥슨코리아(넥슨 지주회사 NXC의 대표 김정주 씨가 설립한 회사)가 社屋(사옥)을 짓기 위해 1325억 9600여만 원에 禹 수석의 아내 등 네 자매로부터 매입했다는 게 기사의 요지였다. 그로부터 약 1년 4개월 후인 2012년 7월, 넥슨코리아는 이 땅을 1505억 원을 받고 한 부동산 개발 회사에 팔았다고 신문은 전했다.

넥슨코리아는 2012년 1월, 禹 수석 妻家로부터 매입한 부지의 앞쪽의 땅

우병우 민정수석의 妻家 부동산
넥슨, 5년전 1326억원에 사줬다

부동산 침체로 2년 넘게 안팔려
500억 상속세 못내 애먹던 상황
진경준, 禹·넥슨 거래 알선 의혹

우병우(49) 청와대 민정수석의 장인인 이상달 전 정강중기·건설 회장이 자신의 네 딸에게 상속한 서울 강남역 부근 1300억원대 부동산을 넥슨코리아가 매입했던 것으로 17일 확인됐다.

넥슨코리아는 진경준(49·구속) 검사장에게 주식을 공짜로 줘 126억원의 주식 대박을 터뜨리게 해준 혐의로 검찰의 수사를 받고 있는 김정주 NXC(넥슨 지주 회

우병우 민정수석 진경준 검사장 김정주 대표

약 40평도 100억 원에 추가로 매입했다. 여기에 부동산 취·등록세 67억 3000만 원, 부동산 중개수수료 및 부대비용 약 15억 원, 9개월분 대출 이자(연 1.5~2.7%) 15억~27억 원 등을 합치면, 넥슨코리아가 강남역 일대 땅을 사들이는 데 약 1523억~1535억 원의 돈을 들인 것으로 추정된다. 즉, 넥슨이 부동산 개발 회사에 이 땅들을 되팔면서 받은 1505억 원과 비교하면, 넥슨은 약 18억~30억 원 정도 손해를 본 셈이다.

최초 보도 후 조선일보는 사설 등을 통해 이 부동산 거래에 의혹이 있다고 주장했다. 7월19일字 사설의 일부다.

〈이 거래를 놓고 의문이 안 생긴다면 그것이 도리어 이상하다. 그 부지는 강남 금싸라기 땅이어서 많은 기업이 사려고 달려들었다고 한다. 거래가 성사된 측이 왜 하필 넥슨이었을까 하는 것이다. 넥슨이 그 무렵 경기도 판교에 최신식 사옥을 짓고 있으면서도 강남역 부근에 또 사옥을 지으려고 땅

을 사들였다는 해명도 어색하다… 1년 4개월 만에 1505억 원에 다시 팔았다는 것도 석연찮은 부분이다.〉

우병우와 김정주, 그리고 진경준의 등장

조선일보는 넥슨 주식과 승용차를 뇌물로 받은 혐의로 7월15일 검찰에 구속된 진경준 검사장을 거명하기도 했다. '법조계 안팎에서 金 대표와 대학 시절부터 절친한 사이였던 진 검사장의 주선으로 부동산 거래가 이뤄진 것 아니냐는 의혹이 제기되고 있다'고 보도한 것이다(7월18일字 최초 기사 인용). 조선일보 최초 기사의 말미에는 이렇게 적혀 있다.

〈우 수석 주변 인사들에 따르면, 우 수석과 아내 등은 넥슨 김정주 대표와 개인적 인연은 없었던 것으로 알려졌다. 이에 따라 김 대표와 절친한 관계였던 진 검사장이 대학과 검찰 선배인 우 수석을 위해 중간에서 거래를 매개하는 역할을 한 게 아니냐는 의혹이 나오고 있는 것이다.〉

판교 新사옥과 강남역 사옥 부지

이런 의혹들이 제기되는 동안 대다수 언론은, 金 대표 측의 反論(반론)은 거의 다루지 않았다. 기자는 이 사건과 관련해 김정주 대표 측 변호인 A 씨와 통화했고 그간 조선일보 등 언론이 제기한 의혹 중 쟁점 몇 가지를 물어보았다. 먼저 "(넥슨이) 경기도 판교 사옥을 두고 왜 서울 강남역 인근의 토지를 매입했는지"에 대해 물었다. A 씨는 "게임 업체는 우수 인력 확보가 사업의 핵심"이라며 다음과 같은 요지로 설명했다.

"경기도 판교 신사옥 입주 前, 넥슨은 서울 선릉역 인근 사무실 등을 임

대해 사용했었다. 사무실이 한 곳에 모여 있지 않고 흩어져 있었던 것이다. 판교 신사옥 건립이 확정되었을 때의 판교는 지금처럼 인프라가 제대로 갖춰져 있지 않았다. 그런 상황에서 넥슨은 판교로의 사옥 이전이 자칫 우수 인력 확보에 지장을 줄지 모른다고 판단했고, 그 대안으로 서울 강남역 일대의 땅을 사옥用으로 매입했던 것이다."

그는, "넥슨은 강남역에 사옥과 함께 일반인들이 즐길 수 있는 일종의 '게임랜드'를 지으려고 구상했다. 판교 사옥은 R&D 연구소로 활용할 계획이었던 것으로 안다"고 밝혔다.

A 씨의 설명에 따르면, 넥슨 간부들 사이에서도 판교 신사옥에 대해 이견이 있었다고 한다. 그는 넥슨이 오너쉽(ownership)이 강한 일반 대기업과 달리 수평적인 조직이란 점을 강조했다. 넥슨이 강남 부지를 되팔 때 간부들의 입장이 많이 반영되었다고 한다. 수평적인 조직 구조 덕분에 그들의 의견이 받아들여졌다는 뜻이다. A 씨의 말에 의하면, 金 대표는 일반 사원들과 사적인 이야기를 주고받을 정도로 격의가 없다고 한다.

그러던 중 2011년 10월 신분당선 강남역~정자역 구간(※그 구간에 판교역이 있음)이 개통되면서 판교 신사옥의 立地(입지)가 살아났다. 넥슨 외에도 다수의 IT 업체들이 판교에 입주하기 시작했다. 넥슨 입장에서는 강남 사옥의 필요성이 적어졌고, 결국 禹 수석 처가로부터 매입한 부지를 되팔았다는 것이다.

"기업의 관점에서 보아야 한다"

기자가 "넥슨코리아가 세금 등을 감안했을 때 손해를 보고 땅을 되팔았다. 좀 이상하지 않느냐"고 묻자, A 씨는 "일반인의 관점에서는 손해로 보이겠지만 기업 입장에서는 다르다. 그들(기업)의 관점에서 보아야 한다"고 강조했다. 넥슨뿐 아니라 다른 대기업 입장에서도 100억, 200억 원의 손해는 그리 큰 게 아니라는 뜻이다.

기자가 "우병우 수석이 당초 '(강남역 부지) 매매 계약에 관여하지 않았다'고 했다가 '계약 체결할 때 그 자리에 있었다'는 식으로 말을 바꿨다고 언론이 보도했다. 그 부분에 대해선 어떻게 보느냐"고 묻자 그는 이런 요지로 답했다.

"그 땅은 우 수석 처가의 땅이면서 1000억 원 대의 큰돈이 오가는 계약이었다. 짐작컨대 우 수석 처가의 인척 중 누군가가 계약서를 검사인 우 수석에게 보여주며 '검토해달라'고 부탁했을 수 있다. 그런 관점에서 본다면, 우 수석의 '매매 계약에 관여하지 않았다'는 해명이 사실과 다르다고 단정하기 힘들다. 그렇다면 실제 계약이 체결될 때 그 자리에 (우 수석이) 있었다고 해서 그 계약이 우 수석의 주도로 이뤄졌다고 보긴 힘든 것 아닌가."

"계약을 중개했던 부동산 중개업자가 공인중개사 자격증이 없는 사람이라는 주장에 대해선 어떻게 보느냐"는 질문에 A 씨는, "그 부분은 지금 파악 중에 있다. 통상 공인중개업소는 중개업자 밑에 사무장 비슷한 사람을 고용하는 경우가 많다. 공인중개사 자격증이 없는 사람을 (사무장 등으로) 고용해도 문제가 없는 것으로 안다"고 답했다.

"禹 수석과 金 대표는 일면식도 없어… 그건 확실"

끝으로 A 씨에게 '우병우 수석과 김정주 대표와의 관계'에 대해 물었다. 그는 "알려진 대로 진경준 검사장과 金 대표는 친구 사이가 맞지만, 禹 수석과 金 대표는 일면식도 없다. 그것은 확실하다"고 밝혔다. A 씨는 "법조계를 출입하는 기자들도 우병우–김정주가 서로 모르는 사이라는 건 거의 다 알고 있는 것으로 안다"고 말했다. "조선일보가 우병우 妻家 부동산 매매 과정에서 진경준 검사장의 역할이 있었을지 모른다고 무리하게 연결시킨 것으로 보여진다"는 요지의 말도 덧붙였다.

우병우 민정수석은 조선일보의 최초 보도가 나간 당일, ▲부동산은 처가에서 중개업체를 통해 정상적으로 매매했고 ▲본인은 매매에 관여한 적이 없고 ▲김정주 대표는 전혀 모르는 사람이고 ▲진경준 검사장에게 (부동산 매매와 관련해) 金 대표와 다리를 놓아달라고 한 적도 없다고 해명했다. 이와 함께 해당 기사를 쓴 조선일보 기자들을 서울중앙지검에 고소하고 법원에 손해배상 청구소송도 냈다.

(2016.10.11.)

前 대한변협 회장,
"이게 과연 공정한 게임일까?"

국민이 4년 전에 임기 5년을 주기로 약속하고 뽑은 대통령이 정치를 잘못했다고
이렇게 협박과 데모로 중도에 하야시키는 것은 일종의 政變(정변) 아닌가?

金平祐·前 대한변협 회장 / 한국·미국 변호사, 45代 대한변호사협회 회장, 2012년부
터 UCLA 비지팅 스칼라

요즘 들어 한국정치 돌아가는 게 심상치 않아 걱정이 된다. 革命(혁
명)이냐, 政變(정변)이냐, 그리고 혼란 끝의 敗亡(패망)인가. 여러 불안
한 시나리오들이 자꾸 떠올라 잠이 잘 안 온다. 한국의 言論(언론)은,
마치 챔피언이 가드(guard)를 내린 틈에 挑戰者(도전자)가 잽싸게 파고
들어 어퍼(upper)를 쳐 챔피언을 한 방에 그로기(groggy)시킨 뒤, 계속
잽과 亂打(난타)를 날려 케이오(KO) 직전으로 몰고 간 흥미진진한 권투
경기를 생중계하는 아나운서처럼 흥분하고 있다. 聽衆들[국민들]의 표
정은 각양각색이다. 도전자의 팬들은 승리의 환호성을 지르고 있고, 챔
피언의 팬들은 챔피언의 실수가 안타까워 발을 동동 구른다. 그도 저도
아닌 팬들은 챔피언에게 무슨 사고가 생길까봐 불안과 걱정이 잔뜩이
다. 보다 못한 元老(원로) 관중이 청중석에서 걸어 나와 그로기 상태에
서 로프에 기대 숨을 헐떡이는 챔피언에게 더 맞지 말고 타월을 던지는
게 목숨을 살리는 길이라고 우정(?)어린 말투로 勸誘(권유)한다.

그러나 챔피언은 타임 종료의 휘슬이 불기까지 남은 30초를 버티려고 안간힘을 다 쓴다. 중계방송하는 아나운서는 타임 종료 30초를 버텨보려는 챔피언의 스포츠맨 정신을 칭찬하는 게 아니라 경기가 사실상 다 끝났는데, 타월을 안 던지고 버틴다고 비아냥조로 나무란다. 챔피언이 외국 선수이고 도전자가 한국 선수일 때 애국심에 불탄 한국 아나운서가 흔히 하는 그런 일방적인 중계방송이다. 국민이 4년 전에 임기 5년을 주기로 약속하고 뽑은 대통령이 정치를 잘못했다고 이렇게 협박과 데모로 중도에 하야시키는 것은 일종의 政變(정변) 아닌가? 罪가 아니라도 이게 과연 공정한 정치게임일까?

신문의 칼럼리스트, 교수, 변호사단체 등 사회 지도층들 모두가 이 잔인하고 이상한 정치 게임을 보면서 최순실 게이트가 너무 커 下野(하야)가 당연하다고 전제하고 있다. 이를 계기로 한국의 민주정치가 재도약할 것이라고 오히려 기대감에 가득한 관전평을 할 뿐, 대통령의 下野가 헌법 상 무슨 의미가 있는지 깊이 분석하는 사람은 없다. 下野는 대통령이 임기 전에 물러나는 憲政 非常事態(헌정 비상사태)이다. 우리나라는 1960년에 李承晚(이승만) 초대 대통령이 부정선거에 따른 항의 시위에 밀려 下野하고 하와이로 亡命(망명)한 歷史(역사)가 있다. 오늘날 우리는 이를 4·19혁명이라 부른다. 4·19혁명은 그 뒤 5·16군사쿠데타로 이어졌다.

王制(왕제)에서 王이 시위대에 밀려 退位(퇴위)하면 흔히 대규모의 流血革命(유혈혁명)으로 이어진다. 대통령보고 任期(임기) 전에 辭退(사퇴)하라고 단순히 주장하는 것은 정치적 의사표시로 볼 수 있다. 그러나 주장을 넘어 더 나아가 만일 대통령이 말을 듣지 않으면 쳐들어가서 '끌어낸다' '탄핵한다' '교도소 보낸다'고 협박하여 관철하는 건 단순한 정치적 주장이나 의사표시와는 차원이 다르다. 국가적으로는 政變(정변), 騷擾(소요), 內亂(내란)이다[만일 朴 대통령이 언론과 시위대의 협박에 굴복하여 하야하면 그날로 우리나라 언론은 民衆(민중), 無血革命(무혈혁명)이 성공했다고 大書特筆(대서특필)할 거고 국제 언론은 '한국에서 中東의 봄과 같은 언론 民衆혁명이 일어났다'고 쓸 거 아닌가].

개인으로 보면 대통령에게 하야하라는 건 自決(자결)하라는 거와 같다. 그런 국가적·개인적·重大事(중대사)를 벌이려면, 정당하고 확실한 논거가 있어야 할 것이다. 하야를 요구하는 論據(논거)는 과연 무엇일까? 나는 궁금해서 열심히 신문을 읽었지만 정확히 논거를 대는 사람을 못 보았다. 그냥 최순실 게이트가 어마어마한 잘못이라 국민의 실망이 너무 크니까 대통령이 책임지고 즉시 물러나는 게 옳다는 거다.

변호사단체의 성명이라는 것도 五十步百步(오십보백보)다. 전혀 憲法(헌법) 論理(논리)가 없다. '失政－國民의 失望(실정－국민의 실망)'이 헌법상의 대통령 退任事由(퇴임사유)인가? 대통령의 側近(측근)들이 정치에 관여하고 利權(이권)을 챙긴 게 과연 최순실 하나뿐인가? 최순실 게이트는 이 나라 역사에 처음 있는 스캔들인가?

김영삼 대통령 때는 아들 현철 씨가 수많은 利權(이권)에 개입해서 거액을 챙기지 않았나. 김대중 대통령 때는 아들들과 공신들이 정부 요직의 인사에 개입하고 각종 이권에 개입하여 돈을 챙기지 않았나. 노무현 대통령 때는 兄(형)이 정부인사에 개입하고 돈을 먹지 않았나. 이명박 대통령 때도 兄이 정부인사에 개입했고 돈도 먹지 않았나.

그런데 이 중 어느 대통령도 그런 스캔들 때문에 중간에 자진해서 물러나거나 下野를 요구당한 적이 없다. 그런데 왜 유독 이번 최순실 게이트에 있어서만 박근혜 대통령이 측근의 非理(비리), 壟斷(농단)을 막지 못했다는 이유로 모든 언론매체, 모든 시민단체, 더 나아가 대통령과 십수 년간 당을 같이하며 정치를 했다는 상당수의 與黨(여당) 국회의원들까지 나서 헌법이 정한 5년 임기에 관계없이 무조건 '즉시 물러나라', 아니면 '탄핵한다'고 劫迫(겁박)하는가?

대통령이 남편도, 친구도, 동지도 없는 외로운 여성이기 때문인가? 심지어 과반수의 야당 대표들이 대통령이 下野하지 않으면 청와대에 쳐들어가 끌어내리라고 소리쳐도 언론과 여당은 입도 벙긋 안 한다(안 하나, 못 하나). 헌법이 바뀌었나? 헌법의 5년 임기 규정을 무시하고 새 대통령을 하루 빨리 뽑아야 할 그런 긴박하고 급박한 국가비상 위기사태인가?

선의로 해석하면 어차피 대통령이 자진해서 물러나지 않으면 최순실 게이트의 共犯(?)으로 국회에서 탄핵이 決議(결의)되어 직무가 정지되고, 헌법재판소에서 유죄판결이 나서 빠르면 6개월 뒤에 불명예스럽게 물러나고 그 뒤엔 최순실의 共犯(공범)으로 교도소에 갈 것이 100% 확실(?)하니까 공연히 소란 떨지 말고 빨리 그만두는 게 누이 좋고 매부 좋지 않느냐는 다분히 한국적인 회유성 협박 같다. 정말 그렇다면, 이제 우리나라는 1987년부터 애써 키워온 헌법민주주의가 끝나고 언론과 시위, 원로회의로 대통령의 進退(진퇴)를 결정하는 한국식 언론 인민민주주의가 시작되나[1960년대 중국 문화혁명 시 언론과 紅衛隊(홍위대)가 국가주석 劉少奇(유소기)를 강제로 하야시키고 중국식 인민 대중민주주의를 10년간 실험한 적 있다]?

헌법이 정한 대통령 임기가 보장받지 못한다면 국회의원, 회사 任員(임원), 공무원, 교수도 다 마찬가지가 될 거다. 국회의원도 임기 중에 議政活動(의정활동)을 잘못하면 선거민이 시위로 끌어내고, 회사 임원도 실적이 나쁘면 노조 데모로 물러나고, 교수들도 실력 없으면 학생회가 결의하여 물러나고…. 민주주의도 좋고, 언론자유도 좋지만 法治主義(법치주의)의 바탕이 무너지면 모든 게 沙上樓閣(사상누각)이 된다.

아무리 생각해도 나는 이해가 안 된다. 어떻게 하루아침에 우리나라가 지난 29년간 지켜온 자랑스러운 1987년 憲政體制(헌정체제)를 뒤집고 50년 전 중국이 실험하여 실패한 언론 대중민주주의 체제로 후퇴하려 하는지. 제발, 차분히 돌아가 숙연한 마음으로 1987년의 헌법 제70조를 다시 읽어보자. "대통령의 任期(임기)는 5年으로 하며 重任(중임)할 수 없다." 그리고 이 5년 單任制(단임제)가 지난 29년간 한국의 정치 安定(안정)과 민주주의를 지켜온 堡壘(보루)였음을 상기하자.

(2016.12.5.)

언론이 미치면 풍요 속에서 야만의 시대가 열린다

1815년 나폴레옹이 엘바 섬을 탈출하여 파리로 진격을 시작할 때 언론은 '괴물 탈출하다'는 제목을 달았다가 파리에 入城할 때는 '황제 오시다'라고 바꾸었다.

趙甲濟

언론은 경찰이 26만 명이 모였다고 발표한 광화문 집회를 '100만 시위'라고 네 배나 과장, 국민들을 선동한다. 국가기관보다 주최 측의 과장을 선택한 점에서 언론이 아니라 시위대의 선전기관화를 자청하였다고 판단된다.

1815년 나폴레옹이 엘바 섬을 탈출하여 파리로 진격을 시작할 때 언론은 '괴물 탈출하다'는 제목을 달았다가 파리에 入城(입성)할 때는 '황제 오시다'라고 바꾸었다. 이런 언론은 김정은이 쳐내려올 때 '괴물 남침'이라고 썼다가 서울에 들어오면 '주석님 오시다'라고 쓸지 모른다. 언론이 미치면 풍요 속에서 야만의 시대가 열린다.

(2016.12.6.)

'억지 탄핵소추'를 痛歎한다!

이번 탄핵은 말이 탄핵이지 실제는 탄핵이 아니다. 언론이 두어 달 전에 보도한 최순실의 비리에 격분한 언론, 야당, 시민이 대통령의 下野를 주장하다가 대통령이 사실상 下野를 거부하자 代案으로 탄핵을 하는 것이다. 형식은 탄핵이지만 실제는 民衆革命이다.

金平祐·변호사, 前 대한변협 회장

언론보도에 의하면 오는 12월9일 국회가 박근혜 대통령에 대한 탄핵소추를 결의한다고 한다. 만일 박근혜 대통령 탄핵소추안이 국회에서 통과된다면, 한국은 세계 정치사에 몇 가지 불명예스러운 기록을 만들 것이다.

첫째, 원래 대통령 탄핵은 선거에 뽑힌 대통령을 국회가 쫓아내는 非민주적 제도이다. 100년에 한 번 있을까 말까 한 정치적 異變(이변)이다. 그런데 우리나라는 2004년 노무현 대통령 탄핵 이후 또다시 대통령을 탄핵하는 진기한 기록을 세우게 된다.

둘째, 한국은 1948년 건국 이래 총 11명의 대통령 중 2명이 탄핵소추되어 미국과 동등한 最多(최다) 대통령 彈劾國(탄핵국)이 된다. 대통령 탄핵제도를 창시한 미국은 240년의 憲政史(헌정사)에서 앤드루 잭슨과 빌 클린턴 두 명의 대통령이 탄핵소추되었다.

셋째, 이번 탄핵소추가 추가되면 한국은 건국 이래 총 11명의 대통령 중 下野 3명(이승만, 윤보선, 최규하), 암살 1명(박정희), 자살 1명(노무현), 구속 2명(전두환, 노태우), 탄핵소추 2명(노무현, 박근혜)으로 총 8명이 수난을 당하는 셈인데, 이는 세계에서 가장 높은 대통령 사고율 국가라는 종전기록을 갱신하는 셈이다.

넷째, 이번 탄핵은 탄핵사유를 밝히기 위해 국회가 特檢(특검)을 설치한 지 며칠도 안 되어 특검의 조사결과를 기다리지 않고, 탄핵소추를 하는 그야말로 순서가 완전히 거꾸로 된 괴이한 탄핵이다. 그러면 특검은 뭣하러 설치했나. 국회가 이렇게 쫓기듯이 탄핵하지 않으면 아니될 무슨 이유가 있나?

다섯째, 이번 탄핵은 국회의 탄핵논의 과정이 사전에 공개되지 않고 극비로 추진, 진행되었다. 일반 형사사건으로 말하면 비밀 수사이다. 대통령 탄핵은 국민이 선거에서 뽑은 대통령을 국회가 쫓아내는 政變(정변)이자, 국민의 선거결과를 뒤집는 고도의 정치사건이므로 일반 형사사건과는 그 성질이 전혀 다르다. 국회의 논의 과정이 국민에게 공개되어야 한다. 비밀 논의는 비밀 재판과 같다. 미국에서는 언론이 국회의 탄핵논의 과정을 계속 보도하여 국민들이 자기의 의견을 얼마든지 국회의원들에게 미리 알릴 수 있도록 한다.

여섯째, 대통령의 부패나 失政(실정)에 대한 불만의 표시로 국민들이 거리에 나서 시위로 대통령의 축출을 요구하는 것은 통상 後進(후진) 독재국가에서 있는 일이다(필리핀의 시민 혁명, 中東의 봄이 대표적인 例). 그런 나라에서는 야당이 대통령의 부패나 실정을 견제하지 못하기 때문에 부득이 국민들이 거리에 나오는 것이다. 그런데, 우리나라는 1987년 이래 대통령 단임제가 시행되어 대통령의 독재는 있을 수 없다. 더욱이 지난 4월 총선 당시 야당이 과반수를 차지하였고, 대통령은 임기 말에 접어들었다. 그런 레임덕 대통령을 겨냥해 거대 야당은, 특검을 추진하고 시위대를 선동하고 종국엔 탄핵까지 한다니…. 세계 역사에 없는 해괴한 일이 아닐까 생각한다.

일곱째, 통상 대통령과 십 수 년간 당을 같이한 사람들은 대통령이 탄핵 공격을 받으면 특별한 사유가 없는 한 탄핵공세를 막는 데 앞장선다. 노무현 대통령 때도 여당인 열린우리당은 굳게 뭉쳐 탄핵 저지에 나섰다. 그런데, 이번 탄핵은 여당 의원 중 상당수가 야당의 탄핵 주장에 동조, 연합한 상태에서 탄핵소추에 들어가는 모양새다. 마치 敵의 기습 공격을 받아 위기에 빠진 자기 측 사령관을 버리고 재빨리 敵軍(적군)에 가담하여 같이 공격하는 반역 장교들과 같다. 정치인들의 이런 파렴치한 배신행위는 한국 정치인의 한심한 정치 도덕 수준을 세계만방에 알리는 것이다.

이번 탄핵은 말이 탄핵이지 실제는 탄핵이 아니다. 언론이 두어 달 전에 보도한 대통령 측근 최순실의 비리에 격분한 언론, 야당, 시민이 대통령의 하야를 주장하다가 대통령이 사실상 下野를 거부하자 代案(대안)으로 탄핵을 하는 것이다. 결국, 형식은 탄핵이지만 실제는 民衆革命(민중혁명)이다. 한국은 1987년 이래 단임제 대통령제가 시행되면서 與野간 평화적인 정권교체가 이루어져 아시아에서는 민주주의가 安着(안착)한 선진국가라고 평가되었는데, 이번 사건으로 한국은 민중혁명이 일어나 憲政(헌정)질서가 무너진 이상한 나라로 기록될 것이다. 어쨌든 국회가 탄핵을 해 가결되면 공은 탄핵재판소, 즉 헌법재판소로 넘어간다. 다시 말해 재판이 시작된다. 재판과정은 사법절차이므로 국회처럼 후다닥 비밀로 해치울 수 없다. 수개월 간 지루한 法廷攻防(법정공방)이 일어날 것이다.

그러나, 혁명의 맛을 본 시민들이 과연 이 지루한 법정공방 절차를 조용히 지켜보며 기다려 줄까? 필시 이들은 계속 거리로 나와 탄핵지지 촛불시위를 하고 1000만 명 서명운동을 하여 헌법재판관들을 압박할 것이다. 더욱 우려되는 건 헌법재판소가 탄핵소추를 기각하는 판결을 했을 때, 과거 노무현 대통령 때처럼 사람들이 기꺼이 승복할지 여부다. 승복하지 않는다면 그 다음 수순은 무엇인가? 非常戒嚴(비상계엄)인가? 아니면 광란의 流血(유혈)혁명인가?

이렇게 대한민국의 역사는 반복되는 것일까? 슬프다. 언론과 시민이 대통령 측근비리라는 지극히 통상적인 문제에 대해 흥분하지 말고, 좀 더 차분하게 다루면서 내년 12월 大選 때까지 기다려 투표로 평가하면 안 되는 것인가? 또 당연히 그렇게 풀어야 마땅한 문제를 이렇게 혁명하는 방식으로 나라를 뒤집는 소란을 피우다니….

무책임한 언론, 정치인, 촛불 시위대가 痛歎(통탄)스럽다. 아니 그들을 멀뚱멀뚱 지켜보는 무능하고 비겁한 이 나라 지도층이 痛歎스럽다. 이것이 결국 우리들 수준이고 발전의 한계란 말인가!

(2016.12.7.)

여성 대통령의 '머리 손질'이
왜 문제냐?

도를 넘게 퍼부어대는 인격살인의 언사가 언젠가 지금 선동을 해대는 자들에게
고스란히 되돌아가게 될 수도 있다. 정도껏 해라.

이강호·조갑제닷컴 회원

　줄기차게 '세월호 7시간'을 떠들어대던 자들이 이번에는 당시 朴 대통령이 머리 손질을 했다고 시비를 하고 나섰다. 한겨레 보도를 필두로 여러 신문, 방송들이 일제히 떠들어댔다. 저열하다. 아니 그를 넘어선 '인격 살인' 수준의 광란적 선동이다. 남성도 마땅히 그래야 하지만, 여성이 남 앞에 나서기 전에 머리 손질을 하는 것은 너무나 당연한 일이다. 하물며 대통령이라는 公人(공인)이다. 부모나 자식이 죽었다 해도 정해진 公式席上(공식석상)에 나서야 할 때는 나서야 하는 게 공인의 숙명이다. 그때 손질도 없이 헝클어진 머리로 나서는 게 옳은가?

　머리 손질 운운을 보도하는 방송사의 앵커 석에는 여성 앵커도 나란히 앉았다. 그런데 그 여성 앵커는 그 방송을 하기 전 머리 손질 안했나? 세월호 사고 당시 보도를 하던 여성 앵커들은 머리 손질 안하고 방송에 임했나? 머리 손질만이 아니라 화장도 했을 것 아닌가? 분도 찍어 바르고 립스틱도 칠했을 것 아닌가? 갑자기 혈육이 죽는 일을 당했다 해도 대안 없이 방송을 펑크 내지 않기 위해선 방송에 임할 수밖에

없음을 감수하는 게 프로 방송인의 자세라 들었다. 그때 개인적 슬픔이 있다고 흐트러진 얼굴에 머리 손질도 안하고 카메라 앞에 서는가? 그렇지 않을 것이다. 그런데 여성 앵커는 화장도 하고 머리 손질도 하는 게 당연하지만 여성 대통령은 그러지 않아야 하는가?

　누가 죽기만 하면 머리 풀어헤치고 대성통곡을 하는 걸 당연시 여기지 마라. 張三李四(장삼이사)는 그래도 될지 모르나 公人은 그러면 안 된다. 아무리 참혹한 일을 당해도 容貌(용모)를 단정히 하고 衣冠(의관)을 정제하여 남 앞에 나설 줄 아는 게 오히려 良識(양식) 있는 자세다. 더욱이 대통령이라면 당연히 그래야 한다. 국가 지도자는 전선에서 수많은 젊은이들이 죽어나가는 전쟁의 상황에서도 국민 앞에는 정제된 모습으로 나서야 한다. 그게 잘못됐다고 보는가? 세월호 사고는 참으로 가슴 아픈 사고였지만 그렇다고 해서 일국의 대통령이 머리도 다듬지 않고 버선발로 뛰어나가듯이 허둥지둥 나서는 모습을 보였어야 하는가? 그게 옳다고 보는가? 도를 넘게 퍼부어대는 인격살인의 언사가 언젠가 지금 선동을 해대는 자들에게 고스란히 되돌아가게 될 수도 있다. 정도껏 해라.

(2016.12.7.)

'새빨간 거짓말'로 몬 동아일보는 차은택이 深夜에 대통령을 만났다는 증거를 제시해야!

오늘 청문회에서 차 씨, 深夜 청와대 방문 정면 부인

趙甲濟

동아일보의 '횡설수설' 난 오늘 제목은 〈'보안손님' 차은택〉이다. 정성희 논설위원이 썼다.

정 위원은 〈5일 열린 최순실 국정 농단 진상 규명을 위한 국정조사 기관 보고에 출석한 이영석 청와대 경호실 차장이 최순실, 차은택 씨가 청와대 '보안손님'이라고 말했다〉면서 〈최 씨가 관저를 제집처럼 드나든 건 비밀도 아니지만 차 씨는 새롭게 등장했다〉고 단정하였다. 차은택 씨는 〈공직자 신분으로 여성 대통령의 관저를 드나든 것도 부적절한데 그만둔 뒤에도 출입했다면 황당하다〉고 하더니 〈대면접촉을 그토록 싫어하는 박근혜 대통령이 심야시간대에까지 차 씨를 만났다는 건 분명히 이례적이다〉고 못을 박았다. 처녀 대통령이 외간 남자를 심야에 청와대로 불러 수상한 만남을 가진 것처럼 쓴 것이다. 정 위원은 한 걸음 더 나아가서 차 씨가 거짓말을 했다고 추궁한다.

〈그는 40일간의 도피생활 끝에 귀국한 지난달 초 "대통령을 공식적인 자리에서 만난 적 있다"면서도 독대는 "정말로 없다"고 했〉는데 이는 〈새빨간 거짓말이었다〉는 것이다.

동아닷컴에 실린 이 글 바로 밑에 댓글이 달렸다.

〈정성희의 이 기사는 시민단체에서 허위기사로 방송언론중재위에 제소 바란다. 오늘 청문회에서 차은택이 개인적으로 박 대통령 만난 적 한 번도 없었고, 더욱이 심야에 만난 적도 한 번도 없다고 진술했다.〉

〈정성희 위원의 위 칼럼 글은 지금 다 거짓과 허위로 판명났습니다. 독자한테 사과하고 해명기사 내세요. 동아일보가 이런 식 자극적 선동기사로 잘 속아 넘어가는 순진한 우리 국민들을 얼마나 선동하고 기만하고 우롱했는지 지금 다 밝혀져 가고 있습니다. 이제 그 대가를 뼈저리게 치를 것입니다.〉

오늘 국정조사 청문회에서 이런 문답이 있었다.

〈**박범계 의원:** 본인 최초 인터뷰에 의하면 청와대에 일주일에 두세 번, 늦은 시간에 들어갔다 온 적 있다고 한다.

차은택: 절대 아니다.

박: 그런 인터뷰 한 적 없나.

차: 안 했다.

박: 청와대에 밤에 출입한 적은?

차: 절대 없다.〉

자, 이제 공은 동아일보로 넘어갔다. 동아일보는 차은택 씨가 밤에 청와대로 들어가 박 대통령을 만났다는 증거를 제시해야 한다. 차은택 씨가 거짓말 하였다는 증거도 있어야 한다.

그럴 자신이 없으면 빨리 칼럼의 全文(전문)을 취소하고 독자와 차은택 씨에게 사과해야 할 것이다.

오늘 청문회에 의하여 그동안의 언론 보도 상당수가 허위, 왜곡, 과장으로 드러났다. 언론탄핵운동이 일어날 것 같다.

(2016.12.7.)

'이 모자란 기자넘아?' 언론을 향한 '성난 민심', 폭발을 기다린다!

기자와 국회의원에게 쏟아진 비판. 기사보다 나은 댓글들.

조갑제닷컴

-오늘자 joins.com 댓글

● 자, 손석희가 조작하고 검찰이 덮고 넘어간 그 문제의 태블릿 입수 경로나 까봐라. 왜? 그걸 까면 너희들의 대국민 선동극이 무너진다고? 증거를 조작해서 대통령 몰아내고 정권탈취하려는 시도를 헌법에선 내 란죄라 규정한단다. 기레기들, 너희들은 이제 정의로운 국민의 심판을 받게 된다.

● 너희는 기레기다. 참으로 쓰레기 언론이다. 하태경이 유도질문하고 하태경이 발언한 것을 차은택의 얘기처럼 꾸며서 헤드라인으로 뽑냐? 너희들이 그러고도 기자냐? 이 기레기야.

-오늘자 동아닷컴 댓글

● 세월호 7시간! 웃길래? 2002년 서해바다에서 영해를 수호하던 국 군장병이 NLL을 넘어온 북괴와 교전하던 중 6명이 순국했다. 그때 대

통령이던 김대중은 빈소는커녕 영결식이 있던 날까지 사흘 동안 코빼기도 안보였다. 그때 김대중은 어디서 뭘 하고 있었나? 밝혀라!

● 이 모자란 기자넘아? 여하한 경우에도 여자는 외모에 신경 쓰고 가꾸는 게 본능이다. 이넘아? 그래 화장실 볼일 보는 중에도 그 상태로 그냥 튀어나가야 네놈들 직성이 풀리는 거냐? 하물며 일국의 대통령이 그만한 시간도 못 갖나? 너희들은 뭐 했나 그 시간에… 달려가 돕지 않고. 미친 넘들.

● 언론이 평소 공식적 모습 다 아는데, 공개되는 기자 앞에 갑자기 미친년처럼 나가나? 머리손질 당연, 장례식에는 세면도 안하나? 나도 머리 한다.

● 언론이 카더라 보도하면, 다 믿는 국민, 언론에 카막 눈! 대한민국 국민, 얼마나 속였고 거짓보도 했는가? 알아야 한다 국민들, 잘못은 잘못이라 인정한다. 그러나, 매사를 색안경 쓰고 진실도 거짓으로 거짓을 진실로 둔갑시키는 언론은 후진국 행태!

● 대통령 억울! 재용 기춘 승! 청문회 본보기 스타, 이만희 의원. 정치 패거리들 박영선, 안민석 좀 배워라. 세기적 추태자 국민의당 김경진 새누리 하태경, 신문기자 하수인 된 청문회. 야당, 비박! 국민은 춤추는 기계, 대한민국은 언론의 노리개 장난감! 그러므로 대한민국은 후진국!

● 고영태는 최순실에게 받은 태블릿을 검찰에 이미 증거물로 제출했습니다. 고영태가 갖고 있던 태블릿이 진품이므로 손석희가 보도한 내용은 모두 조작된 것임이 확실합니다. 검찰은 바로 그 이유 때문에 태블릿을 증거물로 채택도 않은 상태죠. 손석희를 증인으로 불러 조사해야.

● 김 비서실장은 최순실을 견제하지 못한 것 큰 실수이다. 그래도 지조가 있네요. 어느 정권에서나 비리 천지였으나 모두 권모술수로 2차 3

차 가서 기자란 인간들 떡값 주고 달래서 모두 무마 된 것이니 그리 죄의식 버리시기를… 박○○ 같은 놈 2년 살고 나와 떵떵거리는 현실!

－오늘자 조선닷컴 댓글

● 고영태, 장시호, 차은택 등의 답변하는 내용과 태도를 보면 질문하는 국회의원보다 훨씬 진지하고 정확하다. 대부분 신문이나 찌라시 소문으로 일관한 물음에 그들은 또박또박 기억으로 답변하고 있다. 허접한 금배지보다 훨씬 낫다.

● 청문회 듣고 보니 국회의원들과 언론이 소설 쓰는 기분이 드네. 멍청한 넘들! 국회 국정조사의 수준이 이 정도면 때려치워라.

● 국회 청문회하자고 선동한 자들아, 겨우 한다는 짓이 연말에 한창 바쁜 재벌 회장님들 불러다 면박주고, 소문으로 떠도는 그것도 부패언론권력이 작심하고 부풀린 요설을 사실로 만들어 보려고 발악하는 장소인가? 국민이 피땀 흘려 낸 세금을 탕진하면서 고따위 짓 하려면 국회부터 당장 해산하는 게 마땅하다.

● 조선일보 제발 이런 식으로 제목 달지 마라!! '19금3각' ??? 주간 대중 잡지도 아니고… 하다하다 스스로 지 격을 떨어뜨리는구만… 쯧, 이제 2류 신문으로 전락!!

● 아예 3류 소설 자료 수집장이라고 해라, 이게 무슨 청문회라고… 원초적 본능 촬영장도 아니고…

● 나라는 안중에도 없이 대통령을 희화화하고 조롱하고 천벌을 받을 놈들. 하지 말아야 될 정도가 있거늘. 참으로 나쁜 언론과 국개의원들이다.

● 차은택과 고영태는 도박을 하고 있군. 좌파에 유리한 진술 해주면

나중에 살려줄 것 같은 생각이 들었나보다.

● 차은택이 청문회에 압도되어 횡설수설하고 있다. 최순실을 박 대통령과 동급? 국민을 모독하고 있다. 정신병원에 보내야 한다.

● 적어도 김정일에게 의견을 묻는 정권보다는 훨씬 낫다고 생각한다.

● OO도 보통 OO을 해라. 청와대에 몇 번 드나들었다고 권력서열 1위? 문체부 일에 조금 개입한 걸 가지고 국정농단에다 권력서열 1위까지 정말 가관이다. 권력서열 1위면 장관도 지가 다 임명하고 청와대도 지가 다 뽑아야 하는데 말이 되는 소릴 해라. 연설문도 지가 써야지 문구 끝말 바꾸는 게 권력서열 1위가?

(2016.12.8.)

동아일보의 노골적인 여성 卑下 사설

동아일보가 경영하는 채널 A는 세월호 사고 날 여성 출연자의 머리손질과 화장을 하지 않았나? 초상집에 갈 때는 머리를 풀고 가야 하나?

趙甲濟

동아일보의 오늘 社說(사설)은 노골적인 加虐(가학)취미의 發顯(발현)이고 여성 卑下(비하)이다. 제목이 '세월호 재난본부 가기 전 대통령이 머리 손질이라니'이다. 이런 의문이 생긴다. 동아일보가 경영하는 채널 A는 세월호 사고 날 여성 출연자의 머리 손질과 화장을 하지 않았나?

초상집에 갈 때는 머리를 풀고 가야 하나? 대통령이 머리 손질을 하고 가지 않았다면 '국민에 대한 예의가 아니다'고 했을 것 아닌가? 도대체 이게 社說감인가?

社說은 〈설사 20분이라 해도 300명 넘는 학생들이 죽어가고 있는 순간에 대통령이 머리 손질을 할 여유가 있느냐고 국민은 분노하고 있다〉고 왜곡, 선동하였다. 머리 손질을 한 시간대는 그날 오후 4시 前後(전후)로서 세월호가 뒤집어지고 船內(선내) 진입이 불가능하여 사실상 잔류자 숲員(전원)이 사망한 것으로 볼 수밖에 없는 때였다. 대통령이 머리 손질을 하든 않든 救助(구조)와는 아무 관계가 없었다. 국민의 분노라니? 여론조사를 해 봤나? 왜 국민을 끌어들여 억지 논설을 정당화시키려 하나?

(2016.12.8.)

지금이 소형 비리사건을 가지고 탄핵놀이를 할 정도로 태평세월인가?

特檢(특검)이 아니라 서울지검 특수부가 처리하면 될 수준의 소형 비리사건이다. 더 심하게 말하면 가십(gossip)에 불과하다는 뜻이다.

金平祐·변호사, 前 대한변협 회장

한국의 언론, 야당은 대통령의 측근 최순실의 非理(비리)·不法(불법)이 크기 때문에 박근혜 대통령은 下野(하야)해야 하며, 만일 하야하지 않으면 국회가 彈劾(탄핵)으로 물러나야 한다고 입을 모은다. 이에 동조하는 시민들이 연일 거리를 점령하는 사태가 한 달 넘게 계속되고 있다. 급기야 오는 12월9일, 국회가 박근혜 대통령 탄핵소추안 표결을 실시할 것이라 한다.

필자는 대통령 탄핵에 부정적이다. 무엇보다 대통령은 국가원수이자 국가의 상징이다. 이 나라 국군 60만을 통솔하는 최고사령관이기도 하다. 나라를 대표하여 외교를 주도하고 행정과 치안도 총지휘한다. 대법원장을 임명한다. 경제, 문화, 교육의 주요 정책을 최종 결정한다. 한 마디로 나라의 命運(명운)을 주도하는 자리다. 그러기에 나라에는 단 한시라도 대통령이 없으면 안 된다. 만에 하나 대통령에게 有故(유고)가 생기면 나라는 즉시 비상경계 상태에 들어간다.

이렇게 무거운 자리이기에 대통령을 선출하고, 교체하는 방법과 절차는 그 나라의 國體(국체)를 정하는 기준이 된다. 국민의 선거로 대통령을 바꾸면 민주국가이고, 대통령을 폭력시위 등으로 바꾸면 그것은 혁명이다.

혁명이나 탄핵은 비민주적 혹은 비정상적 절차이기에 정상적인 민주국가에서는 100년에 한 번 일어날까 말까 한 政變(정변)이다. 정변이 생기면 대통령의 자리에 사고가 생기므로 우리나라처럼 북한과 準戰時狀態(준전시상태)에 있는 나라는, 안보에 커다란 위험이 생긴다. 경제에도 빨간불이 켜진다. 지금 우리나라 상황이 이러한 위험을 무릅쓰고 최순실 게이트를 가지고 혁명놀이, 또는 탄핵놀이를 할 만큼 태평스러운가?

만일 최순실 게이트를 가지고 혁명을 일으키고 탄핵을 한다면, 대한민국은 국제사회의 웃음거리가 될 것이다. 박근혜 대통령을 두둔하는 게 아니다. 최순실이 비리·부정을 저지르고 국정에 멋대로 개입하도록 방치한 건 대통령의 不察(불찰)이다.

필자가 누차 말해왔듯이 지금까지 언론에 나온 보도를 보면 최순실 게이트는 이 나라 역대 정권, 아니 조선왕조 500년 동안 계속 있었던 수백, 수천 건의 권력 측근 비리 중 하나에 불과하다. 特檢(특검)이 아니라 서울지검 특수부가 처리하면 될 수준의 소형 비리사건이다. 더 심하게 말하면 가십(gossip)에 불과하다는 뜻이다.

대통령은 국민에게 정중히 사과하고 남은 임기 1년 동안 철저히 조사하여 엄벌하고 시정하겠다고 재차 다짐했다. 본인 스스로 조사도 받겠다고 했다. 그 외에 다른 어떤 조치를 하란 말인가? 죽어야 하나? 망명해야 하나? 하야하여 闕位(궐위)가 되면 국가비상사태가 초래되어도 상관없다는 말인가?

국민들의 실망과 분노를 풀어주기 위해 朴 대통령이 사퇴, 즉 下野를 했다고 치자. 그러면 대통령 궐위 상태에서 대통령 선거를 치르게 될 것이고, 십중팔구 지금의 야당 후보 중 누군가가 당선될 것이다. 그들의 임기 5년 동안 측근비리나 부정, 정치개입이 과연 없을까? 그랬으면 좋겠지만 아닐 가능성은 100%다. 측근비리, 부정, 정치개입은 대한민국 建國(건국) 이래 없던 적이 없었다. 오히려 야당이 집권하면 역대 어느 정권보다 더 많은 측근비리, 부정, 정치개입이 발호할 것이다.

야당은 지난 4월 총선 당시 과반수 이상의 의석을 확보했다. 국회에 강한 견제 세력이 없다. 언론 역시 거의 전폭적으로 야당을 지지하는 모양새다. 전통적으로 야당은 노조와 운동권, 시민단체, 문화단체와 연합하여 왔다. 그런 거대야당이 이제 정부를 장악하면 우리나라에는 견제 세력이 사실상 없어진다. "권력은 부패한다, 절대권력은 절대 부패한다." 헌법 교과서 첫 章에 있는 말이 생각난다.

그동안 거대 야당이 해왔던 행동을 보면 강한 의구심이 든다. 과연 이들에게 국회와 행정부를 몽땅 다 맡겨도 될지 하는 의문이다. 야당과 좌경 언론은 서로 합세해 탄핵·하야라는 피리를 불어 국민을 흥분, 광란상태로 몰고 가는 데 주도적 역할을 했다. 그 이유는 무엇일까? 바로 早期 大選(조기 대선)을 통해 하루 빨리 정권을 탈환하겠다는 것이다.

지난 4월 총선에서 야당이 大勝(대승)을 거둔 지 약 7개월 만에 최순실 게이트까지 터졌다. 야당은 이 분위기가 수그러들기 전에 조기 대선으로 정권을 잡으려는 것이다.

야당과 좌경 언론은 내년 12월까지 기다리면 그 사이에 반기문 씨나 다른 정치 新人(신인)이 다크호스처럼 나타나 이 분위기를 바꿀지 모른다는 생각하고 있을 것이다. 그래서 조급증이 생겼고, 그 조급증이 탄핵·하야 주장으로 표면화 된 것이다. 결국 오늘의 이 사태를 定義(정의)하면, 야당과 좌경 언론이 합세한 '비열한 사전 선거 工作(공작) 음모'가 아닐까?

국민들이 이성을 회복하여 이런 정치 공작에 속지 말고 12월 대선까지 기다려 좋은 정치지도자를 뽑아 계속 法治 憲政(법치 헌정) 국가로 발전시켜 주길 기도한다.

(2016.12.8.)

김무성, 유승민, 나경원···
좌익과 싸운 대통령을
좌익에 팔아넘기려는
이념적 배신자를 용서해선 안 된다

좋은 집안에서 좋은 학교 나와 좌익의 심부름꾼 역할. 좌익과 싸워온 대통령을 좌익에 팔아넘긴 非朴부역자 숙청이 보수재생의 제1과업.

趙甲濟

인간적 배신은 용서할 수 있다. 피해자가 적기 때문이다. 정치적 배신도 양해되는 경우가 많다. 정치에 도덕성을 요구하는 것은 무리이기 때문이다. 이념적 배신은 용서해선 안 된다. 공동체를 파괴하는 利敵(이적) 행위이므로 피해자가 많다. 친북 좌익 세력과 손잡고 自黨(자당)의 대통령 후보를 몰아내려는 非朴(비박) 세력은 이념적 간통 세력이다. 박근혜 대통령이 私人(사인)과 내통한 것보다 수백 배나 더한 배신이다. 非朴은 이미 좌익의 부역자 역할을 자임하고 있다. 이들은 좌익과 싸워온 현직 대통령을 反대한민국 세력에 팔아넘긴 代價(대가)를 받아 보수 세력의 盟主(맹주)가 되려 하지만 어림도 없는 일이다. 탄핵 표결 이후 보수세력이 생존을 위하여 첫 번째로 해야 할 일은 非朴부역부패집단을 숙청하는 일이다. 이들을 정치적으로 매장시켜야 한다. 그들이 추종

하는 좌파세력의 용어로 말한다면 '청산하는' 일이다.

정치 도의상 이들은 패륜집단이다. 몸은 새누리당에 두고 영혼을 좌파로 팔아넘긴 것이 첫째이고, 광우병 선동-사드 반대-보안법 폐지-통진당과 제휴-北核비호 세력이 집권하는 길을 넓혀주는 심부름을 하는 게 두 번째이다. 배신의 정치에도 程度(정도)가 있다. 촛불시위에 겁을 집어먹고, 자신들의 정치적 得失(득실) 계산에 따라, 거의 모든 전직 대통령들이 저질렀던 측근 비리를 과장하여 한국 憲政史(헌정사)에 오점을 남기는 대통령 탄핵으로 몰고 감으로써 국격을 추락시킨다. 지난주 새누리당은 朴 대통령이 오는 4월에 퇴진하는 것을 黨論(당론)으로 결정했는데 이들도 참여하였고 이번 주 대통령이 당론을 받아들이겠다고 했는데도 지난 주말의 촛불시위에 겁을 먹고 돌아섰다. 비박 세력의 이념적 배신은, 박근혜 맹종세력이 치사하고 오만한 총선 공천으로 새누리당과 박 대통령을 망치고도 위기가 닥치니 그녀를 버리고 숨어버린 배신과는 성격이 다르다. 後者(후자)는 비겁이고 前者(전자)는 반역이다.

유승민, 김무성, 나경원 등 이념적 배신자들은 좌경 선동세력이 박 대통령을 골탕 먹이려고 만들어낸 이른바 세월호 침몰 날의 7시간 의혹까지 탄핵사유로 소추장에 적어 넣었는데도 여기에 찬성표를 던지려 한다. 좋은 집안에서 태어나 좋은 대학교를 나와서 기껏 한다는 짓이 자신들이 뽑은 여성 대통령의 (세월호 구조와는 아무 관련이 없는) 私生活(사생활)을 들추어내는 데 좌익들과 합세하는 일이다. 이보다 더한 타락은 없을 것이다. 좋은 집안에서 태어나 좋은 대학을 나와 대한민국으로부터 온갖 혜택을 만끽하면서도 박 대통령에 대한 서운함과 좌익들이 대한민국의 조종실에 들어갔을 때의 끔찍함을 較量(교량)할 줄 모르니 교육의 실패 사례이기도 하다.

유승민, 김무성, 나경원, 남경필, 장제원, 김세연 등 좌파와 결탁, 좌파와 싸워온 대통령을 몰아내려고 하는 이들의 공통점은 이른바 자본주의 체제의 혜택을 가장 많이 받은 '금수저'라는 점이다. 유승민, 김무성, 남경필, 장제원, 김세연의 아버지는 국회의원을 지냈다. 일종의 권력 세습에 해당한다. 세습이 무조건 나쁘다는 게 아니다. 그럴수록 대한민국적 가치를 수호하는 데 앞장서야 할 터인데 反대한민국 세력의 부역자를 자청, 민중혁명적 분위기에 편승하였다. 지킬 것이 많으니 약점도 많아서 미래의 권력에 빌붙어 안전을 추구하겠다는 계산이 아니라면 이런 배신은 그들의 정치적 파멸을 예고한다. 프랑스 대혁명 때 루이 16세를 배신, 혁명파를 편들었던 귀족들이 모조리 斷頭臺(단두대)에서 사라진 史實(사실)을 참고로 해야 할 것이다.

金平祐 전 대한변협 회장의 글 '억지 탄핵소추를 통탄한다' 中에서.

〈통상 대통령과 십 수 년간 黨을 같이 한 사람들은 대통령이 탄핵 공격을 받으면 특별한 사유가 없는 한 탄핵공세를 막는 데 앞장선다. 노무현 대통령 때도 여당인 열린우리당은 굳게 뭉쳐 탄핵 저지에 나섰다. 그런데, 이번 탄핵은 여당 의원 중 상당수가 야당의 탄핵 주장에 동조, 연합한 상태에서 탄핵소추에 들어가는 모양새다. 마치 敵의 기습 공격을 받아 위기에 빠진 자기 측 사령관을 버리고 재빨리 敵軍(적군)에 가담하여 같이 공격하는 반역 장교들과 같다. 정치인들의 이런 파렴치한 배신행위는 한국 정치인의 한심한 정치 도덕 수준을 세계만방에 알리는 것이다.〉

(2016.12.8.)

4

誤報 사례 연구

2016.12.9 ~ 2016.12.13

대통령의 無能은 범죄이다!

지도자 중의 지도자인 대통령은 국가적 진실을 수호해야 한다. 이 능력이 有能과 無能을 가른다. 국가적 진실을 지켜내지 못하면 국민은 선동가 진영으로 넘어가 버린다.

趙甲濟·조갑제닷컴 대표

지도자의 가장 큰 부도덕은 無能(무능)이다. 선장이 무능하면 혼자 죽지 않는다. 대통령이 무능하면 나라가 넘어간다. 부패하면서 유능한 지도자와 청렴하면서 무능한 지도자 중 한 사람을 고르라고 한다면 前者(전자)를 선택할 수밖에 없다. 민주국가에서 지도자의 1차적 임무는 국민들이 거짓 선동에 넘어가지 않도록 하는 것이다. 유권자가 선동에 넘어가면 선거를 통하여 사기꾼이나 반역자가 정권을 잡기 때문이다. 지도자 중의 지도자인 대통령은 국가적 진실을 수호해야 한다. 이 능력이 有能(유능)과 無能을 가른다. 국가적 진실을 지켜내지 못하면 국민은 선동가 진영으로 넘어가버린다. 박근혜 대통령은 세월호의 진실을 지켜내지 못하였다. 진실을 지키는 싸움을 포기하고 海警(해경)을 희생물로 바쳐 선동세력을 달래려 하였으나 며칠 전 그들은 탄핵소추안에 7시간 의혹을 추가하였다. 문창극 씨를 총리로 지명해놓고도 선동 언론이 친일파로 몰자 취소하였다. 박 대통령은 메르스 사태 때도 같은 실수를 범하였다. 毒感(독감) 수준의 질병인데도 언론이 선동하자 訪美(방미)까지 포기하였다. 최순실 사건이 터지자 혼비백산 한 듯 온갖 왜곡과 조작에 무저항주의로 대처, 거짓의 늪에 빠져버렸다. 매를 10대만 맞아도 되는데 100대를 맞고 있다.

朴 대통령이 국가적 진실을 지키지 못하여 국민들이 선동세력의 농단에 넘어가도록 방치한 것은 그의 病的(병적)인 집무 방식과 관련 있다. 매일 만나야 할 비서실장은 한 週(주)에 한 번도 만나지 못할 때가 있고 수시로 불러서 만나야 할 핵심 수석은 1년에 한 번도 만나지 않고 장관은 거의 만나지 않았다. 그 사이 수준이 한참 떨어지는 최순실과 그 측근들은 자주 만났다. 막강한 기능을 가진 국가기관과 불통하고 秘線(비선)과 내통한 것이다. 아베 일본 수상은 하루에 부처 실무 국장급만 10명씩 만난다. 천하의 엘리트들을 자주 만나야 대통령은 유능해진다. 생동하는 인간이 아니라 그 딱딱한 서류를 통하여 國政(국정)을 파악하려는 것은 창틈으로 내다 본 세상이 전부라고 생각하는 것과 같다.

그는 새누리당도 兩分(양분)하여 자신에게 아첨하는 親朴(친박)세력만 골라 소통하다가 앙심을 품은 비박계에 의하여 이번에 보복을 당하였다. 야당이나 촛불시위보다는 그가 부추긴 새누리당의 분열이 그를 이 지경으로 만들었으니 自業自得(자업자득)이다. 박근혜 대통령은 한국 역사상 가장 유능한 CEO였던 아버지를 배우지 못하였다. 그렇게 되도록 한 데는 최태민 부녀의 영향이 컸을 것이다. 가장 유능한 대통령의 딸이 가장 무능한 대통령이었다고 역사에 기록될 가능성이 높아졌다. 누구를 원망하랴.

● 대통령 탄핵을 반대하는 것은 이런 박근혜를 비호하려는 의도가 아니다. 박근혜 대통령이 대표하는 대한민국의 존엄과 憲政(헌정)질서를

수호하는 것이 중도사퇴시키는 것보다 더 중요하다고 믿기 때문이다. 선거를 통하여 뽑힌 대통령을 몰아내는 절차는 선동이 아니라 사실·헌법·공정성에 기초하여 이뤄져야 한다고 믿기 때문이다.

(2016.12.9.)

前 대한변협 회장의 분석, '너무나 황당한 탄핵사유'

法理(법리) 관계가 명확하게 규명되기 전에 대통령에게 죄가 있다고 단정한 이 나라의 언론과 야당, 이에 보조를 맞추는 일부 시민들이 참으로 실망스럽다!

金平祐·前 대한변협 회장 / 한국·미국 변호사, 45代 대한변호사협회 회장, 2012년부터 UCLA 비지팅 스칼라

박근혜 대통령 탄핵소추안 표결이 오늘 오후 국회에서 실시된다. 언론에 따르면, 야당은 거의 전원, 여기에 상당수 여당 의원들까지 찬성의사를 밝혔다고 한다. 처음 언론과 야당은 최순실의 비리·부정·국정농단을 이유로 대통령의 下野(하야)를 요구하다가 대통령이 하야를 사실상 거부하자 탄핵을 주장했다. 탄핵은 被(피)탄핵자 본인의 헌법위반이나 법률위반을 사유로 한다. 필자가 보기에 탄핵사유부터 다소 황당하다. 야당 의원들은 朴 대통령이 최순실과 사실상 공동으로 비리를 저질렀다고 주장한다. 미르재단을 만들어 재벌들로부터 기부를 강요하는 등의 죄를 저질렀기 때문에 측근비리가 아니라 대통령 자신의 비리라고 단정한 것이다. 이에 덧붙여 세월호 사건까지 결부시키는 등 세계 어느 나라 刑事法典(형사법전)에도 없는 조선왕조 사극에나 나올 법한 황당한 違法(위법) 사유를 만들어냈다.

세월호 이야기는 너무 황당하다. 여자가 머리 고치는 건 여자가 밥 먹

고, 옷 입는 거와 같은 생활의 일부다. 야당의 유력 대권주자 文 모 씨를 포함한 야당 의원들은 세월호 사건 때 옷도 안 입고, 밥도 안 먹고, 변도 안 보았나? 부모가 죽은 불효자처럼 소복하고, 금식하고, 세수도 하지 말았어야 죄를 면하나? 정말 부끄럽다. 이것이 21세기 대한민국 국회, 언론, 국민의 수준이란 말인가.

검찰 중간 수사발표와 탄핵소추안을 보면, 박근혜 대통령이 최순실과 共犯(공범)관계라는 취지의 기술이 있다. 법률 상 공범죄가 성립하려면 공범자간에 범죄에 대한 故意(고의)와 事前(사전)모의가 있어야 한다. 그 얘기는 朴 대통령이 최순실과 함께 짜고 기부를 빙자하여 기업체로부터 돈을 뜯어 둘이 나눠 먹었다든지 아니면 朴 대통령이 최순실과 짜고 기업체에 기부를 강요했다는 등 共犯 관계를 입증할 수 있는 명백한 증거가 있어야 한다. 그러나 현재까지 이 같은 증거는 드러난 바가 없다. 지금까지 역대 대통령과 많은 국회의원, 언론사 社主(사주)들이 재직 중에 각종 재단을 만들어 재벌들의 기부를 받았다. 어느 누구도 이것으로 책임을 추궁당한 적이 없다. 심지어 미국의 힐러리 클린턴도 자선 단체를 만들고 기업체의 기부를 받았다.

그것이 일반 국민들에게 반드시 좋게만 보이는 건 아니다. 그렇다고 그것이 범죄가 되느냐, 되지 않느냐는 별개의 문제다. 유독 박근혜 대통령에게 가혹하게 죄라고 우기는 건 진정한 法治(법치)주의가 아니다. 法理(법리) 관계가 명확하게 규명되기 전에 대통령에게 죄가 있다고 단정한 이 나라의 언론과 야당, 이에 보조를 맞추는 일부 시민들이 참으로 실망스럽다. 12년 전, 노무현 대통령이 국회에서 탄핵소추 받았으나 헌법재판소에서 기각된 사례가 있다. 탄핵은 일종의 사법절차이므로 결정은 헌법재판소가 하고 국회는 단지 起訴(기소)만 하는 것이다. 국회가 탄핵소추하면 대통령의 직무가 일시 정지되는 것일 뿐, 대통령의 지위는 존속된다. 탄핵결정은 헌법재판소가 한다. 정원 9명의 재판관 중 6명이 찬성해야 탄핵이 되므로 탄핵이 그리 쉬운 건 아니다.

야당과 언론은, 국회가 탄핵 결정 권한이 아닌 대통령의 권한을 몇 달 정지시킬 수 있는 권한을 가지고, 마치 탄핵소추를 가결시키면 헌법재판소는 무조건 이를 승인해야 하는 것처럼 국민을 誤導(오도)하고 있다. 이들은 이 사건과 관련해 차후에 있을 각종 재판(탄핵 가결에 따른 헌재 審理 등), 국정조사 중에도 지속적으로 압박을 가해 영향력을 행사하려 들 것이다. 결국 대통령 下野를 끌어내는 수단으로 탄핵소추를 이용하는 것으로 보인다. 참으로 잔인한 야만적 발상이다.

단언컨대 비리로 말하면 박근혜 대통령은 역대 어느 대통령보다 자유롭다는 게 내 생각이다. 과거 대통령 一家가 저지른 비리로 대통령에게 비리와 부정의 共犯(공범)이라는 죄명을 씌워 국회가 탄핵소추를 한 예는 없다. 비리의 정확한 액수도 알 수 없고, 기껏해야 몇 십 억이 안 넘는 액수라고 본다. 그럼에도 제 나라 대통령에게 공범이라는 죄명을 씌워 국회가 대통령을 탄핵소추하는 나라가 세계에 또 있을까?

1960년대 중국에서 모택동의 지시를 받은 江靑(강청) 등 소위 4인방과 홍위병들이 국가주석 劉少奇(유소기)에게 고깔을 씌우고 부르주아 反動(반동)분자라는 황당한 죄명을 씌워 인민재판으로 끌어낸 것과 다를 바 없는 짓이다. 인간으로서 도저히 견딜 수 없는 수모를 주었던 과거 중국의 사례와 거의 같다는 의미다.

국제사회는 우리나라를 어떻게 볼까? 제 나라 대통령을 증거도 없이 下野(하야) 시키려다 안 되니까 그 보복으로 탄핵소추를 해 직무정지 시켰다고 비웃을 것이다. 그뿐인가? 가결되든 부결되든 헌법재판소에 달려가 시위를 벌이겠다고 협박하는 세력, 그리고 이를 여과 없이 보도하며 동조하는 언론, 이에 보조를 맞추는 법조인·지식인들에게도 嘲笑(조소)를 보낼 것이다. 무엇보다 자기 나라 대통령에게 가해지는 야만적인 린치를 뒷짐 지고 구경하며 朴 대통령에게 한탄과 비난만 쏟아내는 국민들에게도 경멸이 쏟아질지 모른다.

(2016.12.9.)

한국 급진좌파의 살인 도끼

'특별한 사람'이 자의적 기준에 따라 正義(정의)를 독점하고 피를 흘리면 악마가 된다.

朴承用·영문학자,《인간의 深淵》著者

도스토에프스키는 그의 不朽(불후)의 명작《罪(죄)와 罰(벌)》에서 독선과 독단에 빠져 현실과 遊離(유리)된 이상주의자가 인류애의 실천과정에서 본래의 선한 의도와는 반대로 사람을 무참하게 죽이고도 전혀 죄의식을 느끼지 않는 악마로 전락하는 과정을 생생하게 보여준다.《罪와 罰》의 주인공 라스코르니코프는 비범한 지적능력과 높은 도덕성을 겸비한 지식인(intelligentsia)이지만 자신의 理性(이성)과 논리를 과신, 독선에 빠져 냉혹한 살인자가 된다. 그는 노동자를 착취한다는 이유로 전당포 노파를 살해한다. 그러면서도 그는 양심에 따라 옳은 일을 했다고 확신한다. 그는 자신을 특별한 사람이라고 생각한다. 그는 수사관들에게 "법적으로 확립된 것은 아니지만 '특별한 사람'은 자신의 양심에 따라 현실적 장애를 무시할 권리가 있습니다"라며 '특별한 사람'은 자신의 '개인적' 판단에 따라 타인의 피를 흘릴 권리가 있다고 강변한다.

라스코르니코프처럼 '특별한 사람'이 恣意的(자의적)인 기준에 따라 正義(정의)를 독점하고 사람의 피를 흘리면 악마가 되는 것이다. 악마는 善(선)과 정의의 절대자인 神(신)의 권위에 도전하고 神의 지위를 찬탈하려다가 천국에서 쫓겨난 타락 천사다. 도스토예프스키는 스스로를 超人(초인)으로 생각하고 神의 권위 안에서 행동하기를 거부하고 정의를 독점하는 者는 필연적으로 악마로 전락한다고 보았다. 정의를 독점하는 초인은 인간을 파멸로 이끄는 악마의 또 다른 모습인 것이다. 악마적 초인이 권력을 잡고 가치를 독점하면 大災殃(대재앙)이 일어난다. 초인의 이름으로, 미래의 행복이라는 이름으로, 세계 혁명의 이름으로, 무제한적 평등의 이름으로, 사람을 죽이고 고문하는 것이 합법적이 되고 고상한 목적이나 위대한 이상의 실현을 위해 모든 인간을 수단으로 변형시키는 일이 자행되기 때문이다. 초인이 무제한의 자유를 추구하거나 모든 사람이 무제한의 평등 곧 극단적인 집단주의를 추구할 때는 그 초인이나 집단의 이름으로 모든 행동이 허용된다.

라스코르니코프는 급진좌파의 선구자이다. 그는 비록 마르크스를 읽지 않았고 나폴레옹을 숭배하고 자신을 선악을 초월하는 초인으로 간주하였지만 그에게는 인민위원의 싹이 보인다. 사회정의에 대한 강렬한 욕구, 이념에 대한 병적인 집착, 융통성이 없는 경직된 행동, 가치의 독점- 이런 것들은 공산주의자들의 공통된 특성이다. 그가 고리대금업자를 죽이는 것은 공산주의자들이 부르주아를 숙청하는 것과 맥을 같이한다. 마르크스주의자들은 "고리대금업자(부르주아)를 제거하고 전진하자. 고리대금업자를 처치한 후에 계급도 없고 착취도 없는 새로운 사회를 건설하게 될 것이다. 이러한 새로운 사회의 창조를 위해서는 고리대금업자를 죽이는 것은 정당하다"라고 주장하기 때문이다.

도스토예프스키는 "비록 인류의 이익을 위한 것일지라도 살인은 옳지 않다. 그리스도는 '너희는 살인하지 말라'고 하셨다"라며 공산주의자들의 '善을 위한 살인'을 강렬하게 반대하였다. 공산주의와 도스토예프스키의 차이는 惡에 대한 관점의 차이이다. 마르크스주의자들에게는 고리대금업자, 즉 부르주아는 惡이다. 그러나 도스토예프스키는 惡은 고리대금업자이기보다는 고리대금업자를 제거하기 위해 라스코르니코프가 채택하는 수단, 즉 폭력이다. 더구나 라스코르니코프는 고리대금업 노파를 죽일 뿐 아니라, 증인을 없애기 위해 죄도 없으며 신앙심 깊은 리자베타(노파의 자매)도 무참하게 살해한다. 도스토예프스키는 善의 이름으로 살인의 도끼를 휘두르는 라스코르니코프를 정의의 使徒(사도)가 아닌 惡의 화신으로 간주한다. 도스토예프스키는 민중혁명에 반대하였다. 그는 혁명은 인간성에 내재하는 악령이 善의 이름으로 폭력을 정당화하는 수단이라며 민중혁명의 악마적인 속성을 경고하였다. 그러나 도스토예프스키의 경고는 당대의 러시아를 사로잡았던 사회주의 혁명의 도도한 물결에 휩쓸려 무시되었다. 그리하여 1917년에 볼셰비키 혁명이 일어나고 러시아는 역사상 가장 참혹한 고난의 길로 들어서게 되었다. 러시아는 죽음의 나라가 되었다. 라스코르니코프의 도끼는 레닌과 스탈린의 손을 거치면서 3500만 명의 리자베타(무고한 인민)를 학살하였다. 러시아에서뿐만 아니라 라스코르니코프의 도끼는 지난 100년 동안 중국, 북한, 동유럽, 캄보디아, 베트남, 쿠바 등에서 혁명의 이름으로 1억의 무고한 인민을 학살하였다.

한국판 라스코르니코프인 친북좌파들이 자유민주주의 대한민국을 강탈하게 되면 전국 방방곡곡에서 라스코르니코프의 도끼가 광란의 춤을 추게 될 것이다. 고영주 변호사와 양동안 교수 등 많은 사람들이 공산주의자라고 말하고 있는 문재인은 '가짜 보수를 불태우고 시대를 바꾸고 세상을 바꾸자'라며 민중혁명을 教唆(교사)하고 있다. 급진좌파 박원순은 '새로운 세상, 새로운 나라를 만들어야 한다'라며 혁명의 불길에 기름을 붓고 있다. 한국의 급진좌파들이 청와대를 접수하고 라스코르니코프의 살인도끼를 휘두르게 되면 자유민주주의 선진부국 대한민국은 박살이 나고 山河(산하)는 피로 물들게 될지도 모르겠다.

(2016.12.9.)

국민이 아니라
차라리 인민이라 부르라!

지금 언론이 탄핵 국면에서 내지르는 '국민만 보라'든지 '국민의 명령'이란 슬로건은 그 탄핵에 반대하는 사람은 쏙 뺀 제한된 국민을 가리키고 있습니다.

이희도·조갑제닷컴 회원

　국민은 英美(영미)의 시티즌이란 개념보다는 좀 더 엄격하고 협소한 개념입니다만, 세금을 내고 국가의 의무를 다하면 정치·종교·신념이 다르다 할지라도 국가 공동체 안에서 자유로운 생활을 영위하는 인격체를 말합니다. 따라서 국민을 참칭할 때는 그 모든 정치·종교·신념을 초월한 개념이 수반되어야 합니다. 안보라든가 자유라든가 권리라든가 하는 개념이 대표적인 개념입니다.

　한데 지금 언론이 탄핵 국면에서 내지르는 '국민만 보라'든지 '국민의 명령'이란 슬로건은 그 탄핵에 반대하는 사람은 쏙 뺀 제한된 국민을 가리키고 있습니다. 따라서 엉큼한 정치적 속임수로 국민이란 개념을 왜곡하고 있는 것입니다. 그들의 국민들이란 소위 黨이 하면 따른다는 개념의 인민과 같거나 흡사하다 아니할 수 없습니다. 차라리 솔직하게 '인민만 보라'든지 '인민의 명령'으로 바꾸라고 외칩니다.

(2016.12.9.)

대통령 직무정지,
早期 대선 政局 개막!

大選 政局의 두 변수는 새누리당의 운명과 潘基文 유엔 총장의 거취이다.

趙甲濟

오늘 오후 朴槿惠(박근혜) 대통령에 대한 국회의 탄핵소추안이 찬성 234, 반대 56, 기권 2, 무효 7표로 가결되었다. 가결 정족수 200명을 넘어선 것이다. 새누리당의 비박계 이외에도 친박계에서 상당수가 離反(이반)하였다는 뜻이다. 소추안은 헌법재판소에 넘어간다. 9명의 헌법재판관 중 6명 이상이 찬성하면 대통령 파면이 결정된다.

오늘 표결로 朴 대통령의 직무는 정지되고 黃教安(황교안) 국무총리가 권한을 대행한다. 앞으로 전개될 상황을 전망한다.

1. 헌법재판소의 결정이 언제 나올지는 알 수 없지만 早期 大選(조기 대선) 정국으로 들어갈 것이다. 헌재에서 박 대통령 탄핵 소추가 기각되더라도 박 대통령은 약속하였던 대로 임기를 마치지 않고 물러날 것이다. 大選은 내년 상반기에 치러질 것이다.

2. 大選 政局(정국)의 두 변수는 새누리당의 운명과 潘基文(반기문) 유엔 총장의 거취이다. 새누리당은 개혁을 해야 사는데 어떤 방향이 될지 모른다. 非朴(비박), 親朴(친박)의 대치가 극심하여 분당으로 치달을 가능성도 있다. 당 안에서 유력 대통령 후보를 내지 못한다면 소멸단계로 갈 것이다.

3. 潘 총장은 출마를 결심한 듯하다. 문제는 어느 정치세력과 연계하는가이다. 분열하는 새누리당의 후보로 나설 생각은 하지 않을 것이다. 그렇다 해도 좌파성향 정치세력과 손을 잡을 수도 없다. 이런 어정쩡한 입장이 오래 가면 부期 선거에선 매우 불리하다.

4. 특검과 탄핵재판이 동시에 전개된다. 법리 공방이 일어날 것이다. 여기에 영향을 끼치려는 贊反(찬반) 시위도 이어질 것이다. 좌파진영은 시위를 계속하면서 反朴 정서를 자극하는 것이 大選에서 유리할 것이라고 판단, 밀어붙일 것이다. 이에 대한 반발로 우파 진영도 뭉칠 것이다.

5. 황교안 국무총리는 처음으로 국민들에게 지도자상을 보여줄 기회를 잡았다. 안정적인 이미지로 하여 보수층에서 대통령 후보감이라는 평도 받고 있다. 문제는 兵役(병역)면제의 경력이다.

6. 세 개의 외부 변수가 있다. 경제, 北核, 트럼프 정부 출범이다. 國政(국정) 혼란이 지속되면 안정을 추구하는 여론이 강해진다.

7. 다른 세 변수는 改憲(개헌) 가능성과 제3지대, 그리고 탄핵逆風(역풍)의 與否(여부)이다. 숨죽인 보수층이 울분을 토해낼 때 그 대상은 누가 될 것인가? 부期 대선 政局에선 시간이 필요한 改憲이 어려울 것이다. 다만 개헌을 선거공약으로 삼으려는 시도는 일어날 것이다. 비박, 국민의당, 反文 세력을 결집시키는 제3지대 건설도 시간이 문제이다.

8. 앞으로 기득권 타도 바람이 불 것이다. 계급투쟁론자들은 대한민국 수호세력을 기득권자로 몰려고 할 것이다. 대한민국 세력은 법을 무시하는 특권층을 기득권 세력으로 규정하여 대응하지 않으면 당한다. 막장 국회, 정치 검찰, 귀족 노조, 선동 언론, 무책임 NGO, 지방자치단체장들이 법, 상식, 견제가 통하지 않는 6대 기득권 세력이다.

(2016.12.9.)

어제 오늘 웃긴
언론보도 제목 TOP 10

펀드빌더·조갑제닷컴 회원

10위: 〈한국 민주주의를 또다시, 시민들이 살려놓았다〉 10일 노컷뉴스

(사실은, 한국 민주주의가 선동된 시민들 때문에 또다시 후퇴한 것이 겠지)

9위: 〈국민이 탄핵했다… 정치가 응답하라〉 10일 중앙일보

(자기들이 국민들을 잘 선동해놓았으니, 정치인들도 알아서 기라는 것인가?)

8위: 〈촛불민심 통했다, 시민들 탄핵가결 일제히 환영〉 9일 경향신문

(촛불이 요술방망이라도 되는 줄로 착각하는 대중들의 들뜬 모습이 겠지)

7위: 〈촛불에 응답한 국회… 심판은 시작되었다〉 9일 세계일보

(유권자 표를 의식해야 하는 국회의원들이 선동 민심에 영합한 것이 겠지)

6위: 〈국회 이끈 시민들… 일상의 정치, 꽃을 피우다〉 10일 동아일보

(떼쓰면 해결되는 체험을 하게 된 일부 시민들이 더욱 떼쓰기에 나설 것이라는 의미)

5위: 〈'국민의 승리다' 국회 앞 환호성… '헌재도 거스르지 못할 것'〉 9일 한겨레

(떼법의 승리를 기뻐하며 헌재까지 떼법식으로 압박하겠다는 의도 아닌가)

4위: 〈사상 유례없는 명예혁명… 새 사회 디딤돌 삼아야〉 9일 아시아경제

(사상 유례없는 떼법 억지의 성공으로 앞으로도 이런 식으로 나가겠다는 의도)

3위: 〈강아지가 대통령을 끌어내렸는가? 한국의 강아지 게이트〉 10일 CBS

(대통령 친구가 개새끼 한 마리에 집착하느라 나라가 이 꼴 된 것은 맞는 이야기)

2위: 〈朴 대통령 탄핵소추, 이제 대한민국의 나침반은 法治다〉 10일 조선일보 사설

(선동 주도해 소기 목적 달성했으니, 이제 슬슬 法治를 거론하면 된다는 의도인가)

1위: 〈나경원 '고통스러운 결정… 예상보다 많은 찬성표'〉 9일 SBS

(보도 내용 중 나경원은, '저희가 예상했던 것보다는 찬성표가 다소 많이 나왔습니다. …결국 국민들 목소리를 잘 담아냈다고 생각합니다'라고 언급했다. 선동 당한 국민에 영합하느라 '탄핵찬성'으로 생색내더니, 표결 결과, 찬성표가 많아 의외였나? 사실은, 당신 같은 배신자가 하나 둘 모여서 찬성표가 많아진 것이지)

(2016.12.10.)

세계 역사에 유례가 없는 '임기 말의 단임제 대통령 쫓아내기'가 부끄럽지 않나

자기가 뽑은 대통령의 개인적 허물이 드러나도 나라의 체면을 생각해서 조용히 덮어 감싸서 명예롭게 任期를 마치도록 도와주는 게 법치 민주 국가의 국민이 해야 할 도리이다.

金平祐·변호사, 前 대한변호사협회 회장

아침에 일어나 뉴스를 보니 탄핵안이 국회에서 찬성 234, 반대 56으로 가결되었다고 한다. 이를 '촛불 민심의 승리' '민주주의의 승리'라고 열렬히 환영하는 언론, 시민단체들의 성명서가 기다렸다는 듯이 쏟아져 나왔다. 그 중에는 대한변호사협회의 성명서도 끼어 있었다.

거의 모든 뉴스가 지지와 찬성 일색이다. 언론은 벌써 헌법이나 법률 위반이 아닌 단순한 失政(실정), 국민 불만도 탄핵사유가 된다는 교수들의 의견을 집중보도하면서 지극히 간단한 사건이니까 헌법재판소장의 임기가 만료되는 내년 1월 전에 판결이 나야 한다며 심판 일정까지 제시한다. 야당 일각에서는 한 술 더 떠 朴 대통령의 失政이 크고 국민의 실망이 크니까 대통령은 재판받을 생각 말고 즉각 하야해야 한다고 재차 요구하고 있다.

이런 기세로 보아 언론과 야당 그리고 촛불 시위대는 하야 요구로 이어질 전망이다. 언론과 시위대의 몇 달씩 계속되는 下野 공세에 지칠 대로 지친 대다수 국민들은, 재판이고 뭐고 다 귀찮으니 朴 대통령이 하루 속히 자진 사퇴하여 나라가 조용해지기를 바랄 것이다. 朴 대통령의 자진 사퇴를 눈물로 호소하는 일반 서민들의 탄원, 호소가 청와대에 밀려들 것이다. 언론은, 朴 대통령의 고집과 욕심 때문에 나라가 위기에 처했다는 식의 보도를 많이 할 것이다. 대통령이 탄핵 여부와 관계없이 즉각 下野해야 한다는 보도도 난무할 것이다.

정치를 헌법과 법률의 테두리 안에서 이성적·합리적으로 해야 한다는 소위 법치주의는 사라지고 감정과 기분으로 해치우려는 '국민정서' 정치가 지금 대한민국을 덮고 있다. 국민정서가 법치주의를 압도한 것이 어제 오늘의 일은 아니다. 2002년 '효순이 미선이 사고', 2008년 '광우병 파동', 2014년 '세월호 사건'이 있었다.

야당과 일부 국민들은 이번 사건을 '명예로운 시민혁명'이라고 치켜세운다. 그러나 이번 사태는 혁명이 아니다. 명예혁명은 더욱 아니다. 혁명이라 하려면 舊체제의 누적된 체제적 모순과 虐政(학정) 또는 구조적인 腐敗(부패)에 견디다 못한 다수의 국민들이 목숨을 걸고 공권력과 싸워 승리, 구체제 대신 새로운 정치, 경제 체제를 만드는 것을 말한다. 따라서, 혁명이라 하려면 우선, 長期(장기)집권이 선행되어야 한다. 즉, 세습 왕정이나 부정선거를 통한 장기독재가 혁명의 타도 대상이다. 불란서 혁명, 러시아 혁명이 前者(전자)의 예이고, 4·19혁명이나 2011년 중동에서 일어난 '중동의 봄'이 後者(후자)의 예이다.

그런데, 우리나라는 1987년 이래 5년 단임제의 대통령제가 시행되어 선거를 통한 평화적인 정권교체가 제도적으로 보장되어 있다. 노태우, 김영삼, 김대중, 노무현, 이명박, 박근혜로 정확히 5년 임기로 정부가 교체되는 전통이 확립되어 장기독재는 발붙일 여지가 없다. 뿐만 아니다. 부패에 있어서도, 김현철, 김홍일 삼형제, 노건평, 이상득으로 이어진 측근들의 부정부패가 줄지었지만 그 이전의 수천억, 수조 원대 소위 統治非理(통치비리)와는 비교도 안 되게 부패가 줄었고 특히 박근혜 대통령 때에 와서는 최근 최순실의 비리가 터져 나올 때까지는 이렇다 할 권력부패가 없었다.

그런데, 이런 레임덕에 있는 단임제 대통령을 시위로 쫓아내는 게 무슨 혁명이 되겠나. 법률상 내년 12월에 치르도록 되어 있는 차기 대통령선거를 몇 달 앞당기는 변칙적인 조기 대통령 선거를 실시하는 것밖에 달리 무엇이 달라진단 말인가? 장기 독재가 없어지고 민주 정치가 오나? 부패가 하나도 없는 청정정치가 오나? 무능 정부가 아닌 유능 정부가 갑자기 오나? 아무런 제도적, 구조적 변화가 없이 그저 시위대 등쌀에 밀려 임기 말의 대통령이 임기 1년 먼저 사임하고 후임자 선거를 몇 달 먼저 앞당기는 걸 가지고 명예로운 시민혁명이라고 한다면 세계 사람들이 웃을 일이다.

많은 사람들이 말한다. 박 대통령이 너무 소통을 못하고, 무능하고 어리석어, 대통령 자격이 없으니까 물러나야 한다고. 묻고 싶다. 박 대통령이 누구인가? 그는 원래부터 남편, 친구, 동지도 없고 만나는 가족, 친지도 없어 천하의 외톨이 아니었나? 그런데 국민들은 남편, 친구, 동지가 없어 오히려 신선한 데다, 故 박정희 대통령의 영애라고 하여 2012년 大選에서 야당의 문재인 후보 대신에 선택하지 않았나? 그런데, 이제, 임기 말에 측근 비리 사건이 터지자 권력에 극도로 민감한 이 나라의 언론과 검찰이 1년 뒤에 질 대통령에게 등을 돌리고 지난 4월 총선에서 대승하여 동쪽 하늘에 뜨는 태양처럼 기세가 오른 야당에 밀착하여, 가족도, 친지도, 동지도 없는 외톨이 박 대통령을 왕따시켜 갑자기 "무능하고, 어리석고, 소통이 안 되는" 대통령 자격 미비자로 색칠을 하자, 언론의 일방적인 중계방송만 듣는 국민들이 그 말 맞다며 꼴도 보기 싫으니 당장 물러나라고 하는 것 아닌가! 마치 젊을 때는 예쁘다 하여 결혼하고 나서 나이 들어 늙자 보기 싫다고 쫓아내는 변덕쟁이 영감 모습이다. 병들어 1년 뒤에 죽을 조강지처를 산에 갖다 내버리고 하루 빨리 새장가 들겠다는 피도 인정도 없는 잔인한 남편 모습이다.

한 마디 더 한다. 박 대통령이 무능하여 대통령 자격이 없다고? 도대체 헌법상 대통령의 할 일이 무엇인가? 국방, 외교, 경제 아닌가? 그러면 지난 박 대통령 임기 4년 동안 경제가 파탄이 되었나? 국방이 무너졌나? 외교가 엉망이 되었나? 지난 4년 동안 국방, 외교, 경제를 무난히 리드하였으면 대통령 자격이 있는 거지, 세월호 사건 때 머리 손질 했으니까, 최순실이라는 못된 여자를 친구로 두었으니까, 20여 년 전에 죽은 邪敎(사교) 교주와 가까이 지냈으니까 대통령 자격 없다고? 이렇게 사생활 가지고 대통령의 자격을 정하자는 이야긴가? 그러면 앞으로 대통령 뽑을 때는 후보자들의 친구 신상 명단, 20년간 친하게 지낸 친지들의 신상 명단, 부모, 친지 장례 때 머리 손질 했는지 여부 등을 모두 조사하여 대통령 자격을 검증해야 할 거 아닌가?

대통령은 나라를 대표하는 나라의 얼굴이다. 자기 집 화분 바꾸듯이 기분으로 바꾸는 게 아니다. 그런 것이 민주주의가 아니다. 자기가 뽑은 대통령의 개인적 허물이 드러나도 나라의 체면을 생각해서 조용히 덮어 감싸서 명예롭게 任期(임기)를 마치도록 도와주는 게 법치 민주 국가의 국민이 해야 할 도리이다. 세계역사에 유례가 없는 '임기 말의 단임제 대통령 쫓아내기'를 혁명이라는 거창한 이름으로 포장하여 국민을 오도 협박하여 조기 대통령 선거를 실시, 후다닥 정권을 잡으려는 정치인들과 이들에 밀착한 언론, 시위대, 광장 정치꾼들의 정치공작에 넘어가지 말자. 한 번 헌법상 정당한 절차로 선출된 대통령을 임기 전에 쫓아내는 先例(선례)가 생기면 이제 이 나라는 1987년부터 29년간 애써 길러온 憲政(헌정) 민주주의가 무너지고 지난 1960년대 중국이 겪은 소위 造反革命(조반혁명)의 10년 대혼란에 빠지지 않을까 우려된다.

(2016.12.10.)

한국 언론사상 최악의 誤報와 왜곡 사례: 主流매체를 중심으로(1)

동아일보 계열의 채널 A는 11월15일 최순실이 지난 5월 박근혜 대통령 이란 순방 당시 전용기에 동승했다는 단독보도를 했다. 사실이 아니었다. 정정은 없었다.

金永男·자유기고가

최순실 게이트로 인한 박근혜 대통령 탄핵안이 12월9일 국회에서 가결됐다. 이번 탄핵 여론을 형성하는 데 있어 가장 앞장선 것은 소위 보수언론으로 알려진 신문사 및 종편이었다. 이들은 서로 경쟁하는 과정을 통해 여러 특종을 얻을 수 있었다.

하지만 특종이 사실이 아닌 것으로 밝혀진 경우가 많았지만 정정보도는 찾아보기 힘들었다. 이미 여론은 '단독' 혹은 '특종'이라는 문구에 현혹돼 박근혜 대통령은 최순실보다 더 실세인 최순득의 김치만 먹으며 최순실을 해외 순방 전용기에도 태우는 사람으로 생각했다. 세월호 당일 아이들이 죽어가는 데도 머리 손질을 하는 데 90분을 쓸 정도로 피도 눈물도 없는 사람이며 로맨스 드라마에 빠져 여주인공 이름인 '길라임'을 假名(가명)으로 사용하는 세상물정 모르는 사람으로 만들어졌다.

위와 관련해 대다수는 사실이 아닌 것으로 추가 취재, 혹은 해명자료로 확인됐으나 이를 보도하는 언론은 매우 적었으며 "의혹은 사라지지 않았다"는 기사만 연일 비췄다. 지난 3개월여 간의 언론보도 중 사실로 확인되지 않은 기사를 일부 소개한다. '단독' 혹은 '특종'이라고 나온 기사들일수록 거짓으로 드러난 경우가 많았다. 좌편향 언론의 선동 및 허위 보도는 하루 이틀 있는 일이 아니기에 主流(주류) 언론 위주로 정리한다.

TV조선의 적반하장

국내에서 가장 많은 독자를 갖고 있는 조선일보는 10월31일 "순실이는 언니 지시대로 움직이던 '현장 반장'…진짜 실세는 최순득"이라는 제하의 기사를 게재했다. 기사의 내용을 소개한다.

〈20여 년간 최씨 자매와 매주 모임을 가져왔다는 A 씨는 본지 인터뷰에서 "순득 씨가 '이렇게 저렇게 하라'고 지시하면, 순실 씨는 이에 따라 움직이는 '현장 반장'이었다"며 순실 씨를 비선 실세라고 하는데, 순득 씨가 숨어 있는 진짜 실세"라고 말했다. 박 대통령이 한나라당 대표 시절인 2006년 괴한에게 습격당했을 때 순득 씨 집에 일주일간 머물 정도로 친한 것으로 알려졌다. A 씨는 "당시 순득 씨가 '박 대표가 우리 집에 있다'고 자랑하고 다녔다"고 했다.〉

보도 이후 모든 언론이 최씨 가문과 박 대통령의 관계를 집중 보도하며 의혹을 증폭시켰다. 20년간 모임을 가져왔다는 A 씨는 공개되지 않았으며 성심여고 동기동창이라는 사실도 거짓으로 드러났다. 다른 언론의 취재 결과 최 씨와 대통령이 성심여고 동기동창인 점은 거짓으로 밝혀졌다. 이와 관련 조선일보 계열인 TV조선의 11월28일자 보도 일부를 소개한다.

〈박근혜 대통령의 성심여고 동창으로 알려진 최순득 씨가 성심여고 졸업생이 아닌 것으로 드러났다. 최순득 씨가 박 대통령에 접근하기 위

해 성심여고 졸업생을 사칭한 것이 아니냐는 의혹이 제기된다.〉

정정보도를 해야 할 방송이 적반하장으로 나온 보도의 일례다. 동기동창은 아니지만 박 대통령에게 접근하기 위해 사칭했다는 의혹이 제기된다고 보도했으나 의혹을 제기한 사람이 누군지 밝히지도 않았다. 기자가 "의혹이 제기된다"고 하면 의혹이 제기된다는 것을 보여주는 사례다.

장시호 씨의 채널 A 보도 반박

국정조사에 출석한 최순득 씨의 딸 장시호 씨는 박근혜 대통령이 테러 이후 본인에 집에서 머물렀느냐는 질문에 "저희 집에 오신 적 없다"고 했다. 채널 A는 10월29일 단독 보도라며 "박 대통령 퇴임 후 함께 제주행"이라는 제하의 기사를 보도했다. 장시호 씨 측근과의 인터뷰에서 장시호 씨가 위와 같은 말을 했다는 보도도. 장시호 씨는 국정조사에서 이와 관련된 질문에 이러한 얘기를 한 적이 "전혀 없다"고 밝혔다. 이어 "박근혜 대통령이 대통령 되시기 전 결혼식 때 한 번 본 적 있고 그 이후에 본 적은 없다"고 했다. 또한 장시호 씨의 어머니인 최순득 씨가 청와대에 김치를 보내는 것에 대해 알았냐는 질문에는 "그게 (와전이?) 굉장히 잘못된 거 같습니다. 제가 본 적은 없다"고 했다.

동아일보, "청와대가 허겁지겁 만든 코너가
오보에 대한 공세라니"

동아일보 계열의 채널 A는 11월15일 최순실이 지난 5월 박근혜 대통령 이란 순방 당시 전용기에 동승했다는 단독보도를 했다. 확신에 가득

차 있는 보도의 일부를 소개한다.

〈채널 A가 확보한 증언에 따르면 최 씨는 지난 5월 박근혜 대통령의 이란 순방 당시 전용기에 동승했습니다. 청와대 관저도 모자라 순방 시 공식집무실 격인 전용기 내 대통령의 업무공간까지 파고든 셈입니다. …청와대 관계자는 "박근혜 대통령이 지난 5월 이란 순방을 할 때 대통령 전용기에서 최순실 씨를 봤다"며 "이전에도 몇 차례 최순실 씨가 대통령 전용기에 타고 박 대통령의 해외 순방에 동행한 것으로 안다"고 말했습니다.〉

이 역시 명백한 오보인 것으로 드러났다. 청와대는 공식 홈페이지를 통해 이 보도가 사실이 아니며 법적 조치까지 검토하겠다고 했다. 이어 청와대 대변인실은 채널 A의 보도가 나가기 전 취재 기자에게 최순실의 탑승이 불가능한 이유를 소개했음에도 불구하고 이러한 보도가 나와 유감스럽다고 밝혔다. 채널 A 홈페이지 검색 결과 이 기사는 삭제된 상황이지만 이번에도 역시 정정보도는 나오지 않았다. 정정보도가 아니라 모회사 동아일보 '심규선 대기자' 칼럼을 통해 대통령을 비판하는 글을 게재했다. 심규선 대기자의 11월21일 칼럼 '대통령을 위한 나라는 없다! 이것이 팩트입니다!' 일부를 소개한다.

〈청와대 홈페이지에 '오보·괴담 바로잡기! 이것이 팩트입니다'라는 코너가 등장했다. '통일대박'이란 말은 누가 만들었는지, 최순실 씨가 대통령 해외 순방 전용기에 탔는지, '길라임'이라는 가명은 누가 만들었는지 등 10가지 쟁점에 대한 해명이 들어 있다. (일부 생략) 크든 작든 언론이 오보를 했다면 잘못이다. 그런데 청와대가 이 시점에서 허겁지겁 만든 코너가 겨우 오보에 대한 공세라니. 숲은커녕 나무도 아니고 나뭇잎만 보는 것 같다.〉

언론사 대기자님은 청와대에 대한 조언도 아끼지 않았다.

〈당랑거철이란 말이 있다. 사마귀가 앞발을 들고 수레바퀴를 멈추려 한다는 뜻으로, 제 역량은 생각하지 않고 강한 상대나 되지 않을 일에 덤벼드는 것을 말한다. 고사 속의 수레 주인은 사마귀의 '용기'를 가상히 여겨 수레를 돌렸다지만, 분노한 대한민국엔 그런 아량이 없다.〉

검찰, "대통령이 최순실 씨를 '선생님'이라 호칭했다는 것 사실 아니다"

11월16일 조선일보는 단독으로 〈朴 대통령, 정호성에 문자… "崔 선생님에게 컨펌했나요"〉라는 제목의 기사를 게재했다. 기사 일부를 소개한다.

〈검찰이 압수한 정호성(47·구속) 전 청와대 부속비서관의 휴대전화에서 박근혜 대통령이 최순실(60·구속) 씨를 '최 선생님'으로 호칭한 문자메시지를 찾아낸 것으로 15일 알려졌다. 검찰에 따르면 박 대통령은 정 전 비서관에게 일부 문건과 관련해 '(이거) 최 선생님에게 컨펌(confirm·확인)한 것이냐'고 묻는 문자메시지를 발송했으며, 때로는 '빨리 확인을 받으라'는 취지의 문자도 보냈다는 것이다. 검찰은 이 같은 문자메시지들이 박 대통령이 연설문이나 정부 인사를 비롯한 기밀 자료 등을 최 씨에게 유출하도록 지시한 증거라고 보고 있다.〉

검찰은 여러 추측성 보도가 이어지자 11월28일 "지금까지 언론에서 보도한 내용은 사실과 다르다"며 "박근혜 대통령이 최 씨를 '선생님'이라고 부르는 내용이 녹음파일에 담겼다는 보도도 사실이 아니다"라고 강조했다. 현재까지 확인된 사실은 정호성 전 비서관이 최순실 씨를 '선생님'이라고 불렀다는 것이다. 동아일보는 12월9일 특검팀 관계자를 인용해 이와 같이 보도했으며 박 대통령이 최 씨를 선생님으로 호칭했다는 사실은 확인되지 않은 상황이다.

11월22일 SBS는 "파일 10초만 공개해도…" "검찰의 경고 증거 공개하면 촛불이 횃불 될 것"이란 제하의 단독 보도를 했다. 이 보도는 정호성 전 비서관이 녹음한 박근혜 대통령의 통화내용에 관한 것이다. 보도 일부를 소개한다.

〈검찰 수사 결과를 전면 부인하며 '사상누각'이라는 표현까지 쓴 청와대에 대한 검찰의 기류가 심상치 않습니다. 박근혜 대통령의 녹취파일 10초만 공개해도 촛불이 횃불이 될 것이라는 경고도 나왔습니다. 이XX 기자가 단독 보도합니다. …검찰은 공소장에 99% 입증할 수 있는 것만 적었다며 수사결과를 자신했습니다. 그 배경은 핵심 증거 2개, 즉 정호성 전 비서관이 녹음한 박 대통령의 통화내용과 안종범 전 수석의 수첩입니다. 그런데 이 물증의 폭발력이 상상을 뛰어넘는 수준인 것으로 전해졌습니다.

검찰의 한 관계자는 녹음 파일에는 박 대통령이 최순실을 챙겨주기 위해 정호성 전 비서관에게 지시한 구체적인 내용이 담겨 있다며, 단 10초만 공개해도 촛불은 횃불이 될 것이라고 말했습니다.〉

채널 A는 11월26일 〈녹취 들은 검사들 "대통령이 이럴 수가…" 실망〉 이라는 제목으로 정호성 녹취 관련 단독 보도를 했다. 내용은 다음과 같다.

〈검찰 관계자는 "녹음파일에는 최순실 씨와 관련해 박 대통령이 지시하는 내용이 상세히 들어있다"며 그 내용을 직접 들어본 수사팀 검사들은 실망과 분노에 감정 조절이 안 될 정도"라고 밝혔습니다. 이 관계자는 "10분만 파일을 듣고 있으면 '대통령이 어떻게 저 정도로 무능할 수 있을까'라는 생각이 들 정도"라고 말했습니다.〉

녹취파일 관련해 이러한 부류의 보도가 쏟아지자 검찰은 성명을 발표하고 전혀 사실이 아니라고 했다. 검찰은 11월28일 "정호성 녹음파일 보도는 사실과 전혀 다르며, 박근혜 대통령이 최순실 씨를 '선생님'이라고 부르는 것도 있을 수 없는 일"이라고 밝혔다. 이어 수사팀 극소수만 녹취 파일을 들었기 때문에 외부로 노출될 가능성은 없다고 덧붙였다. 이 보도와 관련 SBS는 검찰의 해명 내용을 보도했으나 채널 A 홈페이지에서는 확인되지 않았다. 비슷한 보도를 한 동아일보는 다음날 검찰의 입장도 소개했다.

다음은 SBS의 11월28일자 정정보도(?) 중 일부다.

〈언론 보도뿐만 아니라 일부 정보지를 통해서 여러 얘기가 돌았습니다. 음성파일 내용을 적은 녹취록 형태의 문서가 정보지를 통해서 지난주에 돌기도 했었고, 검사들이 정호성 전 비서관의 녹취파일을 듣고 대통령에게 실망을 넘어서 분노했다, 이런 보도도 나왔습니다. 그런데 검찰은 오늘 브리핑을 통해서 모두 사실과 다르다고 말했습니다. 또 언론의 보도가 너무 나갔다면서 선 긋기에 나서는 모습을 보였는데, 박 대통령의 공모 혐의를 입증할 핵심 증거가 노출될까봐 검찰이 내부 입단속에 상당히 신경을 쓰는 분위기입니다. 이와 관련해서 지난주에 저희가 "음성파일을 10초만 공개해도 촛불이 횃불이 될 것"이다 이런 검찰 관계자의 말을 보도해 드렸었는데, 국정조사나 아니면 특검에서 증거를 대방출할지가 주목됩니다.〉

한편 대통령을 수사하는 특검팀은 12월8일 이 녹취록을 전달받아 조사에 착수했으며 최순실과 정호성 두 사람의 국무회의에 관한 대화 내용이 들어 있는 점을 확인했다고 밝혔다.

(2016.12.11.)

최순실 게이트
오보 총정리

나라걱정·조갑제닷컴 회원

오늘도 광화문에서 시위가 벌어지고 있군요. 참 답답한 심정입니다. 누가 최순실 게이트 오보 총정리하였다고 해서 옮겨 봅니다. (오늘 현재 날짜로 정리) 저도 진짜인 줄 알고, 박근혜 대통령이 이상하다? 라고 생각했는데, 그게 아니군요. 이 허무맹랑한 소식을 생산하는 매스컴이 정상이 아니군요. 이런 헛소문을 믿고, 더욱 시위에 열광입니다. 민주주의를 회복해야 한다고… 일반 매체는 특히 조중동은 이 사실들을 종합하여 보도한 사례가 전혀 없습니다.

▶ **최순실 두 재단 돈 횡령**

—최소 운영비(20억~30억) 외 두 재단의 돈(750억)은 현재 그대로 있음

▶ **[JTBC 특종] 태블릿, 독일에서 최순실이 사용하던 것을 쓰레기통에서 주워오다(10.26.)**

—국민일보 11.2. "검찰, 태블릿은 독일 아닌 한국에서 주워 온 것"

▶ **[경향신문 단독 보도] "최순실, 한진 조양호 회장 독대… 직접 돈 요구"**(11.16.)

—대한항공 "조양호 회장 최순실 독대한 적 없다" 시사포커스(네이버

뉴스 검색)

▶ 최순실 아들, 청와대 5급 행정관으로 특혜 근무 논란(서울경제 10.30. 외 네이버 검색 관련도순 기사만 275건)

－최순실은 아들이 없음

▶ 최순실 '대통령 행세' 국무회의 직접 관여(동아일보 11.7. 외 네이버 검색 관련기사 19건)

－검찰 "최순실과 정호성 비서관 통화녹음 내용에 그런 것 없다" 부인

▶ 박 대통령 대기업 총수 독대를 통해 기업 민원 수용 대가로 재단 지원 요청(조선일보 11.10.)

－대기업 총수들 대가성 없다고 증언. 문화융성사업에 대한 협조임(국정조사 청문회)

▶ 박 대통령 면도칼 피습 당했을 때 최순득 집에 머물렀다(조선일보 10.31. 외 네이버뉴스 관련도순 12건)

－ 장시호, 대통령이 집에 온 적 없다고 증언(국정조사 청문회)

▶ 검찰 "'통일대박'은 최순실 아이디어" (SBS뉴스 11.13. 외 네이버뉴스 관련도순 80건)

－ 2013년 6월20일 제16기 민주평통 간부위원 간담회에서 처음 나온 말. 당시 한 참석자가 "신창민 교수가 '통일은 대박'이라는 제목으로 책을 냈다"라는 말을 듣고 그 후 기조연설에서 활용한 것.

▶ 조인근 연설기록비서관 "연설문이 이상하게 바뀌어 돌아온다"(머니투데이 10.26.)

－ 그런 말 한 적이 없음. 실무진이 초안 작성하고 부속실이 마무리했다(국정조사 청문회)

▶ "JP, '박 대통령, 5000만 국민 달려들어도 하야는 안 할 것'"(노컷뉴스

11.14. 외 네이버뉴스 관련도순 20건)

– JP "시사저널의 최초 보도는 왜곡 과장된 것으로 법적 대응할 것임"

▶ 최순실이 박근혜 대통령의 이란 순방 때 대통령 전용기에 동승했다

– 채널 A의 보도가 허위였다는 뉴스기사 39건 검색

▶ 김기춘 전 비서실장이 일본 차병원에서 줄기세포 시술 받았다

– 아들의 줄기세포 치료 가능성 타진, 본인은 면역치료 받았음(국정조사 청문회)

▶ 장시호 개설 대포폰 6개 중 1개를 대통령이 사용했다

– 장시호 대포폰 개설한 적 없음(국정조사 청문회)

▶ 고영태 친인척 대한항공 인사 청탁

– 고영태, "고 모 씨 친척 아니며, 청탁한 적 없음"(국정조사 청문회)

▶ 최순실 연설문 고치는 게 취미

– 최초 발설자로 알려진 고영태가 그런 말 한 적 없다고 함(국정조사 청문회)

▶ 김기춘 전 비서실장, 대승빌딩 자주 드나들어

– 대승빌딩 간 적 없음(국정조사 청문회)

▶ 차은택, 보안손님으로 청와대 출입 및 대통령 독대

– 독대한 적 없음. 청와대 방문 시, 통상적 검문 절차 거쳐 방문(국정조사 청문회)

▶ 장시호, 비덱 2대 주주

– 단 1주도 가지고 있지 않음(국정조사 청문회)

▶ 논현동 사무실에서 최순실, 차은택, 고영태 등과 비선실세 모임 가짐(이성한 주장)

− 차은택은 참여한 적 없음, 고영태도 참석한 적 없고 단 이성한한테 들은 적은 있음(국정조사 청문회)

▶ '간절히 원하면 온 우주가 실현되도록 도와준다' 주술적 미신에 빠진 듯…

− 파울로 코엘료의 소설《연금술사》중 한 대목

▶ 정호성 녹음파일 '최 선생님' 언급, '10초만 공개해도 촛불이 횃불이 될 것' 등

− 검찰, '정호성 녹음파일 관련 보도는 너무 나갔고, 그 내용들은 사실이 아니다'고 발표

▶ 정유라 KEB 하나은행 불법 대출

− 금융감독원이 불법·위법 정황 없는 것으로 확인

▶ 최순실, 인천공항사장 조달청장 인사 개입

− 조직도나 양식이 청와대 것과 유사해서 개입했다는 허황된 주장, 인사 개입했다고 날조 주장된 곽 모 씨는 비서관에 선임되지도 않음

▶ 미르재단 평균연봉 1억

− 5000만 원이 안 됨(조윤선 장관, 관련 자료를 국회에 제출)

▶ 최순실 언니 최순득, 박 대통령과 동기동창

− 최순득은 성심여고를 졸업하지 않았음

▶ 국정농단 녹취록 77개 존재

− 미르재단 사무총장 이성한은 일반 회의 녹취록이라고 말함

▶ 최순실 임신한 적 없다

− 주진우가 퍼뜨렸는데 '정유라가 박 대통령 딸'이라는 루머에 대해 주진우는 페이스북에 사과의 글 게재함

▶ 조윤선 장관, 김성주 MCM 회장과 8선녀 說

− 전혀 사실이 아님, 법적 조치를 고려 중임(조윤선, 김성주)

▶ 최순실 대역설

– 사법당국 지문 대조로 확인함. 일고의 가치도 없는 일로 이런 주장이 언론에 나온다는 것이 황당함

▶ 황교안 총리 해고 통지를 문자로 받았다고?

– 한 네티즌의 장난글로 시작한 해프닝, 청와대와 총리실 그렇지 않다고 부인

▶ 미국 외교문서에 최태민을 한국의 라스푸틴으로 평가했다?

– 한국 정가에 그런 소문이 있다고 루머를 전달한 수준임

▶ "트럼프가 박근혜–최순실 조롱 연설"

– 당일 트럼프 연설에 그런 내용이 없음. 한 네티즌이 페이스북에 올린 장난글로 시작한 것임

▶ 정아름 늘품체조 차은택과 친분이 있어 만들었다?

– 차은택과 개인적 친분 없었고 경력 10년의 정아름에게 체조 제작을 부탁해 성사된 것임

▶ 한국마사회장이 최순실과 전화 통화하는 사이?

– 현명관 한국마사회장 "최순실과 일면식도 없다. 법적 조치하겠다"고 함

▶ 박근혜 대통령이 최순실을 통해서 외부 의료기관에서 프로포폴 처방을 받았다

– 보건복지부는 대통령이 최 씨를 통해 영양제, 비타민 주사 등을 대리 처방 받은 사실은 진료기록부를 통해 밝혀졌지만, 프로포폴 같은 마약류 의약품이 처방된 일은 없었다고 최종 발표

▶ 안종범 현대자동차에 외압, 차은택 광고회사에 63억 원 규모의 광고를 밀어줬다

- 현대자동차는 실제 광고 규모는 13억 원이라고 해명. 일감 나누기 차원에서 업체 선정

▶ 박 대통령 차움병원에서 '길라임'이란 가명을 사용하며 진료 받았다

- '길라임'은 직원이 만든 것

(2016.12.11.)

향후 10大 지침:
탄핵을 기각시켜 法治민주주의를
수호하자!

광장은 중요하다. 광화문 광장 탈환 작전을 벌여 애국진영도 좌파 못지않은 群衆 동원력이 있다는 것을 보여줘야 한다. 침묵하는 다수는 필요 없다. 행동하는 소수가 다수를 이끌고 행동하는 다수는 역사를 바꾼다. 이를 위해선 보수층의 조직화가 필요하다.

趙甲濟

국회의 탄핵소추와 언론의 선동보도를 반대하였던 애국시민들이 탄핵안 가결 후 집중해야 할 일은 무엇일까? 오늘 우파 단체들이 청계천, 종로에서 가진 탄핵 반대 집회에 경찰 추산 6만5000명이 참석했다. 최대 규모이다. 탄핵소추안 통과가 침묵하던 보수층을 자극한 것이다. 우파도 광장을 차지할 수 있다는 것을 보여주었다.

1. 좌파와 싸워온 대통령을 좌파에 팔아넘김으로써 살 길을 찾으려한 이념적 배신자들(새누리당 의원)을 정치적으로 매장시키는 일.

2. 대통령이 뭇매를 맞을 때 그를 버려두고 피신하였던 親朴의원들을 응징하는 일.

3. 민중혁명적 분위기를 조성하여 대한민국의 정체성과 안전에 심각한 위해요인임을 드러낸 선동 언론을 응징하는 일. 이를 위한 對抗(대

항)언론의 강화. 특히 主流(주류)언론의 오보와 왜곡사례 수집. 언론이 U턴하도록 해야 세상이 바뀐다.

4. 헌법재판소에서 탄핵소추가 기각되도록 법리 투쟁, 여론 투쟁을 계속하는 일. 마지막에 웃어야 이기는 것이다. 광장은 중요하다. 광화문 광장 탈환 작전을 벌여 애국진영도 좌파 못지않은 群衆(군중) 동원력이 있다는 것을 보여줘야 한다. 침묵하는 다수는 필요 없다. 행동하는 소수가 다수를 이끌고 행동하는 다수는 역사를 바꾼다. 이를 위해선 보수층의 조직화가 필요하다. 헌재가 촛불 눈치를 보면서 대통령을 파면하면 민중혁명이 완성되는 것이고, 헌재가 헌법과 양심에 따라 기각 결정을 내리면 법치 민주주의를 지키는 위업이 된다는 점을 강조하자. 朴 대통령의 秘線(비선) 비리는 엄중하지만 이것이 단임제 대통령을 파면해야 할 정도의 중대성을 갖는 건 아니란 점을 논리적, 법리적으로 인식할 필요가 있다. 자유민주주의적 기본질서를 적극적으로 훼손한다든지, 중대한 국가이익을 침해한 것이 아니기 때문이다.

5. 다가오는 大選(대선)에 대비하는 일. 목표는 하나, 反대한민국 세력의 청와대 진입을 저지하는 것.

6. 박근혜와 보수진영의 功過(공과)를 엄정하게 비판한 바탕에서 보수의 개혁과 재구성을 모색하기 위한 진지한 토론. 한국의 6대 기득권 세력(귀족 노조, 막장 국회, 정치 검찰, 선동 언론, 좌경 NGO, 지방자치단체장)을 보수의 敵(적)으로 규정해야.

7. 보수의 행동윤리를 강화하는 일. 大同團結(대동단결), 白衣從軍(백의종군), 分進合擊(분진합격). 진실, 헌법, 공정성. 이념무장을 철저히 해야 끈질긴 용기가 생긴다. 이념은 자기 정당성에 대한 확신이다.

8. 좌편향 國史(국사) 교과서를 개혁한 국정 교과서를 지켜내는 일.

9. 서경석 목사의 발상: '애국시민들이 새누리당 당원이 되어 배신자들을 몰아내자.'

10. 자유진영의 단합. 어려울 때는 생각이 다르다고 해서 상호 비방을 해선 안 된다. 흩어지면 죽고 뭉치면 산다. 용기로 버티면 길이 뚫린다.

(2016.12.11.)

꼼수, 버티기, 말 맞추기, 말 바꾸기, 완장질

좌파 언론은 그렇다 치더라도, 조선·동아·중앙일보 기자들까지 이 단어를 예사로 쓰고 있다.

부산386·조갑제닷컴 회원

선전의 기술 중에 나쁜 이름 붙여 매도하기(name-calling)란 게 있다. 증거와 관계없이 상대방의 매도하고 헐뜯어 자신에게 유리한 여론을 형성하기 위해 사용하는 오래된 수법 중의 하나다. 종북좌파들이 '수구꼴통' '친일파' '독재잔당'이란 용어를 입에 달고 다니며 보수 세력을 매도하고 헐뜯는 것도 이 전술의 일환일 것이다.

보수세력도 과거 한때 좌파정권을 공격하기 위해 이 전술을 유효하게 사용했던 적이 있었다. 김대중 정권 때 좌파정권 지지자들이 제일 듣기 싫어했던 그 말, 바로 '퍼주기'였다. 김대중 정권의 대북 햇볕정책을 비난하는 그 어떤 논리보다도, 이 한 단어의 위력이 실로 대단했었다.

한겨레신문 등 좌파언론들은 이 '퍼주기'란 단어에 대해 매우 신경질적인 노이로제 반응을 보였었다. 누가 만들었는지는 몰라도 정말 잘 만든 말이었다.

근데 요즘 반대로 보수성향 국민들의 가슴을 후벼 파는 단어가 하나 있다. 거의 매일 신문에 등장하는 단어인데, 바로 '꼼수'란 단어다. 종북

좌파들과 야당 지지자들은 물론이고, 한겨레신문 경향신문 등 좌파 언론은 그렇다 치더라도, 조선·동아·중앙일보 기자들까지 이 단어를 예사로 쓰고 있다. 박근혜 대통령의 모든 행위에 대해 이 '꼼수'란 단어를 먼저 갖다 붙이고 있다.

대통령도 기본권을 가진 대한민국 국민의 한 사람이고, 당연히 자기방어를 할 수 있는 권리가 있음에도, 그런 당연한 방어적 조치까지 전부 '꼼수'란 단어를 갖다 붙여, 대통령에 대한 국민의 적대감을 조장하고 있다.

'꼼수'란 단어와 함께 자주 등장하는, 박근혜 대통령의 행위를 묘사하는 또 다른 단어가 '버티기'이다. 또 '말 맞추기' '말 바꾸기'도 수시로 등장하는 말이다. 대통령이 하는 모든 행동은 (국민을 속이는) 꼼수이고, (부당한) 버티기인가?

야당이나 언론이 예상했던 답변이 안 나오면, 전부 사전에 말 맞추기 한 것이고 야당의 말 바꾸기나 상황의 변화를 고려하지 않고 대통령만 말 바꾸기하고 있나, 지금?

광우병 촛불세력이 하는 말은 모두 국민의 소리이고, 정의로운 외침인가? 오늘 한겨레신문에서는 황교안 총리의 당연한 대통령 권한대행 업무행위에 대해 '완장질'이란 단어를 사용했다. 대통령의 행위는 '꼼수'와 '버티기'이고 권한대행의 행위는 '완장질'인가? 이런 편파적인 언론과 그들이 사용하는 감정적 언어가 국민의 이성을 흐리게 하고 있다.

대통령 지지율이 조사기관마다 다르지만, 5%에서 10% 사이에 머물고 있는 것도, 이런 언론의 편향된 적대적 보도가 가장 큰 원인이라고 생각된다.

헌법재판소가 촛불세력 눈치를 봐서도 안 되겠지만, 대통령 지지율이

20~30%만 되도 탄핵은 불가능할 거란 예상도 있다. 지금 증거나 사실 확인도 없이 광적인 여론몰이로 국회 탄핵까진 통과했지만, 헌법재판소에서는 탄핵의 분명한 증거 없이 탄핵을 가결하지는 못할 것이다. 탄핵 사유가 안 된다고 판단을 해도, 여론이 현재와 같다면 헌법재판소 재판관들도 고뇌가 큰 것이다.

대통령 지지율을 20% 이상 끌어올리기 위해서는 언론의 중립적이고 객관적인 보도가 절실하다. '꼼수' '버티기' '말 맞추기' '말 바꾸기'… 이런 나쁜 용어를 사용해서 박근혜 대통령의 행위을 적대적으로 묘사하는 언론의 편향보도가 계속되면, 광우병 촛불세력의 인민재판식 여론몰이가 계속 국민들에게 먹혀들 것이다. 변하지 않는 언론, 야당 촛불세력과 한 배를 탄 듯한 언론이 정말 문제다.

(2016.12.12.)

조선일보의 오늘자 사설 제목은 '親朴 용퇴로 보수 가치 재건 길 열어주길'이다. 〈비박계가 주축인 새누리당 비상시국위원회는 11일 박근혜 대통령 탄핵 사태에 대해 국민에게 사과하고 현 친박 지도부에 대해 '박 대통령의 헌법 위배를 방조하고 최순실 국정 농단 진상 규명을 방해해 민심 이반을 초래한 책임을 지고 전원 즉각 사퇴해야 한다'고 촉구했다〉는 문장이 시작이다. 이 社說(사설)은 좌파와 제휴, 좌파와 맞서온 自黨(자당) 대통령을 탄핵, '이념적 배신자'라고 불리기도 하는 非朴系(비박계)의 입장에서 써졌다. 사설은 〈박 대통령 탄핵은 대통령뿐 아니라 그를 옹위하고 있던 친박 전체에 대한 심판이었다〉면서 〈친박이 물러서야 보수가 산다〉고 했다. 사설은 친박세력이, 〈같은 보수 진영 사람들을 끊임없이 적대하고 공격해 오늘날의 보수 정당 지리멸렬상을 만들었다〉고 비판한 뒤 〈친박계의 행태가 달라지지 않으면 보수 정치의 재앙은 이것으로 끝이 아닐 수 있다〉고 했다. 사설은 '친박 용퇴'의 구체적 의미를 설명하지 않았다. 의원직을 사퇴하라는 이야기인지, 당권을 놓아야 한다는 것인지 확실하지 않다. 이 사설은 친박이 물러나면 비박계가 黨權(당권)을 잡는데 이 길이 보수를 살리는 것이라는 含意(함의)를 담고 있다.

친박이 보수를 분열시키고 박 대통령이 궁지에 몰려 언론으로부터 난타당할 때 침묵한 책임은 크다. 보수적 가치를 훼손하고 인간적으로 비겁하였다. 그렇다고 비박계의 이념적 배신이 정당화되는 것은 아니다. 자신들을 부역자라고 규탄하고, 사드 배치 반대를 주장하는 세력과 손잡아 自黨(자당) 대통령을 몰아내려 한 세력이 비겁한 친박보다 무엇이 나은지 이 사설은 설명하지 않는다. 보수를 배신한 세력(비박계)이 당권을 잡는 것이 보수를 살리는 길인가?

조선일보는 한 번도 비박계의 '이념적 배신'이 정치도의상 문제가 있다는 비판을 한 적이 없다. 그래놓고 친박만 몰아세우면서 용퇴하라고 압박하는 것은 비박계 편을 든다는 의심을 자초한다. 언론사의 견해를 대변하는 社說이 공정성을 잃는 것은 언론사의 편향성을 공식화한다. 조선일보는 "우리는 비박 편이다"고 말한 셈인데 매우 위험하다. 이게 친북좌파 성향의 세력을 추종, 反北정책을 일관되게 추진하였던 박근혜 대통령을 몰아낸 비박의 노선을 지지하는 것으로 읽힌다면 조선일보의 정체성이 도마에 오를 것이다.

친박은 비겁함으로, 비박은 이념적 배신으로 보수를 망치고 있다. 조선일보는 공평하게 양쪽을 비판한 바탕에서 보수再建(재건)의 대안을 제시해야 할 것이다.

(2016.12.12.)

언론과 검찰이 상호 견제를 포기하면 지옥세상이다

조금만 생각하면 깨닫게 된다. 대통령의 인권을 이렇게 다루는 언론과 검찰이 힘 없는 서민을 어떻게 대접할까?

趙甲濟

한국의 非선출 2大 권력은 검찰과 언론이다. 서로 견제하지 않으면 사실이 허위가 되고 허위가 진실로 둔갑, 지옥 세상이 된다. 지금 언론은 검찰의 對대통령 수사를 격려한다. 검찰은 안심하고 무리를 한다. 피의자 신문도 없이 대통령을 공범, 피의자라고 몰아간다. 대통령 측이 반박하면 언론은 '꼼수'라고 욕한다. 언론은 선동 보도, 검찰은 권한 남용. 이게 상승작용을 일으킨다. 조금만 생각하면 깨닫게 된다. 대통령의 인권을 이렇게 다루는 언론과 검찰이 힘없는 서민을 어떻게 대접할까? 非理法權天(비리법권천)이다. 이런 언론과 검찰은 하늘이 노하도록 자극하고 있다.

(2016.12.12.)

女性 대통령에 대한 성희롱 수준의 보도 한국 언론사상 최악의 誤報와 왜곡 사례: 主流매체를 중심으로(2)

대부분 거짓으로 드러났지만 제대로 정정 보도를 한 언론은 없었다.

金永男·자유기고가

이번 박근혜 대통령 탄핵에 앞서 거의 모든 언론은 여성 대통령에 대한 모독을 즐기는 모습을 보였다. 이는 선진국 언론에서는 쉽게 찾아볼 수 없는 사례였다.

언론은 합리적인 의혹 제기를 넘어 憲政(헌정) 사상 여성으로는 처음 당선된 대통령이자 未婚(미혼)인 박근혜 대통령에 대해 각종 추측성 보도를 통해 사생활을 파헤치기 시작했다. 박근혜 대통령의 변호를 맡은 유영하 변호사는 "대통령이기 전에 여성으로서의 사생활이 있다는 것도 고려해 달라"고 호소했다.

최태민과 방에 들어가면 나오지를 않더라, 차은택이 매일 밤 청와대를 드나들었다고 하더라, 비아그라를 구입했다고 하더라, 미용을 위해 제2의 프로포폴로 분류되는 의약품을 구입했다고 하더라 등의 보도가 연일 이어졌다.

이런 보도 역시 국정조사와 추가 취재, 해명 자료를 통해 대다수 거짓으로 드러났다. 여성 대통령이기에 더 논란이 컸을 선동 사례를 소개한다.

언론과 네티즌이 만들어 낸 환상

조선일보 11월24일 온라인판에 따르면 TV조선이 지난 7월 '뉴스쇼 판' 프로그램을 통해 차은택 감독과 박근혜 대통령이 청와대에서 일주일에 한두 번씩 獨對(독대)했다는 내용을 보도했다. 현재 TV조선 홈페이지에서 위 기사는 확인되지 않아 조선일보 기사를 인용해 소개한다.

〈차은택 CF감독과 박근혜 대통령이 수시로 독대를 가졌다는 주장이 재조명 되고 있다. 앞서 7월 TV조선 '뉴스쇼 판'에서는 차은택 감독이 일주일에 한두 번씩 박근혜 대통령과 심야 독대를 가졌다고 보도했다. 당시 한 문화계 관계자는 "(차 씨가) 청와대를 일주일에 한두 번씩 드나들었다. 저녁 시간에 가서 (대통령과) 만났다고 본인이 그랬다"고 증언했다.〉

위와 같은 보도가 나간 뒤 인터넷에서는 차은택 씨와 故최태민 씨의 생긴 모습이 비슷하다는 점, 비아그라를 구입했다는데 대통령이 차은택과 사용하기 위해 이를 구입한 것 아니냐는 등의 황당한 주장이 난무하였다.

조선일보 11월24일 온라인판 기사 후반부는 다음과 같이 이어진다.

〈네티즌은 박 대통령과 친분이 깊었던 최태민과 차은택 감독의 모습을 비교한 사진을 게재해 인터넷 커뮤니티상에서 폭발적 반응을 불러일으키고 있다. 해당 게시글의 작성자는 차 감독의 눈에 최태민 씨가 쓴 안경을 합성한 사진을 비교하면서 "박 대통령이 차 감독을 아낀 이유"라

고 주장했다.〉

조선일보 인터넷판을 비롯한 다수 언론은 사실 확인이 되지 않은 이러한 네티즌의 합성 사진을 토대로 의혹을 증폭시키는 데 일조했다. 차은택 씨는 최근 국정조사에서 밤마다 청와대를 드나들었냐는 질문을 일축했으며 회의를 제외하고는 청와대를 찾은 적이 없다고 했다. 국정조사 一問一答(일문일답) 중 이와 관련된 부분을 소개한다.

〈박범계 의원 (이하 박): 본인 최초 인터뷰에 의하면 청와대에 일주일에 두세 번, 늦은 밤에 들어갔다 나온 적이 있다고 한다.

차은택 (이하 차): 절대 아니다.

박: 그런 인터뷰 한 적 없나?

차: 안 했다.

박: 청와대에 밤에 들어간 적 있나, 없나?

차: 절대 없다.〉

이 질의 중 박 의원이 '본인 최초 인터뷰'라고 인용한 것은 7월 TV조선 '뉴스쇼 판'에 따른 것으로 보이며 차 씨는 이를 전면 반박했다. TV조선은 국정조사 이후 〈차은택 "사적으로 청와대 출입한 적 없다"〉는 내용의 기사를 내보냈지만 자신들의 최초 보도에 대한 정정보도는 내놓지 않았다. 같은 날 TV조선 뉴스쇼 판은 〈몰락한 황태자의 꿈〉이라는 제목으로 차은택 씨가 "권력 탐하다 '타락의 길'로 갔다"고 했다.

박근혜 대통령을 수사하고 있는 검찰 팀은 12월11일 "차은택 씨의 청와대 출입 내역은 확인되지 않았다"고 밝혔으며 이는 차 씨의 증언을 뒷받침한다. 동아일보 정성희 논설위원은 〈청와대 '보안손님' 차은택〉이라는 칼럼을 지난 12월7일 게재했다. 차은택 씨가 국정조사에서 청와대에 밤에 출입한 적이 없다고 증언한 12월7일 이전에 작성한 내용이다. 칼럼 일부를 소개한다.

〈대면접촉을 그토록 싫어하는 박근혜 대통령이 심야시간대에까지 차 씨를 만났다는 건 분명히 이례적이다. 평소 차 씨는 대통령을 독대한다고 자랑했다고 한다. 차 씨가 '문화계 황태자'로 문화를 넘어 국정 전반을 농단한 배경에는 이러한 사적 인연이 작용한 것으로 보인다. 그런데도 그는 40일 간의 도피생활 끝에 귀국한 지난달 초 "대통령을 공식적인 자리에서 만난 적 있다"면서도 독대는 "정말로 없다"고 했다. 새빨간 거짓말이었다.〉

정성희 논설위원은 TV조선 뉴스쇼 판에서 제기한 의혹을 토대로 "새빨간 거짓말이었다"고 단정했다. 차 씨가 본인 입으로 아니라고 했어도 뉴스쇼 판이라는 프로그램에 나온 '문화계 관계자'의 말을 더 신용한 것이다. 그는 다른 증거를 제시하지도 않았다.

프로포폴과 비아그라 역시 루머

동아일보는 11월23일 단독으로 "靑, 전신 마취제·탈모제 등 '제2의 프로포폴' 다량 구입"이라는 제하의 기사를 게재했다. 기사 일부를 소개한다.

〈청와대가 2014년 3월 이후 구입한 약품 중 '제2의 프로포폴'로 불리는 전신 마취제와 탈모제 등을 다량 구입한 것으로 확인됐다. 특히 그간 사용 의혹이 제기돼온 프로포폴과 비슷한 효능을 가진 약품 등이 포함돼 있어 주목된다. 이 가운데 세월호 당일 박 대통령과 관련해 의문이 제기돼온 프로포폴의 효능에 관련된 약품이 있어 눈에 띈다.〉

프로포폴에 대한 의혹은 소위 '세월호 7시간' 의혹과 맞물려 확산됐다. 즉, 박근혜 대통령이 세월호 사건 발생 당일 7시간 동안 제대로 된 대응을 하지 못했는데 프로포폴에 취해 있었기 때문이라는 것이다. 이러한 의혹은 일부 좌파 인사들로 인해 번지게 됐다. 당일 얼굴을 보니 피부과 시술을 받은 것 같다는 보도(?)도 이어졌다.

경향신문은 11월23일 단독으로 "청와대, 국민 세금으로 비아그라까지 샀다"는 제하의 기사를 게재했다. 기사는 〈청와대가 일명 '태반주사', '백옥주사' 등이라고 불리는 영양·미용 주사제를 대량으로 구입한 것이 확인된 가운데 구매목록에 발기부전 치료제인 비아그라, 팔팔정도 포함돼 눈길을 끈다〉고 시작한다. 이어 기사는 "박 대통령이 남성 발기부전 치료제를 샀으며 논란을 일으킬 것으로 보인다"고 덧붙였다.

청와대는 이와 같은 박 대통령의 사생활 관련 루머가 번지자 11월23일 대변인을 통해 이를 해명했다. 청와대는 제2의 프로포폴이라 불리는 마취제 에토미네이트 구매와 관련해 "신속한 기관 삽관을 위한 응급약품으로 의무실장이 항상 휴대하고 다니는 필수 약품"이라고 했다. 이어 "해당 약품은 프로포폴 성분이 전혀 아니다"라며 "초응급 상황에서 기관 삽관을 위해 근육의 긴장을 풀어주는 일종의 근육 진정제"라고 설명했다.

청와대 대변인은 비아그라 구입과 관련 "아프리카 순방 때 高山病(고산병) 예방용이자 치료용으로 구입한 것"이라며 "청와대 의약품 구입자료에 대해 그야말로 터무니없는 의혹이 계속되고 있어 의무실장에게 물어서 확인한 내용"이라고 했다. 대변인은 "너무 엉뚱하고 자극적인 보도가 이어지고 있는데 심해도 너무 심하다"며 "자중을 바란다"고도 했다.

이선우 청와대 의무실장은 12월5일 국회에 출석해 "비아그라는 폐부종 등 고산병에 쓰이는 약이라 (콜롬비아 보고타) 순방 때 가져갔는데,

사용하지는 않았다"고 밝힌 바 있다. '제2의 프로포폴'과 '비아그라 복제약' 모두 사용하지 않은 것으로 드러났으나 언론은 정정보도를 하지 않고 "청와대는 다음과 같이 반박했다"는 식으로 보도했다.

진실 확인은 못하고 의혹만 키우는 언론

YTN은 11월17일 〈세월호 당일 간호장교 靑 출장… '7시간' 열쇠 되나?〉라는 제하의 단독 보도를 했다. 당시 보도를 일부 소개한다.

〈세월호 참사 당일 국군 수도병원 간호장교가 청와대로 출장 간 기록을 검찰이 확보한 것으로 전해졌습니다. 의혹에 휩싸인 당시 대통령의 7시간 행적을 풀 수 있는 열쇠가 될지 주목됩니다. 사고 7시간 만에 공식석상에 나온 박근혜 대통령은 상황을 제대로 파악하지 못한 듯 엉뚱한 질문을 던집니다. TV에서 생중계되던 내용조차 모르고 7시간 동안 모습을 드러내지 않은 데 대해 성형 시술이나 무속 행사에 참석한 게 아니냐는 의문이 끝없이 제기됐습니다. … 경기도 성남에 있는 국군 수도병원 간호장교가 세월호 침몰 당일 오전 청와대에 출입한 정황이 검찰에 포착됐습니다. 특별수사본부 관계자는 이 장교의 청와대 출장 기록도 확보했다고 말했습니다.〉

이와 관련 청와대 대변인은 당일 기자들과 만나 "관련 보도에 대해 확인해 본 결과 국군수도병원에서 간호장교가 출장을 한 기록은 없다"며 "청와대 의무실에도 확인했더니 청와대에 온 사실이 없다고 했다"고 밝혔다. 이어 "혹시 다른 이름으로 왔을 수도 있나 싶어서 경호실에도 확인을 했더니 국군수도병원 출입자는 없었다. 관련 보도를 바로잡아 주길 바란다"고 했다.

YTN은 이와 같은 청와대 해명 글을 기사에 소개했지만 특별수사본부 관계자를 인용해 자신들의 주장이 사실이라고 주장했다.

청와대의 해명 이후 일부 언론 보도를 통해 당시 청와대에 있던 간호장교는 국군수도병원 간호장교가 아니라 청와대에 상주하는 서울지구병원 소속 장교였다는 사실이 확인됐다. YTN의 '국군수도병원 소속 간호장교'라는 단독보도는 타 언론 취재와 청와대 해명을 통해 우선 오보인 것으로 확인된 것이다. YTN은 정정보도는 하지 않고 청와대 입장을 소개하는 새로운 기사만 실었다.

이어 경향신문은 12월5일 〈서울지구병원장 출신 군의관, 이례적 장군 진급〉이라는 단독 보도를 내놨다. 기사 일부를 소개한다.

〈'세월호 7시간'과 관련해 주목을 받고 있는 청와대 의무실이 양파처럼 벗길수록 새로운 의혹을 양산하고 있다. 이런 가운데 세월호 참사 당시 국군 서울지구병원장이었던 군의관이 최근 군 정기인사에서 이례적으로 장군으로 진급한 사실이 4일 확인됐다. 군 관계자는 "특과인 의무병과의 경우 육본 의무실장 직위를 후배기수가 아닌 동기생이 2년 후 장군으로 진급해 물려받은 전례가 없다"고 말했다.〉

장군으로 진급된 이 군의관은 전혀 능력이 없음에도 불구하고 세월호 7시간의 비밀(?)을 알고 있기에 진급했다는 식, 즉 증거는 없으나 정황만 있는 인신공격적 보도의 一例(일례)다.

워싱턴 특파원단은 세월호 당일 청와대에서 근무한 간호장교 두 명 중 한 명인 조 모 대위를 인터뷰하기도 했다. 조 씨는 "사건 당일 내 기억으로는 관저에 가지도 않았고, 의료와 무관하게라도 그날 박 대통령을 본 적이 없다"고 했다. 이는 또 다른 청와대 간호장교인 신 모 대위의 발언과 크게 다르지 않다.

언론은 '세월호 7시간'을 숨겨주는 대가로 미국 연수를 간 게 특혜는 아닌지, 박 대통령이 청와대 내에서 보톡스 주입이나 주름제거 등 미용 시술을 받았는지를 물었다. 이에 조 씨는 특혜 여부에 대해 "정상적 서류를 통해 연수를 왔다"고 밝혔으며 "정맥 주사나 피하 주사를 놓은 적은 있지만 주사 성분은 의무실장과 주치의가 결정한다"고 밝혔다.

특파원단은 '비선 진료' 및 '프로포폴' 투여에 대해서도 물었지만 조 씨는 의료법을 거론하며 "환자 정보의 공개는 의료법상 기밀누설 금지 조항에 위반되기 때문에 답할 수 없다"고 했다.

충분히 설명되는 내용이지만 언론사별로 보도 내용이 달랐다. 일부 언론사별 위 내용 관련 기사 제목을 소개한다.

〈**노컷뉴스:** 세월호 때 靑 간호장교 입은 열었지만… 여전한 의혹

문화일보: 朴 태반·백옥주사·프로포폴 시술했나?… "말할 수 없다"

한겨레: '미 연수' 간호장교 "박 대통령 백옥·태반주사 여부 답변 못해"

스포츠경향: 핵심 질문 대답 비켜간 '세월호 7시간' 청와대 근무 간호장교

동아일보: 미국 연수 간호장교 "세월호 사고 당일, 박 대통령 진료 없었다"〉

사실 확인은 않은 채 의혹만을 제기한 지난 3개월 간의 한국 언론. 그렇게 과장된 보도가 국민들을 흥분시켰고 촛불시위의 한 동력이 되었다.

(2016.12.12.)

언론의 탈을 쓴 선동기관 중앙일보의 暴論

趙甲濟

　어제 중앙일보 社說 제목은 〈박영수 특검, 구시대 정치체제 끝내는 수사 하라〉이다. 특별검사는 刑法(형법) 위반자를 수사하고 기소하는 사람이지 체제를 뒤엎는 혁명을 하는 사람도, 정치제도를 바꾸는 개혁가도 아니다. 舊시대이든 新시대이든 정치체제를 끝내는 것은 국민과 정치인들이 선거나 개헌을 통해서만 할 수 있다. 한시적 특별검사가 현 체제를 끝장내어야 한다고 선동하는 중앙일보는 특별검사가 혁명재판소장 역할을 하여 법치와 정치의 중심인물들을 숙청하라고 부추기는 격이다. 즉 인민재판을 하라는 이야기에 다름 아니다.

　이 사설은 〈특검팀은 자신들에게 주어진 임무와 권한이 권위주의적이고 관료적인 舊(구)시대 정치체제를 끝내라는 국민의 명령에서 비롯된 것임을 잊어서는 안 된다〉는 말로 끝맺었다. 나도 국민의 한 사람인데 특검에 그런 명령을 내린 적이 없다. 중앙일보가 '국민'을 사칭하여 특검에 명령을 내리고 있는 것이다. 이런 중앙일보는 민주주의를 말할 자격이 없다.

　오늘 중앙일보 社說 〈친박의 좀비 연대… 더 이상 보수 가치 훼손 말라〉는 국어에 대한 모독이다. 감정적 저질 표현이 너무 많다. 첫 문장부터 부적절하다. 〈이재명 성남시장의 "좀비가 제일 위험하다. 죽었는데 살아 있는 존재가 있으면 그 자체가 엄청난 혼란"이라는 독설은 정곡을 찌르는 맛이 있다〉는 것이다. 선동가의 말을 인용, 사람을 '좀비'라고 욕하는 게 맛이 있다고 쓰다니! 중앙일보가 이재명 수준이다.

〈박근혜 대통령의 탄핵 가결로 그와 함께 사라져야 할 존재가 새누리당 친박 세력인 점은 국민적 합의에 속한다〉는 暴論(폭론)이다. 박 대통령에 대한 국회의 탄핵소추 가결은 일종의 기소 행위이지 확정판결이 아니다. 헌법재판소의 결정이 나오지 않은 상태에서 유죄임을 단정하는 셈인데 이는 민주국가와 헌법의 무죄추정 원칙을 위반한 말이다. 박 대통령에 대한 탄핵결정이 나오더라도 친박 세력이 공동 책임을 질 사유는 아니다. 개인의 잘못을 집단의 잘못으로 모는 것은 개인의 자유와 책임을 근간으로 하는 자유민주주의 정신에 반한다.

중앙일보는 이념적 배신을 한 비박계 비판은 하지 않고 친박만 몰아붙인다.

〈친박들은 분위기조차 파악하지 못하고 있다. 민주주의를 후퇴시킨 법적·윤리적·정치적·역사적 책임을 회피하고 자기들끼리 살아보겠다고 패거리 지어 설쳐대고 있다.〉

패거리, 설쳐댄다 운운은 이 신문사가 언론의 탈을 쓴 편파적 선동기관임을 자백한다. 중앙일보는 마지막 문장에서 폭동을 선동한다.

〈박근혜 정치와 좀비를 닮은 친박 정치세력이 완전히 죽어야 보수가 재건된다. 결국 촛불민심 같은 거대한 불길로 친박을 몰아내야 한다.〉

여기서 말하는 친박은 국회의원이다. 헌법기관이다. 헌법기관을 火刑(화형)시키자고 선동하는 것은 내란선동으로 重罪(중죄)이다.

(2016.12.13.)

5

조갑제 – 나경원 攻防

2016.12.12

나경원 의원도 세월호 침몰 당일 자신의 7시간을 밝혀야

청와대 홈페이지에 들어가면 그날 박 대통령의 행적이 자세히 적혀 있다. 이 정도는 안 되고 私生活 부분까지 공개하라고 한다면 여성에 대한 觀淫症(관음증)을 의심케 한다. 여기에 여성인 나경원 의원이 동조하였다. 대통령의 인권을 이렇게 무시하는 국회가 힘 없는 서민의 인권을 어떻게 다룰지 짐작이 가지 않는가?

趙甲濟·조갑제닷컴 대표

朴槿惠(박근혜) 대통령을 파면해달라는 탄핵소추안에 찬성표를 던진 이들 중에는 새누리당의 나경원 의원이 있다. 羅 의원은 판사 출신이고 여성이다. 이 탄핵소추장에는 朴 대통령이 세월호 침몰 그날 7시간 동안 무엇을 했는지를 밝히지 않으니 이게 헌법 상의 기본권인 국민의 알 권리를 침해하였다는 주장이 있다. 나경원 의원은 법률가로서 이에 동의한다는 이야기가 된다. 여성으로서도 여성 대통령이 7시간 동안 무엇을 하였는지 모조리 알아야겠다는 데 찬성한 셈이다. 그런데 청와대는 이미 7시간 동안 박 대통령이 철저한 구조작업을 관련 부서에 지시하는 등의 公的(공적) 활동에 대하여 상세히 발표한 바 있다. 나경원 의원은 그것도 부족하니 대통령의 私的(사적) 시간, 예컨대 화장을 한 시간까지 알고 싶다는 탄핵소추장에 찬성한 것이다. 그렇다면 우리도 알고 싶다. 나경원 의원(세월호 침몰 때는 국회의원이 아님)은 세월호 그날 무엇을 했는가? 머리 손질을 했는가? 화장을 했는가, 했다면 몇 분 걸렸나? 이를 밝히지 않으면 우리는 헌법 상의 국민의 알 권리 침해로 간주할 권리가 있다.

朴槿惠 대통령 탄핵소추장에 헌법 제10조가 등장하였다. 소추장은 〈세월호 참사가 발생한 당일 오전 8시52분 소방본부에 최초 사고 접수가 된 시점부터 당일 오전 10시31분 세월호가 침몰하기까지 약 1시간 반 동안 국가적 재난과 위기상황을 수습해야 할 박근혜 대통령은 어디에도 보이지 않았다〉고 지적하였다. 이어서 〈대통령은 처음 보고를 받은 당일 오전 9시53분 즉시 사태를 정확히 파악하고 동원 가능한 모든 수단과 방법을 사용하여 인명구조에 최선을 다했어야 한다〉면서 〈박 대통령이 위와 같이 대응한 것은 사실상 국민의 생명과 안전을 보호하기 위한 적극적 조치를 취하지 않는 직무유기에 가깝다 할 것이고 이는 헌법 제10조에 의해서 보장되는 생명권 보호 의무를 위배한 것이다〉고 주장하였다.

〈대한민국 헌법 제10조: 모든 국민은 인간으로서의 존엄과 가치를 가지며, 행복을 추구할 권리를 가진다. 국가는 개인이 가지는 불가침의 기본적 人權(인권)을 확인하고 이를 보장할 의무를 진다.〉

이 조항은 〈우리나라 기본질서의 이념적 정신적인 출발점인 동시에 모든 기본권의 가치적인 핵심으로서의 성격을 갖기 때문에 우리나라 헌법질서의 바탕이며 우리 헌법질서에서 절대적이고 양보할 수 없는 최고의 가치〉라는 게 헌법학자 許營(허영) 교수의 견해이다. 10조의 뿌리는, 토마스 제퍼슨이 기초한 1776년 미국 독립선언서의 유명한 구절이다.

〈모든 인간은 평등하고 자유롭게 창조되었으며, 그런 평등한 창조로부터 빼앗길 수 없는 고유한 권리를 받았는데 생명의 保全(보전)과 자유, 그리고 행복을 추구할 권리가 거기에 속한다.〉

신생 민주공화국은 헌법을 만들 때 제퍼슨의 이 名言(명언)을 국가

정체성의 기본으로 삼는 경우가 많다. 하지만 국회가 세월호 사고까지 탄핵사유로 특정한 것은 헌법재판소에서 불리하게 작용할 가능성이 오히려 높다. 사고 당일 박근혜 대통령의 직무 소홀이 세월호 승객들의 생명권을 박탈하였다는 법리를 세우기가 매우 어렵기 때문이다.

당시 세월호의 상황은 어떠했는가? 해경의 김경일 정장이 지휘하는 소형 경비정이 구조 명령을 받고 현장에 도착한 것은 침몰 시작 약 35분 후인 9시30분, 절벽처럼 기울어가는 세월호에 접근, 구조용 短艇(단정)을 내려 세월호 船側(선측)에 붙이고 구조를 시작한 것은 9시38분, 시시각각 기울어가는 船體(선체)를 올려다보면서 自力(자력)으로 船室(선실) 바깥으로 나온 승객들을 집중적으로 구출하던 중 배가 전복된 것은 10시17분이었다.

事後的(사후적)으로 계산하여 승객들을 구조할 수 있었던 시간은 9시38분부터 10시17분까지의 39분이다. 이것은 나중에 알게 된 시간이고 현장 상황은 더욱 급박하였을 것이다. 당시 거대한 船體(선체)가 모로 돌면서 넘어가는(엎어지는) 모습을 海面(해면)에서 위로 쳐다보면서 구조작업을 하고 있었던 해경은 배가 언제 엎어질지 알 수 없는 노릇이었다. 船長(선장)이 달아나 船內(선내) 상황을 알 수 없는 가운데서 경비정과 구조 헬기, 그리고 해경의 연락을 받고 몰려온 어선들이 172명을 구조한 것은 최선이 아닐지는 모르지만 차선이었다. 박 대통령이 이를 海警의 구조실패로 단정, 해경해체를 발표한 것은 그의 분별력을 의심케 하는 치명적 실수였다.

39분의 시간대에 박 대통령이 직접 할 수 있는 일은 없었다. 청와대에 따르면 박 대통령은 사고 보고를 받은 즉시 오전 10시15분 안보실장에게, 10시30분엔 해경청장에게 구조를 독려하는 전화를 하였다. 대통령이 현장의 김경일 정장에게 전화를 걸었다면 오히려 주의를 분산시켜 구조작업만 방해하였을 것이다.

탄핵소추장은 해경 간부에게 물었어야 할 추궁을 대통령에게 한 셈이다. 이 정도의 사안으로 5년 임기가 보장된 대통령을 파면한다면 큰 교통사고가 날 때마다 대통령이 바뀌고 선거를 하느라고 국가 운영이 대혼란에 빠질 것이다. 세월호 사고를 소추장에 넣은 것은 헌법재판소 재판관들에게 소추된 탄핵사유에 대한 불신감을 키울 것이다.

소추장은 선동세력이 만든 '7시간'도 언급했다.

〈그 후 박근혜 대통령은 국민들과 언론이 수차 이른바 '세월호 7시간' 동안의 행적에 대한 진실 규명을 요구하였지만 비협조와 은폐로 일관하며 헌법상 기본권인 국민의 알 권리를 침해해 왔다.〉

청와대 홈페이지에 들어가면 그날 박 대통령의 행적이 자세히 적혀 있다. 이 정도는 안 되고 私生活(사생활) 부분까지 공개하라고 한다면 여성에 대한 觀淫症(관음증)을 의심케 한다. 여기에 여성인 나경원 의원이 동조하였다.

대통령의 인권을 이렇게 무시하는 국회가 힘 없는 서민의 인권을 어떻게 다룰지 짐작이 가지 않는가?

나경원 의원은 2011년 서울시장 보궐선거에 한나라당 후보로 나왔을 때 좌파세력이 조작한 '1억 원 피부 관리 선동'으로 낙선한 사람이다. 자신을 그렇게 괴롭혔던 세력의 손에 자신의 선거운동을 지원하였던 박근혜를 넘겨야 할 만한 원한 맺힌 사연이 있었는지 궁금하다. 법률가로서 세월호 사고가 과연 대통령 파면 사유가 된다고 판단하였는지는 더 궁금하다.

세월호 7시간, 대통령은 어디서 뭘 했는가?
– 이것이 팩트입니다.

청와대

세월호 당일 이것이 팩트입니다

09:24	안보실, 문자 상황전파 "474명 탑승 여객선 침수신고 접수, 확인 중"
09:53	대통령, 외교안보수석실로부터 서면보고 받음 ※국방관련
10:00	대통령, 국가안보실로부터 종합 서면보고 받음 – 구조 인원수, 구조 세력 동원 현황
10:15	대통령, 국가안보실장에게 전화(상황보고 청취 후 지시사항 하달) "단 한명의 인명피해도 발생하지 않도록 할 것, 여객선내 객실 등을 철저히 확인하여 누락인원이 없도록 할 것"
10:22	대통령, 국가안보실장에게 전화(추가 지시사항 하달) "샅샅이 뒤져서 철저히 구조해라"고 강조
10:30	대통령, 해양경찰청장에게 전화 지시 "특공대를 투입해서라도 인원구조에 최선을 다할 것"
10:30	대통령의 지시내용 민경욱 대변인 언론에 브리핑
10:36	대통령, 정무수석실로부터 서면보고 받음 ※70명 구조(09:50)
10:40	대통령, 안보실로부터 서면보고 받음 ※106명 구조(10:40)
10:57	대통령, 정무수석실로부터 서면보고 받음 ※476명 탑승, 133명 구조(10:40)
	11:01 MBN '학생 전원 구조' 속보 11:04 YTN '학생 전원 구조' 보도
11:20	대통령, 안보실로부터 서면보고 받음 ※161명 구조(11:10)
11:23	대통령, 안보실로부터 유선보고 받음
11:28	대통령, 정무수석실로부터 서면보고 받음 ※477명 탑승, 161명 구조(11:15)
11:34	대통령, 외교안보수석실로부터 유선보고 받음 ※인도네시아 대통령 방한 시기 재조정 검토
11:43	대통령, 교육문화수석실로부터 서면보고 받음 ※자율형 사립고 관련 보고
12:05	대통령, 정무수석실로부터 서면보고 받음 ※162명 구조, 1명 사망(11:50)
12:33	대통령, 정무수석실로부터 서면보고 받음 ※179명 구조, 1명 사망(12:20)
	12:48 방송에선 '승객 대부분이 구조된 것으로 알려지고 있다' 계속되는 오보

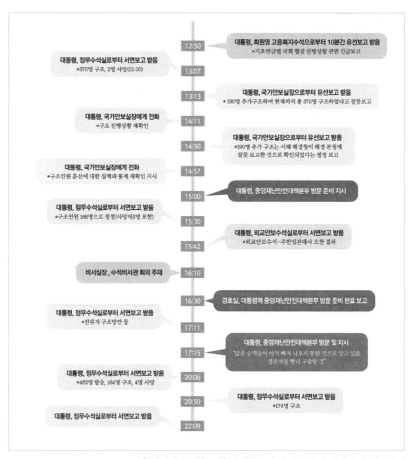

대통령, 최원영 고용복지수석으로부터 10분간 유선보고 받음
*기초연금법 국회 협상 진행상황 관련 긴급보고
12:50

대통령, 정무수석실로부터 서면보고 받음
*370명 구조, 2명 사망(13:00)
13:07

대통령, 국가안보실장으로부터 유선보고 받음
* 190명 추가구조하여 현재까지 총 370명 구조하였다고 잘못보고
13:13

대통령, 국가안보실장에게 전화
*구조 진행상황 재확인
14:11

대통령, 국가안보실장으로부터 유선보고 받음
*190명 추가 구조는 서해 해경청이 해경 본청에 잘못 보고한 것으로 확인되었다는 정정 보고
14:50

대통령, 국가안보실장에게 전화
*구조인원 혼선에 대한 질책과 통계 재확인 지시
14:57

대통령, 중앙재난안전대책본부 방문 준비 지시
15:00

대통령, 정무수석실로부터 서면보고 받음
*구조인원 166명으로 정정(사망자2명 포함)
15:30

대통령, 외교안보수석실로부터 서면보고 받음
*외교안보수석~주한일본대사 오찬 결과
15:42

비서실장, 수석비서관 회의 주재
16:10

경호실, 대통령께 중앙재난안전대책본부 방문 준비 완료 보고
16:30

대통령, 정무수석실로부터 서면보고 받음
*잔류자 구조방안 등
17:11

대통령, 중앙재난안전대책본부 방문 및 지시
"많은 승객들이 아직 빠져 나오지 못한 것으로 알고 있음. 생존자를 빨리 구출할 것"
17:15

대통령, 정무수석실로부터 서면보고 받음
*462명 탑승, 164명 구조, 4명 사망
20:06

대통령, 정무수석실로부터 서면보고 받음
*174명 구조
20:50

대통령, 정무수석실로부터 서면보고 받음
22:09

청와대가 공개한 세월호 침몰 당시 대통령의 시간대별 업무일지

'세월호 당일' 대통령은 어디서 뭘 했는가

대통령은 관저집무실 및 경내에서 당일 30여 차례의 보고와 지시를 내렸다. 이는 이미 2014년 국회 운영위(2014.7.7.), 세월호 국정조사특위 (2014.7.10.), 청와대 국정감사(2014.10.28.)에서도 밝혔던 것이며 야당도

알고 있는 사실이다.

하지만, 세월호 사고 원인을 대통령의 7시간으로 몰아가는 악의적인 괴담과 언론 오보로 국민들의 혼란이 가중되고 있다. 처음에는 '정○○를 만났다' 하더니 그 다음은 '굿판을 벌였다'고 하고 그 다음은 '프로포폴 맞으며 잠에 취했다' 하였고 그 다음은 '성형시술을 받았다'고 한다. 의혹은 계속 바뀌어가며 괴담으로 떠돌고 있다.

사실, 원칙적으로 청와대는 적의 공격이 예상되는 국가 안보시설이므로 대통령의 위치와 동선은 공개하지 않으며, 역대 어느 정부에서도 공개했던 적이 없다. 더 이상 유언비어로 국민이 선동되고 국가 혼란이 가중되지 않도록 세월호 당일 대통령의 집무내용을 상세히 공개한다!

세월호 박근혜 대통령의 집무내용

청와대에는 관저 집무실, 본관 집무실, 비서동 집무실이 있으며 이날은 주로 관저 집무실을 이용, 청와대 어디서든 보고를 받고 지시할 수 있는 시스템으로 대통령은 출퇴근의 개념이 아닌 모든 시간이 근무시간이다. 뿐만 아니라 세월호 사고와 같이 분초를 다투는 업무는 현장의 지휘 체계와 신속한 구조 활동이 더 중요하다고 판단하여 회의 준비를 위해 여러 사람이 움직여야 하는 경내 대면회의 대신 20~30분마다 직접 유선 등으로 상황보고를 받고 업무 지시를 했다.

그런데, 이날의 진짜 비극은 오보에 따른 혼돈이다. 우리 국민 모두가 기억하는 것과 같이 그날은 나라 전체가 오보로 혼돈이 거듭됐다. 11시 6분 경기도 교육청이 학부모에게 '전원 무사 구조'란 내용의 문자 발송을 시작으로 11시25분 '단원고 학생 전원 구조 해경 공식 발표'란 문자가 재차 발송됐다.

오후 1시13분에도 '370명이 구조되었다'는 잘못된 보고가 올라갔다. 대통령은 계속 상황을 확인하였고 안보실장이 오후 2시50분 '190명 추가 구조가 잘못된 보고'라고 최종 확인하자 오후 3시 중대본 방문을 바로 지시하였다.

대통령은 짧게는 3분, 평균 20분 간격으로 쉼없이 상황을 점검하고 필요한 지시를 내렸다.

그러나 결국… 비극을 막지는 못했다. 그리고 우리 모두가 울었다.

(2016.12.12.)

'(탄핵은) 保守와 대한민국을 살리기 위한 어쩔 수 없는 선택'

나경원 의원의 反論: '(세월호 7시간 제외한) 나머지 12가지의 사유는 탄핵소추안을 가결시키기에 충분했다'

나경원·국회의원

지금 대한민국의 보수는 최대 위기에 처해 있다. 해방 이후 자유민주주의와 시장경제를 근간으로 산업화와 민주화의 자랑스러운 대한민국을 이룩하는 중심에 있었던 보수이건만, 이번 사건으로 책임, 도덕성, 法治(법치)라는 보수의 근본 가치는 송두리째 무너졌다. 사회공동체에 대한 책임의식과 높은 도덕성으로 무장한 '진짜 보수'가 아닌, 私的(사적) 이익을 위해 公的(공적) 기구와 제도를 농단한 '가짜 보수'가 득세했기 때문이다. 우리가 만든 대통령을 우리 손으로 탄핵하는 일은 분명 고통스러운 결정이었다. 그러나 탄핵을 진행할 수밖에 없는 분명한 이유들 또한 결코 적지 않았다.

첫째, 국정 혼란을 수습하기 위해 택할 수 있는 길은 단 두 가지, 정치적 협상과 헌법적 절차였다. 처음에는 정치적 협상을 통한 질서 있는 퇴진이 더 합리적이라는 판단 하에 4월 퇴진, 6월 대선을 이야기했었지만 야당이 협상은 절대 없다며 응하지 않았을 뿐 아니라, 대통령께서도 탄핵에 준하는 즉각적인 권한 이양에 대해 입장을 밝히지 않으셨다. 남은 것은 헌법적 절차, 즉 탄핵뿐이었던 것이다.

둘째, 탄핵 없이는 나날이 거세지는 촛불을 절대 누그러뜨릴 수 없었다. 탄핵 직전 촛불집회에 집결했던 232만 명. 그들이 모두 일반 국민이 아닐 수 있고, 그들이 5000만 국민 모두를 대변한다고 할 수도 없을 것이다. 하지만 국회가 광장의 민심을 헌법적 제도 안에 담아낸 후 어찌됐든 촛불민심은 半(반) 이상 줄어든 100만 명으로 감소했다. 국회가 탄핵 절차에 돌입하지 않거나 부결시켰다면 과거 4·19혁명 때보다 더 심각한 반발로 거세진 촛불로 더 큰 혼돈의 상태가 왔을 것이다.

셋째, 지금 대한민국은 경제와 외교안보 어느 것 하나 녹록치 않은 상황이다. IMF 때 못지않게 심각한 각종 경제지표들과, 미국 트럼프 대통령의 당선으로 불확실성이 심화되고 있는 국제정세 속에서 대한민국이 살아남기 위해 내년 대선에서의 보수정권 재창출은 필수과제이다. 보수 가치를 사랑하는 사람들로부터 다시 지지를 받을 수 있도록 보수의 혁신적 정비와 再建(재건)이 절실한 지금, 탄핵으로 인한 헌법재판소의 審査(심사) 기간은 우리에게 꼭 필요했던 시간이 될 수 있다. 탄핵 後 총리교체는 불가능하다는 점에서 황교안 총리 체제에서 대선을 치르게 된다는 점도 그나마 우리에게 위안이 될 수 있다는 판단이었다.

이렇듯 헌법적 절차에 따라 혼란에 빠진 국정을 수습하고 위기에 처한 헌정질서를 수호하기 위해 고심 끝에 동의한 탄핵이 가결된 후, 일부 보수 진영으로부터의 이런저런 욕설과 험담으로 마음이 무겁다. 탄핵소추안에 '세월호 7시간' 부분이 포함되어 있다 보니 '나경원의 7시간도 밝혀라'는 이야기마저 들린다. 세월호 사건 당시는 19대 국회의원 선거에서 공천을 받지 못해 불출마를 선언하고 자연인으로 있던 시기였고, 할 수 있는 역할이 별로 없어 안타깝고 아쉬운 마음이 컸다.

이번 탄핵소추안에 세월호 7시간 부분이 포함된 것에 대해서는 검찰 공소장에도 없었고 사실관계가 명확하게 드러나지 않았으므로 제외시키는 것을 야당에게 요구했으나, 관철시키지 못했다. 그러나 나머지 12가지의 탄핵소추 사유는 탄핵소추안을 가결시키기에 충분한 것이었다.

탄핵의 공은 헌법재판소로 넘어갔다. 우리가 할 일은 헌법재판소의 결정을 차분히 기다리는 것이다. 문재인 前 대표를 포함한 일부 야당 주자들은 탄핵 절차에 돌입했음에도 여전히 즉각 하야를 외치고 있는데, 이는 한마디로 촛불 민심을 등에 업고 권력을 얻으려는 비겁한 술수에 불과하다. 문재인 전 대표는 더 이상 국정혼란을 부추기는 정치공세를 중단하길 바란다.

헌법재판소는 어떠한 압력에도 굴하지 말고 오직 헌법적 절차와 헌법에 따라 탄핵 재판을 진행하여 결론을 내려야 할 것이다. 그것이 바로 성숙한 민주국가를 증명하는 길이다. 이제 대한민국의 보수는 그 정체성을 지키기 위해서 개혁의 길로 나서야 한다. 公私(공사)를 구분하지 않고 당을 사당화하고 공적 제도와 기구를 사유화한 가짜 보수는 척결해야 한다. 부패한 기득권 개혁을 통한 공정하고 정의로운 대한민국을 만들고, 자유, 민주, 법치, 도덕성, 공동체에 대한 책임 등의 진짜 보수 가치를 높이 세우는 일에 매진해야 한다.

당장은 탄핵이 대통령을 놓아버리는 것으로 보일 수 있다. 그러나 보수와 대한민국을 살리기 위한 어쩔 수 없는 선택이다. 보수와 대한민국을 영원히 살리는 길에 성숙한 민주시민이라면, 진정한 보수라면 힘을 모아 주실 것을 믿는다. 생각이 다소 다르고 마음이 아플지언정 말이다.

(2016.12.12.)

환상의 조합
(개+PC+양초+선동언론)

명색이 경제규모 세계 10위권의 강대국 대한민국이, 강아지 한 마리와 PC 한 대, 양초, 그리고 선동언론에 촉발되어 뿌리째 휘청거리는 중이다.

펀드빌더·조갑제닷컴 회원

명색이 경제규모 세계 10위권의 강대국 대한민국이, 강아지 한 마리와 PC 한 대, 양초, 그리고 선동언론에 촉발되어 뿌리째 휘청거리는 중이다. '개+PC+양초'로는 의미 없는 조합이지만, 선동언론이 가세하면서 환상의 組合(조합)으로 발전했다. 그리고 그 결과로, 오늘날 한국은 亡兆(망조) 가득한 狂詩曲(광시곡) 내지 狂想曲(광상곡)이 울려 퍼지는 중이다.

요즘 위안부像이 전국적으로 유행이다. 마찬가지로, 이번 사태가 마무리 되면, 야당이나 친북좌파 세력 등은 각자의 사무실 건물 앞에 관련 동상들이라도 세워, 이번 수훈갑들을 기려야 도리일 것이다. 우선, 잘 조각된 강아지 동상을 건물 중앙 前面에 배치하고, 그 왼편으로 PC 모양의 동상을, 오른편으로는 대형 양초 모양 동상을 세워두면 딱일 것이다.

아울러, 이들 동상만으로는, 동상 특유의 질감이 주는 썰렁함이 클 테니, 동상 주변을 화단으로 조성할 것을 권하고 싶다. 화단에 들어갈 식물로는 나팔꽃을 강력하게 권하고 싶다. 나팔꽃이라는 이름은, 그 꽃의 모양이 喇叭(나팔)을 닮았다고 해서 붙여진 이름이다. 그러면, 나팔이 상징하는 바는 무엇인가? 그것은 바로 이 시대의 타락한 언론을 상징한다. 구체적으로는, 대중을 선동하기 위해 언론 매체들이 나팔수로 나선 오늘의 상황을 그대로 상징한다.

생동하는 나팔꽃들에 의해, 강아지나 PC나 양초 동상들은 마치 생명이라도 부여받은 분위기로 연출될 것이다. 얼마나 완벽한 재현인가? 한국의 언론들이, 원래 아무 의미도 없었던 강아지와 PC와 양초를 잘 조합해, '작품'(최 씨 件 부풀리기)으로 창조해내는 큰일을 달성한 상황을 그대로 되살리는 것이다. 강아지 동상 좌우에 PC 동상, 양초 동상이 들어서고 그 주변을 살아 숨쉬는 나팔꽃으로 장식하는 것은 이 시대를 반영하는 컨셉이 된다.

기본적으로 야당들은, 각자 본부 건물 앞에 이러한 동상들과 나팔꽃들을 조성해 놓아야 최소한의 도리에 맞을 것이다. 아무리 微物(미물: 강아지, PC, 양초)이지만, 자신들의 과업 수행에 도움을 준 수훈갑들의 은혜는 잊으면 안 되는 것이다. 고생한 나팔수들에 대해서는, 란파라치(김영란법 감시자)들 눈을 피해, 상다리 휘어지도록 한 턱 쏘아야 도리일 것이다.

아울러, 이미 그렇게 생각하고 있겠지만, 주말마다 추운 날씨에 시내에 모여 고생한 대중들은 철저히 무시하면 된다. 그들은 먼저 선동해 먹는 게 임자다. 그들은 과거에도 선동당했고, 지금도 선동당하는 중이며, 앞으로도 선동당할 것이다. 굳이 잘 해줄 필요가 없다.

(2016.12.12.)

6

'보수의 敵' 조·중·동

2016.12.12 ~ 2016.12.20

친박은 '보수의 敵' 조중동과 싸워야 살 길이 열린다!

복잡하게 생각할 것 없이 '김진태 정신'으로 뭉치면 된다. 사람은 어차피 한 번 죽는다. 그리고 반드시 죽는다. 겁쟁이는 그러나 여러 번 죽는다. 친박세력은 "우리가 한 번 죽지 두 번 죽나"라는 독한 마음을 먹고, 反共자유투사 집단으로 거듭 태어나야 한다. 이게 유일한 살 길이다.

趙甲濟·조갑제닷컴 대표

특종과 선동 보도로 朴槿惠(박근혜) 대통령에 대한 탄핵소추를 사실상 주도한 朝中東(조중동) 세 신문사가 이번 週부터는 '이념적 배신자'인 비박계 편을 노골적으로 들면서 겁먹은 親朴세력을 압박하는 데 공조하고 있다. 동아일보의 오늘 사설은 제목이 〈'대통령의 家臣' 자처하는 친박, 지금이 봉건시대인가〉이다.

사설은 〈친박이 국록을 먹는 정치인이라면 민심과 국회로부터 심판받은 박 대통령과 함께 물러나 自肅(자숙)하는 모습을 보여야 했다〉고 못을 박은 뒤 〈그러나 친박 이장우 최고위원은 어제 오전 최고위원회의에서 비박계 김무성 유승민 의원을 향해 "부모형제 내친 패륜을 저지른 사람들이 집 대들보까지 뽑겠다는 것"이라며 탈당을 요구하는 賊反荷杖(적반하장)의 주장을 했다〉고 했다. 사설은 〈헌법을 위배한 박 대통령을 헌정 질서에 따라 탄핵 소추한 것을 인륜을 저버린 행위로 모는 것은 언어도단이다〉라고 강조하였다. '헌법을 위배한 박 대통령'이라고 했는데 그런 판단을 내릴 수 있는 곳은 헌법재판소뿐이다. '헌법 위배'는 중대 사안이므로 언론사가 결정할 수도 없고, 국회가 판단할 사안도 아니다. 동아일보가 헌법 해석권을 가진 것도 아니다.

사설은 〈오죽하면 비박계 모임인 비상시국회의가 이 대표와 서청원, 최경환, 이장우, 조원진, 홍문종, 윤상현, 김진태 의원(무순)을 '최순실의 남자들' '친박 8적'으로 규정하고 黜黨(출당)을 주장했겠는가〉라고 편을 든다.

위에 든 여덟 명이 '박근혜의 남자들'일 순 있지만 '최순실의 남자들'이라고 볼 증거는 없다. 김기춘 비서실장도 최순실을 몰랐다고 하는데 이들이 알았다는 확증은 없다. 김진태 의원은 박 대통령을 변호한 사람이지 최순실을 변호한 적은 없다. 그럼에도 동아일보는 비박계의 선동적 주장을 옮기고 있다.

동아일보가 최소한의 균형 감각이라도 있다면 좌파와 맞서온 自黨(자당) 대통령을 좌파와 결탁하여 몰아내려고 한 비박계의 이념적 배신을 비판하면서 친박계를 비판하였어야 했다. 동아일보 사설이 설득력이 있으려면 그동안의 誤報(오보)는 고쳐놓고 친박을 비판했어야 했다.

조중동은 박근혜 대통령을 동네북으로 삼아 한국언론사상 최악의 조작, 은폐, 왜곡의 기록을 세우고 있다. 국민들이 이런 사실을 알게 될 때는 "너희들은 최순실보다 나은 게 뭣인가"라고 분노하면서 일어날 것이다. 세 신문은 연일 한국의 보수를 때리고 있는데 한국 보수의 가장 큰 癌的(암적) 존재는 조중동, 그들이다. 오만, 간교, 그리고 바보스러움으로 보수를 분열시키는 데 앞장선 이들은 보수적 가치를 말할 자격을 잃었다. 보수는 진실, 正義(정의), 자유를 3대 가치로 여긴다. 진실을 수호해야 할 직업인인 기자들이 좌파를 위한 선동에 나서면 이들은 보수의 친구가 아니라 보수의 敵이다.

조중동 세 신문은 촛불민심만 선전해주었지 촛불시위를 주도한 세력의 좌편향성을 알리지 않았다. 시위군중이 합창한 '이게 나라냐'가 김일성 찬양가를 만든 보안법 위반 전과자가 작사·작곡한 혁명歌(가)라는 사실도 은폐하였다. 최악의 오보는 진실의 은폐이다. 反대한민국 세력에 불리한 정보는 덮고 박근혜 대통령에게 불리한 정보는 침소봉대하는 것이 보수적 가치일 순 없다.

조중동은 박근혜 대통령이 無力化(무력화)되니 곧바로 친박계 사냥에 나섰다. 친박계의 죄는 박근혜를 위한 변호를 포기한 점이고 촛불시위에 겁을 집어먹은 점이다. 유일한 예외는 김진태 의원이다. 친박계가 조중동의 공격으로부터 살아남으려면 싸워야 한다. 탄핵재판에서 기각 결정이 나오도록 싸워야 하고 조중동과 맞서야 한다. 박근혜 대통령은 매를 10대 맞을 과오를 저질렀는데 100대를 맞아 죽게 생겼다. 실수한 것을 뉘우치는 사람을 돌로 쳐죽인다면 이는 正義(정의)가 아니라 不義(불의)이다.

조중동은 보수의 배신자일 뿐 아니라 저널리즘의 배신자이다. 시간과 경쟁에 쫓기는 기자는 오보를 할 수 있다. 오보임이 밝혀졌을 때 고치면 된다. 오보임이 밝혀져도 바로잡지 않으면 그 순간부터는 선동기관이다. 이들은 자체 개혁이 불가능하므로 외부에서 비판해야 달라질 희망이라도 찾을 수 있다.

한국의 保守는 김정은 정권을 主敵(주적)으로 삼고 투쟁하는 세력이다. 싸움닭이어야 한다. 벼랑에 선 친박계가 스스로를 개혁하는 데 있어서 핵심 목표는 어떻게 투쟁성을 회복하는가이다. 김진태 의원에게 물어보면 답이 있을 것이다. 복잡하게 생각할 것 없이 '김진태 정신'으로 뭉치면 된다. 사람은 어차피 한 번 죽는다. 그리고 반드시 죽는다. 겁쟁이는 그러나 여러 번 죽는다. 친박세력은 "우리가 한 번 죽지 두 번 죽나"라는 독한 마음을 먹고, 反共자유투사 집단으로 거듭 태어나야 한다. 이게 유일한 살 길이다.

오늘 중앙일보 社說 〈친박의 좀비 연대… 더 이상 보수 가치 훼손 말라〉는 국어에 대한 모독이다. 감정적, 저질 표현이 너무 많다.

첫 문장부터 부적절하다. 〈이재명 성남시장의 "좀비가 제일 위험하다. 죽었는데 살아 있는 존재가 있으면 그 자체가 엄청난 혼란"이라는 독설은 정곡을 찌르는 맛이 있다〉는 것이다. 선동가의 말을 인용, 사람을 '좀비'라고 욕하는 게 맛이 있다고 쓰다니! 중앙일보가 이재명 수준이다.

〈박근혜 대통령의 탄핵 가결로 그와 함께 사라져야 할 존재가 새누리당 친박 세력인 점은 국민적 합의에 속한다〉는 暴論(폭론)이다. 박 대통령에 대한 국회의 탄핵소추 가결은 일종의 기소 행위이지 확정판결이 아니다. 헌법재판소의 결정이 나오지 않은 상태에서 유죄임을 단정하는 셈인데 이는 민주국가와 헌법의 무죄추정 원칙을 위반한 말이다. 박 대통령에 대한 탄핵결정이 나오더라도 친박세력이 공동 책임을 질 사유는 아니다. 개인의 잘못을 집단의 잘못으로 모는 것은 개인의 자유와 책임을 근간으로 하는 자유민주주의 정신에 반한다.

중앙일보는 이념적 배신을 한 비박계 비판은 하지 않고 친박만 몰아붙인다.

〈친박들은 분위기조차 파악하지 못하고 있다. 민주주의를 후퇴시킨 법적·윤리적·정치적·역사적 책임을 회피하고 자기들끼리 살아보겠다고 패거리 지어 설쳐대고 있다.〉

패거리, 설쳐댄다 운운은 이 신문사가 언론의 탈을 쓴 편파적 선동기관임을 자백한다. 중앙일보는 마지막 문장에서 폭동을 선동한다.

〈박근혜 정치와 좀비를 닮은 친박 정치세력이 완전히 죽어야 보수가 재건된다. 결국 촛불민심 같은 거대한 불길로 친박을 몰아내야 한다.〉

여기서 말하는 친박은 국회의원이다. 헌법기관이다. 헌법기관을 火刑(화형) 시키자고 선동하는 것은 내란선동으로 重罪(중죄)이다.

(2016.12.12.)

고영태는 호스트바에서 최순실을 만나지 않았다

상품 제작자와 구매자 관계로 최순실 씨를 만났다고 증언

趙甲濟

지난 10월28일자 동아닷컴은 〈고영태 '호빠' 동료 "중년 부인 단골 많은 인기 호스트… 최순실과 관계? 뻔한 얘기")라는 제목의 선정적 기사를 실었다.

최순실(최서원으로 개명·60) 씨의 최측근인 고영태 더블루케이 이사(40)가 호스트바 출신이라는 의혹이 제기된 가운데, 과거 고 씨와 함께 호스트바에서 일했다고 주장하는 증인(A)이 나왔다는 것이다. A 씨는 최순실 씨가 호스트바에 손님으로 왔다가 고 씨를 만난 게 아니냐는 세간의 추측에 대해 "되게 가능성이 많다고 생각한다"면서 최 씨와 고 씨가 서로 반말을 한다는 관련 보도를 근거로 들었다고 한다(자신이 본 사실이 아니라 언론 보도를 근거로 추리를 하고 있다).

A 씨는 "보통 손님들과 마담들, 선수(호스트)들이 애인이거나 친해지면 반말을 많이 한다"며 "뉴스를 보니 고영태는 나이가 마흔이고 최순실은 육십인데 스무 살 차이가 나는데 반말한다는 것 자체가 제가 봤을 때는 너무 뻔한 얘기가 아닐까 생각한다"고 주장했다는 것이다. "개인적인 추측으로는 최순실을 손님으로 만나 애인관계로 발전한 뒤 호스트로서

'공사'를 쳐서 사업을 시작하지 않았을까"라고 추측했다고 한다.

많은 다른 언론도 고영태 씨가 호스트바에서 일할 때 최순실 씨를 만나 애인관계로 발전, 같이 사업을 하게 되었다는 식으로 보도하였다. 지난 주 국정조사 청문회에서 고영태 씨는 이런 보도와는 다른 증언을 했다. 속기록을 읽어보자.

〈**이완영 위원**: 이완영 위원입니다. 고영태 증인께 묻습니다.

증인 고영태: 예.

이완영 위원: 최순실을 언제, 어떻게 알게 되었나 말씀해 주세요.

증인 고영태: 2012년경에 우연치 않게 빌로밀로라는…

이완영 위원: 가까이 대고 말씀해 주세요.

증인 고영태: 빌로밀로라는 가방 회사를 운영하고 있을 때 知人(지인)에게 연락이 왔습니다. 가방 좀 가지고 와서 보여 달라고, 신상이 있으면. 그래서 그것을 보여 주러 간 자리에 최순실이 있었습니다. 그런데 그때는 가방만 보여 주러 갔고 누가 누군지는, 최순실인지도 몰랐습니다, 그때는.

이완영 위원: 그러면 어떻게 친하게 되었어요?

증인 고영태: 친하게 된 게 아니라…

이완영 위원: 아니, 가까운 측근이지 않습니까?

증인 고영태: 언론에 보도된 것과는 전혀 사실과 다릅니다. 그냥 블루 K의 직원으로 있었지, 가까운 측근이고 이런 것은 전혀 사실무근입니다.〉

고영태 씨는 호스트바가 아니라 상품 제작자와 구매자 관계로 최순실 씨를 만났다고 증언한 것이다. 이에 대한 반박이 없었으니 일단 이를 사실로 봐야 할 것 같다. 그렇다면 그 수많은 호스트바 관련 보도는 오보일 가능성이 높다. 고영태나 최순실의 이야기를 들어보지 않고 간접 증언자의 추리에 근거하였으므로.

언론은 지금 박근혜 대통령과 최순실 씨에 대한 인민재판 식 보도를 이어가고 있다. 두 사람에 관한 기사는 사실이 아닌 것으로 밝혀져도 응징을 당하지 않을 것이라 생각하는 듯하다. 그래도 호스트바 이야기는 너무 심하였다.

(2016.12.14.)

혁명을 너무 좋아하는 중앙일보 주필 칼럼

이게 시민혁명이라고? 체제가 바뀌었나? 자유민주주의 체제가 뒤집어졌나?

趙甲濟

오늘자 중앙일보에 실린 〈이하경 칼럼/ 시민혁명 원년, 박정희와 결별하자〉를 읽었다. 李 주필은 〈박근혜 대통령은 민심과 국회에 탄핵됐지만 55년 전 쿠데타로 집권한 박정희가 축조한 획일적 국가주의의 앙시앵 레짐(구체제)은 현재진행형이다〉고 했다.

박정희가 죽은 지 37년이 된다. 그 사이 8명의 대통령이 나왔고, 직선제 개헌으로 본격적인 민주화, 그리고 세계화를 겪으면서 국가체제도 많이 변하였다. 그런데 그는 55년 전에 구축한 국가체제가 그대로 계속된다고 말한다. 그것도 국가주의의 앙시앵 레짐이란다. 국가주의 체제라면 공권력이 지배하는 체제인데, 어째서 경찰이 시위대에 매를 맞고, 대통령이 언론과 야당의 동네북이 되며, 경찰이 부검영장을 집행하지도 못하고 공무집행을 막은 자를 처벌하지 못하는가? 이게 국가주의라면 협회도 국가이다. 이 분은 '앙시앵 레짐'이란 말을 좋아하는데 한국에서 앙시앵 레짐을 개혁하는 데 결정적 역할을 한 사람이 李承晩(이승만)과 朴正熙(박정희)이다. 두 사람 덕분에 한국인들은 조선조적인 守舊性(수구성)과 식민 지배에서 비롯된 타율성을 극복할 수 있었다. 프랑스의

18세기적 현실을 비판하기 위하여 만든 개념에 21세기 한국을 무리하게 대입하면 衒學的(현학적) 과시는 될 수 있을지 모르지만 정확한 분석엔 실패한다.

〈이기적 욕망과 상실의 공포가 교차하는 혼돈의 경계에서는 양심과 정의 대신 복종과 타협을 선택하라고 유혹하는 박정희 패러다임이 예외 없이 작동하고 있다.〉

이해하기 어렵다. 너무 추상적이고 애매모호하다. 저널리즘 문장으로 선 적절하지 못하다. 기사문은 짧고 쉽고 정확해야 한다. 진정한 박정희 패러다임은 정신적 自助(자조)-경제적 自立(자립)-군사적 自主(자주)를 기반으로 自由(자유)통일을 이룩한다는 대전략인데, 李 주필은 멋대로 복종을 유혹하는 것이라 억지를 부린다.

이 주필은 〈그는 불통의 담을 쌓고 비선 실세 최순실과 공동 정권을 운영해 민주주의와 국민주권을 모욕했다〉고 주장한다. 야당이나 운동권 성명서 수준의 과장이다. 박근혜-최순실 공동정권이라면 이의 존재를 알리지 못한 중앙일보는 취재력의 부족으로 지난 4년 동안 국민의 알 권리를 배신하였다는 이야기이다.

그는 오늘의 時局(시국)을 〈後天開闢(후천개벽) 전야의 상황〉이라 표현하였다. 일곱 차례의 촛불 祭儀(제의)를 통해 마침내 앙시앵 레짐의 臣民(신민)이라는 굴레에서 스스로 벗어났기 때문이란다. 祭儀라는 말은 문학적이기도 한데 적절한 용어 선택은 아니다. 祭儀를 통하여 인간 해방을 이루는 것은 샤머니즘이 지배하는 古代(고대)라면 몰라도 현대 민주국가에서 할 일이 아니다. 李 주필은 촛불 시위 전에는 한국인들이 '앙시앵 레짐의 臣民'이었다고 보는데 과연 그런가? 신민이면 권력자에 무조건 복종해야 하는데 우리가 두 달 전까지 그런 삶을 살았나? 대통령을 욕한다고 잡혀간 적이 있나? 이는 이승만, 박정희에 대한 모독일 뿐 아니라 김영삼, 김대중으로 대표되는 민주화 세력에 대한 모독이다. 더 나아가 한국인 전체에 대한 모독이다.

〈이들은 지난날로 돌아가면 죽은 박정희의 포로가 되어 살아가는 것이라는 사실을 잘 알고 있다.〉

죽은 박정희의 포로? 詩文(시문)이라면 몰라도 언론 문장으로는 부적격이다. 산 박정희의 포로가 된 적도 없는데 죽은 박정희의 포로가 될 한국인이 어디에 있을까? 혹시 중앙일보 논설실에 있나?

〈촛불 혁명은 앙시앵 레짐에 의해 훼손된 정의와 시민적 가치의 지체 없는 회복을 명령하고 있다.〉

이 문장 역시 운동권의 선언문 수준이다. 李 주필은 혁명이란 말을 좋아하는데 혁명이 났다면 체제가 무너져야 한다. 자유민주국가에서 혁명이 일어나면 공산독재로 가든지 군부독재로 가든지 독재화한다. 자유민주주의 체제는 혁명을 거부한다. 보수는 혁명을 막아야 한다. 혁명은 과거 부정, 역사 부정, 특정 계급 숙청을 동반한다. 피가 흐른다. 그런 혁명과, 혁명이란 말을 李 주필처럼 즐겨 쓰는 '혁명놀이'는 구별해야 한다.

〈삼엄한 구중궁궐 같은 청와대를 시민의 고단한 일상과 희로애락의 숨결이 느껴지는 가깝고 소박한 공간으로 옮겨야 할 것이다.〉

이 말은 일리가 있다.

〈4·19혁명은 이승만을 몰아냈지만 5·16쿠데타를 막지 못했고, 6월항쟁은 전두환을 심판했지만 쿠데타 세력의 집권 연장을 허용했다.〉

정확한 표현이 아니다. 5·16군사혁명을 부른 것은 4·19혁명 이후의 혼란상이었다. 6월사태는 전두환을 심판한 적이 없다. 전두환 당시 대통령은 노태우와 함께 6·29선언으로 직선제 요구를 수용, 평화적 민주화의 길을 열었다. 두 사람은 한국 민주화의 기여자가 된 것이다. 이 점을 평가한 국민들이 1987년 대통령 선거에서 김영삼, 김대중, 김종필보다 노태우에게 더 많은 표를 던진 것이다. 6월 사태가 전두환을 심판하였더라면 그때 그를 감옥에 보냈어야 한다.

노태우 정부는 선거로 선출된 정통성 있는 정부였다. 이를 '쿠데타 세력의 집권 연장'이라고 비난하는 것은 사실에 맞지 않을 뿐 아니라 유권자들에 대한 모독이고 한국의 민주주의 건설 과정에 침을 뱉는 것이다.

〈당신들은 앙시앵 레짐의 기득권을 내려놓고 새로운 세상을 맞을 준비가 돼 있는가.〉

한국에서 누가 기득권 세력인가? 법과 상식과 견제가 통하지 않는 특권층이 기득권 세력이다. 제왕적 국회, 귀족 노조, 선동 언론, 정치 검찰, 좌경 NGO, 지방자치단체장들이다. 당연히 중앙일보도 기득권 세력이다. 이하경 주필의 공허한 高談峻論(고담준론)이 이를 입증한다.

(2016.12.14.)

왜 대한민국 보수는
다 잃었는가?

공정·공평이란 함정과 값싼 관용의 함정에 빠진 결과입니다.

이희도·조갑제닷컴 회원

왜 대한민국 보수는 세계사에 유례가 없는 금자탑을 쌓고서도 다 잃었는지 곰곰 생각해 봅니다. 신문 방송, 문화계, 학계, 종교계, 법원, 검찰, 경찰 등등 과연 보수가 지킨 것이 있는지 살펴봐도 이미 좌파의 세계이거나 보수 우파가 힘을 전혀 못 쓰는 지경입니다.

財界(재계)는 벌써 중립으로 돌아선 지 오래고 이제 마지막 유착의 끈마저 끊는 지경에 이르렀습니다. 군대야 명령에 살고 죽는 집단이니 보수를 논하면 무엇 하겠습니까?

왜 그렇습니까? 대한민국 保守(보수)야말로 가장 물갈이가 잘 이루어진 집단인데 말입니다. 희생하라면 희생했고 물러나라면 물러났고 욕을 하면 자숙했고 때리면 맞았습니다.

지금 건국에서 김대중·노무현 좌파 정부 이전까지 공이 있고 영향력이 있는 보수인물이 남아 있습니까? 일반 보수적인 국민들조차 직장에서 나가라면 나가서 찬바람을 맞았고 이제는 진보의 바람에 가정에서조차 권위는커녕 박대 받는 신세입니다. 나는 대한민국 보수가 공정·공평이란 함정과 값싼 관용의 함정에 빠진 결과라고 생각합니다.

바둑의 유명한 경구가 있는 것 잘 아실 겁니다. 我生然後殺他(아생연후살타)! 공격도 일단 내가 살고 본 후에 할 수 있다는 것이지요. 그런데 우리 보수는 공정·공평이란 잣대를 아주 관념적인 차원에서 極左(극좌)까지 허용하는 愚(우)를 범했던 것입니다. 예를 들어 국립대학을 봅시다. 국민들 세금으로 세우고 운영되면 당연히 보수여야 합니다. 그런데 서울대를 포함 국립, 시립, 도립 대학들을 보수라 할 수 있습니까? 아니 어느 한 군데 대학이라도 좌파의 대명사 성공회대 같은 우파 브랜드 대학이 있습니까? None!

좌파 브랜드 한겨레신문이 있습니다. 그런데 우파 브랜드 신문이 있습니까? 사실은 조중동도 벌써 우파 브랜드를 벗어 던진 지 오래지요. 옛날 3공 때 경향신문 같은 정부 기관지조차 이제는 좌파신문입니다. 뭔가 우파 신문을 지키거나 만들었어야 하는데 아무 노력을 하지 않았습니다.

법조계를 봅시다. 특히 법원은 당연히 우파의 이념이 지배되어야 합니다. 따라서 법관을 뽑을 때 당연히 극좌 성향의 인물은 배제되었어야 합니다. 사법 고시를 패스해도 인터뷰에서 걸러 냈어야 합니다. 그러나 그 무분별 公正·公平 때문에 붉은 사상의 소유자도 시험을 통과하면 임용이 되어 오늘날 대한민국의 안위가 걸린 사건에서조차 법원의 정당한 판결을 기대하기 어렵게 되었습니다.

문화는 원래 자유 진보주의자들의 무대입니다. 미국 할리우드를 보면 그렇습니다만 할리우드조차 우파의 존재감은 뚜렷합니다. 늘 국가주의 애국주의 영화를 만들고 국민들의 사랑을 받습니다. 그 이유는 우파 문화인을 우파가 지원하기 때문입니다. 그러나 작금의 대한민국 문화계는 완전히 좌파 물결입니다. 돈을 벌 수 있고 인기를 얻을 수 있으니 좌파를 하는 것입니다.

　이문열 씨가 당할 때 같이 싸워주고 지켜줘야 하는데 몰매를 맞도록 놔두니 누가 감히 우파를 자처하겠습니까? 지금도 마찬가지로 김진태 의원이 몰매를 맞으면 지켜줘야 하는데 지킬 수단조차 없습니다. 뭐가 있어야 지키는 것 아니겠습니까? 노쇠한 우파 진영이 여기저기 몰려다닐 수도 없고.

　방송은 정말 기가 찹니다. 국민 세금으로 운영되는 KBS가 좌파들의 아성으로 전락한 것도 좌파 직원을 걸러냈다면 저 정도는 아니었을 겁니다. 그동안 좌파 학생 운동 경력자들을 전부 사면하고 복학 시켜줬습니다. 폭력 前科(전과)까지 포함하여 다 풀어주고 보니 그들이 지금 국회, 대학, 신문, 방송, 문화계를 휩쓸고 오히려 운동 경력이 훈장이 되어 버렸습니다. 다 보수가 무분별한 관용을 한 결과입니다. 만약 폭력 연루자들은 배제했더라면 좌파 진영이 저토록 커지지는 않았을 것이고 폭력적 시위 문화도 달라졌을 것입니다.

　이제부터라도 보수 우파는 지키고 싸워야 합니다. 아생연후, 즉 내가 사는 것을 최우선 과제로 다시 태어나야 합니다.

(2016.12.17.)

주인을 죄인 다루듯 한
나쁜 머슴들!

촛불민심이 지향해야 할 곳은 無力化된 청와대가 아니라 제왕적 국회이다. 혁파해야 할 한국의 6대 기득권 세력은 제왕적 국회, 선동 언론, 정치 검찰, 귀족 노조, 좌경 NGO, 지방자치단체장들이다. 법, 상식, 견제가 안 통하는 특권층이다.

趙甲濟

요사이 진행되는 최순실 사건 국회 국정조사 청문회는 질문 담당 의원들에 대한 국민적 분노를 일으키고 있다. 촛불민심이 지향해야 할 곳은 無力化(무력화)된 청와대가 아니라 제왕적 국회이다.

1. 질문하는 자세가 너무나 저질이고 거칠며 무식하다. 與野(여야) 구분도 없다.

2. 日帝(일제) 고등계 형사를 했으면 좋았을 사람처럼 죄 없는 증인들을 몰아세운다. 국민들의 머슴을 자처하는 의원들이 국민(증인)을 죄인 다루듯 한다.

3. "거짓말 마세요", "천당에 못 갈 것" 등등 정상인이 아니라면 공개적으로 할 수 없는 이야기를 내뱉는다.

4. 자신이 원하는 답변이 나오지 않으면 화를 내면서 설명을 중단시킨다.

5. 年長者(연장자)에 대한 호통, 고함, 훈계 등등 패륜적 言行(언행)을 한다.

6. 기업의 私有(사유)재산권과 자율적 의사 결정권을 침해하는 압박을 예사로 한다. 삼성의 어느 부서를 없애라든지, 전경련에서 빠지라든지. 이는 강요죄에 해당되지 않을까?

7. 어제는 국가적 기밀사항이기도 한 현직 대통령의 건강을 집중적으로 파헤치는데, 의사들을 윽박질러 환자로 조작하려는 게 아닌가 의심이 들 정도였다.

8. 자리가 뒤바뀌었다는 느낌마저 들 정도이다. 의원들이 증언대에 앉고 증인들이 의원석에 앉아야.

9. "최순실보다 더 나쁜 이들이다"는 말을 듣는 국회를 개혁하지 않으면 국민들의 정신건강에 심각한 문제가 생길 것 같다. 정신감정이 필요한 자는 대통령이 아니라 국회의원이다.

10. 혁파해야 할 한국의 6대 기득권 세력은 제왕적 국회, 선동 언론, 정치 검찰, 귀족 노조, 좌경 NGO, 지방자치단체장들이다. 법, 상식, 견제가 안 통하는 특권층이다.

(2016.12.17.)

청문회 유감

제깟 것들이 뭔데 유권자들을 불러놓고 호통치고, 빈정대고, 닦달을 하는가?

證人·조갑제닷컴 회원

'의원님, 지금 범죄인 심문하고 있어요? 내가 범죄인입니까? 예의를 지켜 주세요. 내 아내와 자식들도 보고 있습니다.'

TV를 통해 국회 청문회를 보고 있노라면 의원들의 오만방자함에 저절로 짜증이 난다. 맘대로 할 수만 있다면 달려가서 뺨이라도 한 대 갈겨주고 싶은 심정이 불쑥 들곤 한다. 제깟 것들이 뭔데 유권자들을 불러놓고 호통치고, 빈정대고, 닦달을 하는가? 걸핏하면 '국민들' 운운하는데 어느 국민들이 그런 권능을 부여했다는 것인지? 조용히 묻고 조용히 들으면 안 되나? 예의를 지키면 한국인 아니랄까 봐?

그런데 증인이나 참고인으로 나온 사람들도 답답하다. 하나같이 주눅 들어 '예예' 거리고들 있으니 보기가 딱하기도 하지만 화도 난다. 지은 죄가 있어 불려나온 이들이야 그럴 수밖에 없다 하더라도 순수한 증인이나 참고인이라면 주눅 들어야 할 이유가 없는데 말이다. 오히려 의원들의 오만방자한 언행에 대해 유권자의 한 사람으로서 '너무 고압적이지 않느냐!'며 일침을 놓을 수도 있으련만.

(2016.12.17.)

중앙일보는 촛불시위대의 기관지인가?

중앙일보가 언론이 아님을 스스로 자백한 제목들

趙甲濟

〈"탄핵 이유없다" 대통령 답변서에··· 광화문 광장서 타오른 60만 촛불〉(12월17일 중앙일보 joins.com 머리기사 제목)

〈국민 분통 터트린 세 장면: "탄핵 이유 없다", 도로 친박당, "못 들어간다"〉(오늘자 중앙일보 1면 머리기사 제목〉

중앙일보가 언론이 아님을 스스로 자백한 편집이다. 보도 기사의 제목이 감정적이고, 편파적이며, 저질이다. 촛불시위대의 기관지라면 이해가 간다. 특히 경찰 추산으로 6만 명이 모인 촛불 시위 참가자 수를 10배나 과장한 것은 중앙일보가 좌파단체가 주동한 촛불시위의 선전대 역할을 하고 있다는 의심을 정당화한다.

(2016.12.17.)

"탄핵 이유없다" 대통령 답변서에…
광화문 광장서 타오른 60만 촛불

[8차 촛불집회] 헌법재판소 100m 앞으로…"황교안 권한대행 퇴진"도

- 대구 촛불집회 4000명 "헌재, 탄핵소추안 인용하라"
- 손학규도 광주서 촛불집회 참여…시민들 "박 대통령, 죗값을 받아라"
- 대전 촛불집회 "황교안이 박근혜다" 구호…이재명 동참
- "박근혜 퇴진, 김진태 사퇴, 황교안 내각 총사퇴" 춘천서도 촛불집회

도리뱅뱅이

중앙일보

joongang.co.kr

제6130호 4판 2016년 12월 17일 토요일

간판로를 모르면 몸이 고생!
믿음 아는 힘 우루사

국민 분통 터트린 세 장면

PM 3:35 헌재에 답변서 낸 박 대통령

"탄핵 이유 없다"

AM 11:45 새누리 원내대표 선거

도로 친박당

PM 3:14 국조 특위 막은 청와대

"못 들어간다"

대리인단 "헌법 위배 아니다"

"탄핵은 이유가 없으며 (국회의 탄핵 청구)는 기각돼야 한다"고 박근혜 대통령이 16일 탄핵심판 이유가 없다고 주장했다. 대리인단이 헌법재판소에 제출한 탄핵 사유에 대한 답변서를 통해서다. 대리인단에 속한 이중환(57) 변호사는 "헌법 위배로 인정되기 어렵고 법률 위배 부분은 증거가 없다. 사실 관계와 법률 관계로 다투겠다"고 말했다. 세월호 참사와 관련해서는 "대통령의 직접 책임이 아니며, 대통령이 (국민의) 생명권을 직접 침해한 사실도 인정

하기 어렵다고 본다"고 말했다.

국회는 지난 9일 탄핵소추안의 결의안에서 최순실(60·구속)씨와 국정 농단을 방치하고 세월호 참사 때 부적절하게 대응했기 때문에 박 대통령이 헌법과 법률을 위반해 대통령의 헌법수호 의무를 위반해 국민의 생명권을 보장하지 못했다고 주장했다.

대리인단은 헌재가 박영수(64) 특별검사와 검찰의 수사기록을 보내 달라고 요청한 것에 대해 헌법재판소법 위반이라며 이의신청서를 냈다.

문병주 기자 moon.byungju@joongang.co.kr

▷관계기사 3면

정우택, 비박 나경원 꺾고 선출

새누리당이 '도로 친박당'이 됐다. 박근혜 대통령이 '촛불 민심'에 의해 지지정당이 상태에 들어선 상태지만 16일 새누리당 원내대표 경선에서 옷은 친 친박세력이다.

친박계 4선 정우택 의원은 62표를 얻어 55표에 그친 비박근혜계 나경원 의원을 승리했다. 오전 11시45분쯤 승리가 확정되자 정 의원은 "경도 화합과 혁신대개혁이 되겠다"고 말했다. 하지만 그는 친박 정국에서 사죄 전환에 옷은 친 친박계였다.

친박계는 4선 정우택 의원을 앞으로 내세우는 데 성공했다. 친박 중진들의 위기감에 비박계 통합의 제자리는 "친박계가 16대위원회 체제에서 흔들리는 비박계의 탈당 규모가 커질 것"이라고 말했다.

더불어민주당 소속 박범계 의원은 "본 국민이 보고 있고, 검찰에 아무 문제없다. 언론이 취

재를 해줘서라도 넌도 만들어 가겠다"고 비판했다.

서승욱 기자 seoswook@joongang.co.kr

▷관계기사 4, 5면

특위, 경내 현장조사 좌절

16일 오후 3시14분 청와대 춘추관 (기자실) 앞의 소란스러워(기자실) 앞의 소란스러워졌다. 국회 최순실 국정 농단 진상규명 특별위원들은 이날 청와대 경호·경비실장을 만나러 왔다. 그러나 두 시간 만에 돌아섰다. 오후 5시14분쯤 현장조사는 이뤄지지 못하고 끝났다.

청와대 경호실은 조사 실내 위원 (기자)들이 들어오는 것을 막았다. 그러나 특위 측 위원들과 경호실 간의 충돌이 일어났다.

마지막 경호실은 과내 취재진의 춘추관 통과를 막았다. 특위위원들은 춘추관에서 춤 더 들어오면 연중을 쏟아냈다.

moonbright@joongang.co.kr
사진=김성용·김현동·강정현 기자

한국일보와 중앙일보의 정말 웃기는 기사

변호인이 대통령을 변호한다고 화를 내는가 하면 기자의 상상력이 소설가를 뺨친다.

문무대왕·조갑제닷컴 회원

요즘 신문이 미쳐 날뛰는 가운데 한국일보는 웃기는 기사 제목으로 무식함을 드러냈고 중앙일보는 허위내용을 단독으로 대서특필하고도 정정보도는 한 귀퉁이에 숨겨놓는 양심불량의 꼼수를 썼다.

한국일보는 17일자 1면 머리기사의 타이틀로 "朴 탄핵이유 없다… 셀프 면책답변서"라고 뽑았다. 박 대통령 변론 대리인단이 헌법재판소에 제출한 답변서를 '셀프(SELF) 면책답변서'라고 비꼬는 듯하다. '셀프'란 표현은 적절하지 못하다 그럼 검찰이 낸 공소장도 '셀프 공소장'인가? 대통령 변론 대리인은 당연히 국회가 제출한 탄핵소추안에 대해 반론을 제기하고 대통령의 입장을 대변할 의무가 있지 않는가? 수많은 민·형사 사건을 수임한 변호사가 재판부에 제출하는 답변서나 釋明書(석명서)가 의뢰인에게 유리하게 작성하지 않은 게 있는가?

중앙일보는 16일 3면 하단 귀퉁이에 보일락 말락한 1단짜리 '바로잡습니다'라는 정정보도문을 게재했다. 정정보도문은 이렇다.

〈13일자 8면: '우병우 제주에? 사촌동서 이득홍 주말 당일치기 방문'

기사와 관련해 법률사무소 담박의 이득홍 변호사가 우 전 수석을 만나기 위해 제주도에 간 것은 아닌 것으로 확인돼 바로잡습니다.〉

이같이 간단한 정정보도문과는 달리 중앙일보는 지난 13일 단독보도로 대서특필하며 소설 같은 허위기사를 보도했다. 허위기사는 이렇다.

〈지난 10일 오전 8시 제주공항으로 향하는 D항공 여객기 승무원들은 이코노미석의 한쪽 구석에 앉은 한 탑승객에게 유난히 신경을 썼다고 한다. VIP고객이면서도 이코노미석에 앉은데다 VIP고객에게 주어지는 에스코트 서비스(직원의 안내서비스)도 이용하지 않았기 때문이다. 당시 목격자는 불안한 표정으로 주변 시선을 부담스러워하는 듯해 계속 신경이 쓰였다고 전했다. 서류가방만 들고… 지난 토요일 13시간 동안 제주를 다녀온 이 탑승객은 전 서울고검장 출신 이득홍 변호사다… 일각에선 이 변호사가 우 전 수석을 만났을 수도 있다며 종적을 감춘 우 전 수석의 행방과 연관 짓는 추측이 조심스럽게 나온다….〉

참으로 웃기는 소설 같은 허위기사이다 중앙일보와 기자의 수준이 이 정도다. VIP는 무조건 일반석이 아닌 1, 2등석을 탈 것이라는 기자의 생각 자체가 아주 잘못됐다. VIP는 어째서 이코노미석을 타면 안되는가? 또 기자가 목격자라는 사람의 얘기만 전해 듣고 기자가 직접 본 것처럼 그려내는 상상력이 놀랍다. "불안한 표정"이라든가 "시선을 부담스러워 하는…" 등의 표현은 기사가 아니라 기자가 조작한 완전 소설이다. 중앙일보는 이런 誤報(오보)를 단독 특종인 양 대서 특필해놓고 정정보도문은 쥐꼬리만하게 숨겨 보도하는 작태는 사회의 거울인 신문이 가져서는 안 되는 아주 나쁜 버릇이다. 피해자에 대한 갑질이고 아직도 언론이 권력자인 양 착각하고 있다.

(2016.12.17.)

의혹 단계에서 흥분부터 하는
동아일보와 중앙일보

동아일보 사설에 이어 중앙일보도 흥분하였다. 〈청문회 흔든 '양승태 사찰' 문건〉
이라는 제목의 기사를 1면 머리에 올린 것이다. 그런데 이 기사에는 폭로자의 신뢰
성에 의문이 가는 내용이 있다.

趙甲濟

    동아일보 어제 사설 제목은 〈최순실은 '성역'으로 비호한 靑, 사법부
까지 사찰했나〉였다. 조한규 前 세계일보 사장이 '최순실 국정 농단' 국
정조사 특위 4차 청문회에서 청와대가 동향 보고 수준의 문서를 공개
하면서 양승태 대법원장까지 '사찰'했다고 주장한 것을 다룬 사설이다.

    조 전 사장은 2014년 말 세계일보가 '정윤회 문건' 보도 과정에서 확
보한 파일 가운데 "양승태 대법원장의 일상생활을 사찰한 문건과 최성
준 방송통신위원장의 춘천지방법원장 시절 대법관 진출을 위해 운동했
다는 사찰 문건이 있다"며 "부장판사 이상 사법부 모든 간부를 사찰한
명백한 증거"라고 주장했다. 세계일보는 이날 두 문건이 국가정보원에서
'대외비'로 작성한 것이라고 했다. 동아일보 사설은 〈단순 동향보고라고
해도 국정원이 대법원장과 사법부를 지속적으로 사찰해 문건을 만들고
청와대에까지 보고했다면 중대한 삼권분립 위반〉이라고 했다. 계속 '사
찰'이란 단어를 썼다.

대법원도 "법관에 대한 일상적인 사찰이 이루어졌다면 실로 중대한 反헌법적 작태"라고 했다. 법원이 가정에 근거하여 화를 낸 것이다. 동아일보와 대법원은 전직 언론인의 주장이 사실인지 아닌지를 확인도 하지 않고 흥분부터 하고 본다. 중요한 것은 사실 관계이다. 주요 공직자의 동향에 대하여는 정부기관이 알 필요가 있다. 공직자의 안전을 지키기 위해서도 그렇고 人事(인사)를 위한 참고자료로도 필요하다. 이를 사찰이라고 할 수 있나? 사찰은 감시나 탄압을 뜻한다. 박근혜 정부가 신상 정보를 정치적으로 악용한 사례가 있나? 그렇다면 '사찰'은 선동적 용어 선택이다. 동아일보 사설의 마지막 문장은 전형적인 선동이다.

〈대통령 탄핵 사태까지 부른 최순실의 국정 농단 사건이 불법 사찰과 도·감청, 공직자 뇌물 의혹으로 번질 조짐이다. 이 모든 의혹에 대해 특검은 철저한 수사를 통해 '이게 나라냐'고 되뇌는 국민의 울분을 풀어줘야 한다.〉

사찰임이 확인되지 않은 상태에선 사실 관계를 냉정하게 파악하는 데 주력해야지 이렇게 흥분할 일이 아니다. 의혹이 사실이 아닌 것으로 드러나는 경우가 허다하기 때문이다. '이게 나라냐'고 되뇌는 국민에겐 '이게 나라다'고 설득을 해야지 울분을 풀어주기 위하여 생사람을 잡으려 해선 안된다.

'불법 사찰과 도·감청, 공직자 뇌물 의혹'은 社說(사설)의 대상이 되기엔 부족하다. '불법 사찰과 도·감청, 공직자 뇌물 사실'이라야 사설의 소재가 될 수 있다. 중대한 오보를 한 적이 있는 세계일보 출신 언론인의 '주장'만 믿고 이렇게 부채질을 하는 동아일보는 한때 민족지로 불렸다. 언론이 저널리즘의 원칙을 포기하면 자동적으로 선동가의 심부름꾼으로 전락한다.

어제 중앙일보도 흥분하였다. 〈청문회 흔든 '양승태 사찰' 문건〉이라는 제목의 기사를 1면 머리에 올린 것이다. 그런데 이 기사에는 폭로자의 신뢰성에 의문이 가는 내용이 있다.

조한규 씨는 청문회에서 현직 부총리급 인사가 최 씨의 전 남편인 정윤회 씨에게 인사청탁과 함께 거액의 뇌물을 건넸다는 주장을 하였으나 새누리당 최교일 의원의 질문에 대하여는 "돈이 오고간 것은 취재가 안 되었다"고 한 발 뺐다는 것이다. 현직 부총리급 인사로 지목된 감사원장은 근거 없는 낭설이라며 법적 대응을 할 뜻을 비쳤다는 것이다.

이처럼 신뢰성에 의문이 많은데 왜 중앙일보는 〈청문회 흔든 '양승태 사찰' 문건〉이란 선정적이고 과장된 제목을 1면 머리에 올렸을까? 박근혜 대통령을 항거 불능의 동네북으로 간주하고 멋대로 쓰는 것이 아닌가? 의혹은 그 수준에 비례하는 편집을 해야 한다. 1, 2단 기사로 작게 다뤄야 사실이 아닌 것으로 밝혀졌을 때의 피해를 막을 수 있다.

연합뉴스에 따르면 청와대는 16일 조한규 전 세계일보 사장이 폭로한 양승태 대법원장에 대한 사찰 의혹과 관련, "사실무근"이라고 밝혔다고 한다.

잘한 일도 많은 박근혜 대통령은 10대를 맞아야 할 매를 선동 언론과 정치 검찰의 공조로 100대를 맞고 있다. 검증되지 않은 의혹을 1면 머리로 올리는 언론과 이를 뒷받침하는 방향의 수사를 하는 검찰이 있는 나라는 地獄圖(지옥도)를 그릴 때가 있다. 다음 페이지 문무대왕(필명)이라는 조갑제닷컴 회원이 쓴 글이 동아일보와 중앙일보보다 성숙된 識見(식견)을 보여준다.

(2016.12.17.)

동향보고와 査察을 혼동한 언론과 국회의원들

임기직인 사법부의 首長에게 불이익을 주기 위해 사찰했다는 부정적 주장과 보도는 정치공세.

문무대왕·조갑제닷컴 회원

제4차 국정조사에서 세계일보 前 사장 조한규가 공개한 '정윤회 문건' 가운데 양승태 대법원장 사찰주장에 대해 언론이 크게 보도했다. 특히 경향신문은 1면에 머리기사로 "박근혜 정부, 양승태 대법원장 사찰"이라고 보도했다. 3면에는 "정부가 법관 약점 잡고 있다가 적당한 때 활용하려던 것"이라고 단정해 보도했다. 경향신문은 조한규 前 사장의 폭로를 일방적으로 받아 보도했을 뿐만 아니라 '動向報告(동향보고)'와 '査察(사찰)'을 제대로 구분하지 못한 것 같고, 추측만으로 단정하는 잘못을 저질렀다. 경향신문은, 조한규가 폭로한 내용에 따르면 "양승태 원장의 일상적 활동과 평판을 수집한 내용이 담겼다"고 보도했다.

15일 TV조선의 '이것이 정치다'에 출연한 정미경 변호사(前 국회의원)는 진행자의 질문을 받고 "'동향보고'와 '사찰'을 제대로 구분하지 못한 것 아닌가?" 하는 의문을 제기했다. 동향은 고위 공직자나 저명인사 등 要人(요인)들에 대한 일상적 활동과 世人(세인)의 평판을 수집하는 것이고 이 같은 동향보고는 정보기관의 일상 업무 중의 하나라고 지적했다.

정 변호사는 자신에 대해서도 직접 물어오기도 한 적이 있다며, 공인으로서의 활동에 대해 떳떳하다면 그것을 문제 삼을 이유가 없지 않느냐고 반문했다. 이어 조한규 前 사장의 주장이 사실이라면 정윤회 문건의 중심에 있었던 공직기강 담당 비서관 출신인 민주당 조응천 의원을 국정조사 청문회 증인으로 불러 사실여부를 확인해야 하지 않느냐고 지적했다.

공인이나 지도층 인사에 대한 동향자료는 고위 공직자 선임을 위한 존안자료로도 활용되고 신변보호 등에 활용되기도 한다. 인사청문회에서 자주 논란이 되는 인사검증 부실 지적은 해당자들에 대한 동향자료가 부실했기 때문이기도 하다. 양승태 대법원장에 대한 '일상적 활동과 평판에 대한 단순 자료수집'이었다면 사찰이 아닌 동향보고 수준으로 보는 것이 타당하다는 전문가들의 견해이기도 하다.

動向(동향)은 '어떤 특정한 사람이나 사물의 움직임을 살피는 것'이고 査察(사찰)은 '조사하여 살피는 것으로 주로 사상적 동태를 조사하고 처리하던 경찰의 과거 직분'에 해당한다. 사찰의 부정적 의미는 특정인의 비리를 포착하기 위한 정보수사기관의 특수 활동 범주이기도 하다. 그러나 IAEA(국제원자력기구)가 북한의 핵문제에 대해 핵사찰을 할 경우 긍정적인 측면도 있다. 조한규가 폭로한 것처럼 양 대법원장의 일상적 활동과 평판에 대한 단순한 자료수집 차원이었다면 임기직인 사법부의 首長(수장)에 대해 불이익을 주기 위해 사찰을 했다는 부정적 주장과 보도는 정치공세에 가깝다.

조한규의 폭로에도 의문점이 많다. 부총리급 인사가 정윤회에게 7억 원을 줬다는 주장 또한 확인이 필요하고 세계일보 측이 상당부분을 부인하고 있는 점도 경청해야 할 것이다. 이번 국정조사 청문회에서 김성태 위원장을 비롯한 국회의원들이 보여 준 패륜적 막말과 허위사실 주장, 그리고 증인들을 죄인 취급한 것은 저질 꼴불견 그 자체였다. 특히 야당의원들이 자신들에게 유리한 증언을 해주는 증인들에게는 정중하게 대하면서 불리한 답변을 하는 증인에게는 홀대하는 모습을 보인 것은 청문회 무용론의 명분을 제공하기도 했다.

(2016.12.17.)

황당한 뉴시스 기사

<박대통령 측 황당주장, '최순실 뇌물죄 입증돼도 파면감 안돼'>라는 제목의 기사는 기사 요건을 갖추지 못하였다.

趙甲濟

통신사인 뉴시스는 오늘 <朴 대통령 측 황당주장, '최순실 뇌물죄 입증돼도 파면감 안돼'>라는 제목의 기사를 내보냈다.

이 기사가 황당하다. 박근혜 대통령의 변호인들이 헌법재판소에 낸 답변서 내용을 차분하게 소개하면 되는데 여기에다가 기자의 主觀(주관)을 얹은 것이다. 보도 기사에 '황당하다'는 감정적 논평을 첨부했으니 기사 요건 미달이다. 교정을 본 부장은 기자를 불러 훈계를 해야 할 사안인데 그냥 내어보내 뉴시스의 신용등급에 악영향을 끼쳤다. 대통령을 파면하려면 중대한 헌법 및 법률 위반이라야 함으로 설사 뇌물죄가 성립되더라도 그 정도로는 대통령을 파면할 수 없다는 것이 박 대통령 측 변호인의 주장인 것이다.

2004년 노무현 탄핵 재판 때도 헌법재판소는, 盧 당시 대통령이 자신의 재신임을 묻는 국민투표를 제안한 것을 헌법 위반으로 보았지만 이 정도의 위반으로는 대통령을 파면, 國政(국정)혼란을 부를 사안이 아니라고 판단한 적이 있다.

(2016.12.18.)

중앙일보는 오늘도 친박세력 때리기에 열심이다. 이훈범 논설위원의 칼럼 '친박 진창에 빠진 대한민국'은 거친 한국어를 쓴다. 〈국가야 어찌 되건 생명 연장만 관심. 나라 망치기는 소인 하나라도 족해〉라는 뽑음 말부터 그렇다.

말이 거친 것과 함께 이 칼럼은 사실과 다른 기술을 하고 있다. 〈2014 년 4월16일 오후 늦게까지 머리 손질 말고는 아무것도 한 게 없는 대통령〉이란 말은 허위이다.

이 글을 읽으면 朴槿惠(박근혜) 대통령은 그날 머리 손질만 한 것처럼 느껴진다. 청와대는 박 대통령이 서면 보고를 받은 뒤 오전 10시15분에 안보실장, 10시35분에 해경청장에게 구조관련 지시를 하였다고 밝혔다. 머리 손질엔 20분이 걸렸다고 했다. 물론 오후엔 구조본부에 가서 보고를 받았다. 그러니 〈머리 손질 말고는 아무것도 한 게 없는 대통령〉은 실수에 기인한 誤報(오보)가 아니라 의도적 조작이다. 朴 대통령은 항거불능 상태이니 그에 관한 글은 아무리 무리를 해도 안전하다고 생각하는 것일까?

李 논설위원은 막말도 한다.

〈3차에 걸친 담화에서도 그러더니 탄핵심판 답변서에서조차 정신 나간 소리를 하고 있으니 참으로 기가 막히다. "최순실이 국정에 개입한 건 전체의 1%도 안 되니 나는 죄가 없다"는 게 어찌 약 기운 없이 가능한 애기란 말인가.〉

李 위원의 이 말이 정신 나간 소리에 가깝고, 약 기운 없이는 불가능한 얘기가 아닐까?

탄핵심판 답변서는 박근혜 대통령을 위한 변론문이지 사과문도 고백문도 아니다. '나는 죄가 있다'는 고백을 하지 않았다고 정신 나간 소리라니? 필자의 재판 절차에 대한 이해력이 의심스럽다.

李 위원의 친박세력에 대한 저주도 지나치다.

〈주군이 관저에 유폐되는 수모를 겪는 지경까지 왔다면 주군을 잘못 모신 죄로 자결은 고사하고 하다못해 정계은퇴를 선언하는 사람이 하나라도 나와야 했던 게 아닌가 말이다.〉

主君(주군)이라니? 守舊的(수구적) 발상이다. 자유민주주의의 정치윤리를 봉건체제의 윤리로 代替(대체)하려 한다. 잘못 모신 데 대하여 자결을 한다? 일본 사무라이의 윤리를 현대 정당정치에 도입하겠다는 것인가? 戰後(전후) 일본에서도 '주군'을 잘못 모셨다고 자결한 국회의원은 없는데 말이다.

동네북을 두드리는 데는 제한이 없다. 아무나 와서 때리면 된다. 그렇게 제한이 풀릴 때 인격의 본질이 드러난다. 이 글은 중앙일보에 자주 등장하는 惡文(악문)의 한 대표작이다. 문장론을 강의할 때 교재로 쓸

만하다. 글을 이렇게 쓰면 안 된다는 교훈으로서.

　이 글을 읽으면 중앙일보엔 교정이나 견제 기능에 문제가 있다는 생각이 든다. 이런 수준의 글은 활자화되면 안 되는데 어떻게 엄격해야 할 교정 과정을 통과할 수 있었는지 궁금하다. 정신이 나갔거나 약 기운 때문은 아니겠지만….

(2016.12.20.)

7

언론이 은폐한 촛불시위 주도단체의 正體

2016.11.14 ~ 2016.12.16

조합원 수 69만의 국내 최대 노동단체, 國保法 철폐 등 대한민국 정체성 훼손에 집중

'광화문 촛불시위' 주도 단체 민노총 분석

金泌材·조갑제닷컴 기자

'최순실 게이트' 발생 이후 주말마다 광화문 광장에서 '박근혜 대통령 퇴진'을 선동하며 소위 '민중총궐기'라는 이름 아래 집회를 주도한 단체는 민노총(전국민주노동조합총연맹) 등 53개 단체가 참여한 '2016 민중총궐기투쟁본부'이다. 〈조갑제닷컴〉 확인 결과 이들 53개 단체 가운데 23개 단체(43%)는 '2008년 광우병 촛불집회' 참여단체였으며, 2개 단체(민족자주평화통일중앙회의, 조국통일범민족연합남측본부)는 利敵(이적)단체인 것으로 나타났다.

이들 단체는 2015년 11월부터 민노총 주도하에 비정기적으로 산발적인 집회를 열어왔으며, 2016년 하반기 '최순실 게이트'를 정점으로 집회를 전국 규모로 확대시켰다.

민노총이 공개한 '민중총궐기투쟁본부' 참여단체는 아래와 같다.

〈21C한국대학생연합, 구속노동자후원회, 노동사회과학연구소, 노동자계급정당추진위, 노동자연대, 민권연대, 민대협, 민족자주평화통일중앙회의, 민주노동자전국회의, 민주수호공안탄압대책회의, 민주주의국민행동, 민주화를위한전국교수협의회, 민주화실천가족운동협의회, 민중의힘, 변혁재장전, 보건의료단체연합, 빈곤사회연대, 빈민해방실천연대, 사월혁명회, 사회진보연대, 알바노조, 민가협양심수후원회, 용산참사진상규명위원회, 장그래운동본부, 전국농민회총연맹, 전국민주노동조합총연맹, 전국불안정노동철폐연대, 전국빈민연합, 전국여성농민회총연합, 전국여성연대, 전국장애인차별철폐연대, 전국학생행진, 전태일을따르는사이버노동대학, 전태일재단, 조국통일범민족연합남측본부, 천주교인권위원회, 청년유니온, 청년좌파, 청년하다, 추모연대, 통일광장, 평등교육실현을위한전국학부모회, 평화와통일을여는사람들, 평화재향군인회, 한국비정규노동센터, 한국진보연대, 한국청년연대, 행동하는성소수자인권연대, 유가협, 계승연대, 통일의길, 노동전선, 부정선거진상규명시민모임 등 53개 단체 (출처: '민중총궐기투쟁본부' 보도자료)》

北 웹사이트에 게재된 '민중총궐기투쟁본부 발족선언문'

북한의 對南 공작기구인 조평통(조국평화통일위원회)이 운영하는 '우리민족끼리' 홈페이지와 민노총 홈페이지에는 '2016 민중총궐기투쟁본부 발족선언문'이 함께 게재되어 있다.

민노총은 민중총궐기투쟁본부 발족선언문에서 "오늘 우리는 이미 내려진 국민의 준엄한 심판을 거부한 채 막장으로 치닫고 있는 박근혜 정권을 끝장내기 위한 2016년 민중총궐기투쟁을 선포하기 위해 이 자리에 섰다"면서 남한의 보수정권 타도를 투쟁목표로 삼았다.

발족선언문은 이어 "파렴치한 現 당국이 심판을 거부하고 무기력한 야당이 국민을 방치한 상황에서 쌓이고 쌓인 민중의 분노, 커지고 더 커진 민중의 분노를 드러낼 방법은 이제 스스로의 투쟁뿐이며 우리는 이러한 민중의 분노를 받아안고 올해 11월12일 '민중총궐기대회'를 개최할 것"이라고 밝혔다. 그러면서 "모이자 서울로! 2016년 민중총궐기대회로! 더 큰 분노로! 더 큰 힘으로! 불통정권, 독재정권을 끝장내고 민중의 희망을 열자!"고 대중을 선동했다.

인터넷 매체 '통일뉴스' 2016년 9월20일자 보도에 따르면 '2016 민중총궐기투쟁본부'는 단체 발족식에서 지난해에는 "일자리, 노동, 농업, 민생빈곤, 청년학생, 민주주의, 인권, 자주평화, 세월호, 생태환경, 사회공공성, 재벌책임 강화 등 11개 분야에 걸쳐 '세상을 바꾸는 11대 요구'"를 제시했으며, "올해는 '韓日 위안부 합의 무효화 재협상 추진'을 추가하여 '2016 민중총궐기 12대 요구안'으로 발표했다"고 한다. 민노총 홈페이지에 게재된 '2015년 민중총궐기투쟁본부' 자료에는 '세상을 바꾸는 11대 요구안'의 '민주주의' 부분에 국가보안법 폐지와 국정원 해체가 포함되어 있다. 이와 함께 '자주평화 부분에는 ▲對北적대정책 폐기 ▲5·24조치 해제, ▲한반도사드(THAAD)배치 반대 ▲韓美日삼각 군사동맹 중단 등이 세부항목으로 등장한다.

"민주노총, 전국집회 참여·대회 공동주관·행진도 이끌었다"

민노총 기관지 〈노동과 세계〉는 2016년 11월20일자 보도에서 11월19일자 촛불집회를 거론하며 "박근혜 퇴진! 전국 집중 100만 민중총궐기와 3차 범국민행동이 열린 12일에 이어 전국 70여 곳에서 분산 개최된 19일에도 총 95만 명에 달하는 국민이 촛불을 들었다. 범국민행동(5차)

집회는 26일(11월)에도 다시 개최된다"고 밝혔다. 그러면서 아래와 같이 밝히고 있다.

"오늘(11월19일)도 역시 민주노총은 전국적인 집회에 적극 참여하여 대회를 공동 주관하고 행진도 이끌었다. 오는 26일 5차 범국민행동 집회에는 중부권 이상은 서울로 집결하고 영호남 등 다른 지역에서는 광역시를 중심으로 지역대회를 개최할 예정이며, 이어 30일에는 총파업에 돌입하고 농민, 학생 등과 함께 동맹투쟁의 일환인 '민중총파업'에 나선다. 한편 오늘 스웨덴, 프랑스, 브라질 등 해외에서는 총파업을 지지하는 메시지를 민주노총에 보내오기도 했다."

민노총 홈페이지에 게재되어 있는 2016년 11월18일자 자료에 따르면 11월19일 집회의 취지에 대해 "퇴진해야 하는 박근혜 대통령의 국정운영 강행 규탄"과 함께 "촛불을 지역으로 확대해 전국화하고, 시민들의 의견을 수렴하는 공간을 만들며, 일상적 투쟁을 더욱 확대한다"는 내용이 나온다. 이와 함께 집회의 규모에 대해 "서울 50만 명, 지역 50만 명, 도합 전국 100만 명"으로 규정하고 "부산, 광주, 대전이 6월 항쟁 이후 최대인 10만 명 참가를 목표로 하는 등 5대 광역시와 세종시, 강원…(중략) 등 대부분의 주요 지역에서 촛불개최"라고 밝혔다.

(2016.11.22.)

김일성 찬양가 만든 윤정환,
촛불집회 주제가 작사·작곡

통일의 지상낙원 이루기까지 조국의 영광 위해 한생을 바쳐 오신 수령님 그 은혜는 한 없습니다." (수령님께 드리는 충성의 노래 中)

金泌材

　〈서울신문〉 등 국내언론이 촛불집회 공식노래로 평가한 '이게 나라냐'를 작사·작곡한 인물은 과거 '김일성 대원수는 인류의 태양', 'Fucking USA' 등을 만들었던 윤정환(尹晶煥, 가명 윤민석)이다. 윤정환은 한양대 무역학과 84학번의 極左(극좌)운동권 출신으로 건국 이후 최대 공안사건으로 알려진 '조선로동당 중부지역당 사건(1992년 발생)' 연루자이다.

　노래 가사는 아래와 같다.

　〈1. 이게 나라냐 이게 나라냐 근혜 순실 명박 도둑 가신의 소굴 범죄자 천국 서민은 지옥 이제 더는 참을 수 없다.

　2. 2014년 4월16일 7시간 동안 너는 무얼 했더냐 무참히 죽어간 우리 아이들 그 원한을 풀어 주리라.

　3. 새누리당아 조선일보야 너희도 추악한 공범이 아니더냐 쇼 하지 마라 속지 않는다 너희들도 해체해주마.

　4. 우주의 기운 무당의 주술 다까끼 마사오까지 불러내어도 이젠 끝났다 돌이킬 수 없다 좋은 말할 때 물러나거라.

후렴: 하야 하야 하야하여라 박근혜는 당장 하야하여라 하옥 하옥 하옥 하옥시켜라 박근혜를 하옥시켜라.〉

국정원(국가정보원)의 前身인 안기부(국가안전기획부)가 발간한 〈남한 조선로동당사건 수사백서〉에 따르면 윤정환은 조선로동당 중부지역당 산하 단체인 '애국동맹'에 가입하여 문화·예술담당 세포책으로 활동했던 인물이다. 그는 '수령님께 드리는 충성의 노래', 조선로동당의 對南 선전기구인 '한국민족민주전선(現 반제민전)'을 찬양하는 '한민전찬가', '한민전 10대 강령' 등의 노래를 만들었다. 윤정환은 국보법과 집시법 위반 등의 혐의로 그동안 여러 차례에 걸쳐 법원으로부터 실형 판결을 받았다.

윤정환이 만든 북한 찬양 노래의 일부를 소개하면 아래와 같다.

▲ "혁명의 길 개척하신 그때로부터 오늘의 우리나라 이르기까지 조국의 영광 위해 한생을 바쳐 오신 수령님 그 은혜는 한없습니다. 언제라도 이 역사와 함께 하시며 통일의 지상낙원 이루기까지 조국의 영광 위해 한생을 바쳐 오신 수령님 그 은혜는 한 없습니다." (수령님께 드리는 충성의 노래 中)

▲ "조국의 하늘 그 위로 떠오는 붉은 태양은 온 세상 모든 어둠을 깨끗이 씻어주시네. 아 김일성 대원수 인류의 태양이시니 여 만년 대를 이어 이어 충성을 다하리라." (김일성 대원수는 인류의 태양 中)

윤정환이 만든 이들 노래는 각각 1991년 11월 김일성 생일축하(수령님께 드리는 충성의 노래), 1992년 4월 김일성의 대원수 직위 추대(김일성 대원수는 인류의 태양) 등을 축하하기 위해 만들어진 노래였다. 특히 '수령님께 드리는 충성의 노래'의 경우 조직원을 일본에 보내 在日(재일) 공작거점을 통해 북한에 전달됐던 것으로 알려져 있다.

2012년 민주통합당 黨歌(당가) 작곡

윤정환은 조선로동당 중부지역당 사건으로 복역한 이후에도 'Fucking USA', '또라이 부시', '반미반전가', '반미출정가2002' 등 反美 성향이 짙은 운동권 가요를 만들었다. 그는 또 2004년 노무현 탄핵반 대 집회 주제가로 알려진 '너흰 아니야'를 비롯하여 '탄핵무효가', '헌법 제1조', '격문1', '격문2' 등을 만들었다. 이들 노래는 "시대가 바뀌어도 북한은 적이고, 미국은 죽었다 깨도 혈맹이라는 너희들의 망발(너흰 아니 야)", "가자, 가자 싸우자 반역의 무리 몰아내자, 탄핵은 무효, 국회해산 (탄핵무효가)", "친일과 친미로 배불리는 매국노들(격문1), 나가자 싸우 자 어깨를 걸고 역적놈 토벌하자(격문2)" 등의 내용을 담고 있다.

2007년 4월 윤정환은 '6월 민주항쟁 20주년사업 추진위원회 기획위 원'을 맡았으며, 2011년 5월에는 배우 문성근의 '100만 民亂(민란) 프로 젝트' 주제가인 '하나가 되라'를 만들었다. 2012년 1월에는 민주통합당 (現 더불어민주당의 前身)의 黨歌(당가)를 작곡했으며, 2012년 8월에는 '윤민석과 함께하는 사람들'이라는 모임을 결성하여 같은 해 9월 한양대 에서 음악회를 열었다. 2013년 8월에는 국정원 해체를 주장하는 '민주 승리가'를 만들었으며, 2014년 7월에는 세월호 사고 이후 만든 '약속해' 와 '잊지 않을게' 등을 세월호 유족들에게 기증했다. 2015년 12월에는 韓日위안부 합의를 규탄하는 내용의 '헬조선독립군 지정곡'을 발표했다.

남한조선노동당 중부지역당 사건의 實體

1992년 10월 발표됐던 '남한 조선노동당 중부지역당' 사건은 건국 이후 최대 간첩사건으로 분류된다. 북한은 당시 조선노동당 서열 22위 간첩 이선실을 남파, 1995년 공산화 통일을 이룬다는 전략 하에 남한에 조선노동당 하부 조직인 중부지역당 등을 구축했다. 당시 안기부가 밝힌 사건 개요는 다음과 같다.

〈이선실은 4·3 제주폭동 유가족을 칭하고 재야단체와 민중당 등에 접근, 민중당 대표 김낙중·민중당 조국통일위원장 손병선 등으로 하여금 운동권과의 연대투쟁 공간을 마련하고, 연방제 통일 실현을 위한 '상층부 통일전선공작'에 주력하도록 했다. 이선실은 과거 남로당과 같은 지하당을 구축하기 위해 1980년 舍北(사북) 사태를 주동한 바 있는 황인오를 포섭, 강원 및 충남·북 일원을 중심으로 하는 '남한 조선노동당 중부지역당'(위장명칭: 민족해방애국전선, 이하 민애전)을 구축했다.

안기부는 북한이 민중당에 침투시킨 간첩 김낙중·손병선 일당 6명과 남한 조선노동당 중부지역당 조직원 400여 명 중 총책 황인오 등 124명을 검거, 이 중 68명을 간첩·反국가단체 구성 혐의 등으로 구속, 송치하고 잔당을 추적 중이다. 同수사과정에서 권총, 수류탄 등 각종 무기류와 무전기, 亂數表(난수표) 및 공작금 100만 달러 등 총 149종 2399점에 달하는 공작금품을 압수했다.〉

(2016.11.14.)

촛불집회 관련
對南지령·선동 웹사이트 〈반제민전〉

남한의 자생조직으로 위장한 통전부 산하 전위 기구.

金泌材

   북한은 통일전선부(통전부)와 정찰총국 소속 사이버공작담당부서를 통해 해외에 개설한 140여 개의 사이트를 활용하여 對南지령 및 심리전을 수행한다. 국내 親北·左派세력이 가장 많이 활용하는 사이트는 〈반제민전(반제민족민주전선)〉이다.

   북한은 그동안 〈반제민전〉이 남한의 자생 조직으로 북한을 지원·지지해온 단체라고 소개해왔다. 그러나 실제로는 통전부 산하 前衛(전위)기구이다.

   북한은 남한의 4·19혁명이 "자유민주주의체제 전복의 기회로 연결되지 못한 원인을 인민들을 혁명으로 이끌 지하당이 없었기 때문(《조선대백과사전》 23권)"이라고 규정했다. 이에 따라 북한은 간첩 金松武(김송무)를 남파시켜 1964년 3월 통혁당(통일혁명당)을 결성했으나 1968년 7월 위원장 김종태를 비롯한 조직원들이 체포됨에 따라 와해됐다. 이후 1969년 8월 지하방송을 통해 전격적으로 통혁당 창당선언문과 강령을 발표했다. 당시 북한은 이 조직이 "남조선 인민 자신이 주체사상을 지도이념으로 남조선 내에 결성했다"고 주장했다.

1985년 7월27일 통혁당은 중앙위원회 결정에 따라 〈한민전(한국민족민주전선)〉으로 명칭을 바꾸고 평양과 일본에 대표부를 개설했다. 산하에는 '칠보산연락사무소'를 두고 2003년 8월1일 방송을 중단할 때까지 對南방송 중 남한 체제에 대해 가장 노골적인 비난을 했던 〈구국의 소리 방송(舊 통일혁명당 목소리 방송)〉과 〈민중의 메아리방송(1989. 6 중단)〉 등을 운영했다.

2005년 3월23일 〈한민전〉은 중앙위원회의 결정에 따라 〈반제민전〉으로 이름을 바꾼 뒤 주로 인터넷 웹사이트를 통해 對南공작 지령을 내리고 있다. 남한 내 親北세력은 줄곧 〈반제민전〉이 웹사이트를 통해 투쟁 구호와 지침 등을 내리면 일제히 국내외 左派단체·인터넷 포털사이트·언론사 홈페이지 등에 반제민전의 글을 원문, 또는 일부 내용을 변형하여 게재해 왔다.

2000년 이후 〈반제민전〉의 對南지령·선동 사례를 정리하면 아래와 같다.

▲6·25 美帝 침략전쟁 선동(2001년) ▲여중생(미선이·효순이) 사망 1주기 反美결사전 선동 ▲4·15총선투쟁지침(2004년) ▲남한 내 진보정당 건설 지령(2005년) ▲전작권 환수·韓美연합사 해체·평화체제 실현 지침(2006년) ▲反한나라당·反보수 투쟁연합 지침(2007년) ▲광우병 소고기 수입 반대투쟁 선동(2008년) ▲천안함 北風(북풍) 자작극 선동(2010년) ▲반값등록금 투쟁 선동, 현인택·김태효 제거 지령, 10·26서울시장 보궐선거 박원순 후보지지 선동(2011년) ▲4·11총선투쟁 구호 하달, 從北세력 2012년 총선·대선 개입선동(2012년) ▲세월호 사건 관련 촛불시위 선동(2014년) ▲미국의 고고도미사일방어체계(THAAD) 한국 배치 반대투쟁 선동, '최순실 게이트' 관련 보수정권 끝장내기 투쟁 선동(2016년).

게시물 절반 '최순실 게이트'에 할애

〈반제민전〉은 '최순실 게이트' 발생 이후 하루 평균 10개의 게시물 가운데 절반가량을 '최순실 게이트'와 관련된 對南지령 및 선동 기사에 할애하고 있다.

일례로 〈반제민전〉은 지난 10월25일(2016년) 홈페이지를 통해 "박근혜 패당의 반민중적 파쇼악정을 끝장내기 위한 각 계층의 투쟁이 더욱 세차게 벌어지고 있다"며 남한 내 좌파세력으로 하여금 '민중투쟁'을 통해 "매국배족의 무리들을 매장해버려야 한다"고 선동했다.

〈반제민전〉은 이날 〈보수정권을 끝장내기 위한 정당한 투쟁〉이라는 제목의 글을 통해 남한의 ▲6·15공동선언실천남측위원회의 '박근혜 정권 퇴진' 집회 ▲성주 군민들의 사드반대 배치 집회 ▲백남기 사망관련 시신부검 문제 관련 좌파 단체 활동 등을 언급하며, 이는 "박근혜 보수패당을 더 이상 용납하지 않으려는 민중의 결연한 의지를 그대로 보여주는 것"이라고 주장했다.

〈반제민전〉은 특히 "우병우와 미르-K스포츠재단, 최순실 등으로 연결된 박근혜의 각종 불법행위와 부정비리가 민중의 분노심을 더욱 증폭시키고 있다"며 "민중의 생존권, 민주민권을 무참히 파괴하고 유린하는 박근혜 패당을 반대하는 투쟁이 벌어지는 것은 너무나도 정당하며 필연적인 것"이라고 선동했다.

"극우보수세력에게 무자비한 철추 내려야"

박근혜 대통령의 국회 탄핵 다음날(2016년 12월10일) 게재한 글(제목:

역사의 쓰레기들의 단말마적 발악)에서는 "필사의 발악을 다하는 보수 패거리들의 행태가 각계의 치솟는 분격을 자아내고 있다"면서 남한 보수 세력에게 "무자비한 철추를 내려야 한다"고 선동했다.

〈반제민전〉은 "박근혜 탄핵소추안 표결이 진행되는 당일까지도 새누리당 패거리들은 박근혜의 죄가 '입증된 사실이 없다', '대통령에 대한 직접 조사도 이뤄지지 않았다'고 강변하면서 새누리당 의원들의 반대표를 이끌어내 보려고 갖은 발악을 다했다"고 주장했다.

〈반제민전〉은 이어 "박근혜 패당이 제아무리 필사의 발악을 다 한다 해도 분노한 민심을 결코 돌려세울 수 없으며, 민심을 함부로 우롱하고 농락하려 드는 자들은 불피코 역사의 준엄한 심판을 면치 못하게 된다는 것을 똑똑히 보여주었다"면서 남한 내 민중혁명을 선동했다.

(2016.12.16.)

자료편

崔太敏이란 골칫거리

《朴正熙 傳記》11권에서 발췌

趙甲濟·조갑제닷컴 대표

1975년부터 金正濂(김정렴) 비서실장의 골칫거리가 하나 생겼다. 퍼스트 레이디 역할을 하던 朴槿惠(박근혜) 씨가 구국봉사단 총재 崔太敏(최태민)에 대한 지원을 金 실장에게 부탁하는 것이었다. 朴 씨가 모 건설업자에게 융자를 해주었으면 좋겠다는 뜻을 전해 알아보면 崔太敏과 관련 있는 업자였다. 金 실장은 박승규 민정수석에게 "큰 영애에 대해서 오점이 생기면 안 되니 주의 깊게 관찰하라"고 시킨 뒤 朴 대통령에게 건의했다고 한다.

"큰 영애가 필요한 돈이 있다고 하면 각하께서 저한테 이야기해 주십시오. 소리 안 나게 돈을 만들어 각하께 드리겠습니다."

朴 대통령도 그렇게 하겠다고 했으나 崔 씨에 대한 정보 보고가 끊이질 않았다. 수석비서관 회의에서도 자주 거론되었다. 崔 씨는 구국봉사단을 이끌고 새마을사업의 하나로서 새마음갖기운동을 한다고 했기 때문에 새마을 담당 장관이던 金致烈(김치열) 장관도 崔 씨를 지원했다.

崔太敏이란 이름이 언론에 처음 등장한 것은 1975년 12월31일자 〈조선일보〉이다. 1975년 送年(송년)소감을 밝히는 난에 그는 대한구국선교단 총재로서 이런 글을 썼다.

〈印支사태를 계기로 더욱 절실해진 국방력 강화를 위해 우리 기독교인들이 생명을 바칠 각오로 구국십자군을 창설한 것, 이와 더불어 기독교인들이 더욱 단합하게 된 것, 그리고 가난한 이들을 위한 봉사의 한 방법으로 야간무료진료센터를 개설한 것들이 뜻 깊은 일이다.〉

1976년 9월22일 朴槿惠 씨는 구국여성봉사단의 수원·화성지부 결성대회에 참석하여 격려사를 했다. 수원시민회관에서 열린 이 대회에는 趙炳奎(조병규) 경기도지사 등 지방유지와 봉사단원 2500명이 참석했다. 대통령 영애의 지원을 받는 이 단체가 準(준)관변단체처럼 움직이기 시작했다는 증거이다.

그때 崔太敏 씨를 조사했던 한 경찰고위 간부는 朴槿惠·崔太敏 두 사람의 인연을 이렇게 설명했다.

〈崔太敏은 1975년 1월쯤 朴槿惠 씨 앞으로 편지를 썼다.

'어젯밤 꿈에 국모님을 뵈었습니다. 국모님 말씀이 내 딸을 보살펴 달라고 부탁하시는 것이었습니다….'

槿惠 양의 비서실에서 이 편지를 넣어 주었다. 朴槿惠는 편지를 다 읽고는 崔 씨에게 연락을 취했다. 그때 나이 칠십을 바라보던 崔太敏은 늙은 아내와 장성한 여러 자녀를 두고 있었는 데도 얼굴의 피부가 팽팽한 童顔(동안)이었다. 몸집은 작으면서도 다부져 보였다. 朴槿惠 씨가 최초의 사회활동(구국여성봉사단)을 하게 된 계기는 崔太敏의 권고에 의해서였다.

1975년 2월 朴槿惠 씨는 나에게 崔太敏에 대해 알아봐 달라고 부탁했다. 내가 崔太敏을 만나러 갔더니, 崔 씨는 당황한 모습이었다. 내가 槿惠 양의 부탁으로 왔다고 했더니 崔 씨는 갑자기 거만해졌다. 나는 뒷조사를 시켰다. 崔 씨가 자유당 시절에 경찰관을 지냈다는 것, 정규과정을 밟은 목사가 아니라는 사실 등이 드러났다. 나는 직접 朴正熙 대통령에게 이 사실을 보고했다. 朴 대통령은 이 정보를 槿惠 양에게 알려 주고, 주의를 주었다.

朴 대통령은 으레 그러듯 '누가 그러더라'는 식으로 정보의 소스를 밝혔다. 朴槿惠 씨는 나에게 전화를 걸어 "그럴 수가 있느냐"고 섭섭해했다. 나는 그 뒤로 대통령과 槿惠를 만날 수 없게 되었다.〉

崔太敏과 朴槿惠 씨의 관계가 세상에 알려진 것은 10·26 이후였다. 朴 대통령을 죽인 金載圭(김재규)가 재판과 수사과정에서 朴 대통령과 관련된 이야기를 하면서였다. 그 요지는 이러했다.

〈1978년 무렵 金載圭 정보부장은 구국여성봉사단을 실질적으로 움직이는 崔太敏의 비행을 검사 출신인 白光鉉(백광현) 수사국장에게 조사시켰다. 朴升圭(박승규) 민정수석 비서관이 여러 차례 비행보고를 朴 대통령에게 올렸는데도 먹혀들지 않아 그가 나섰다는 것이다. 崔 씨가, 여러 재벌 총수들이 구국봉사단에 기탁한 수십억 원을 변칙적으로 관리한 사실, 여성 관련 스캔들이 드러났다.

金 부장이 조사결과를 보고하자 朴 대통령은, 상식적으로는 이해할 수 없는 방법으로 확인작업을 벌였다. 옛 임금의 親鞠(친국)을 연상시키는 방식이었다. 朴 대통령은 한쪽에 金 부장·白 국장, 그 반대편에 朴槿惠를 앉히고 신문하기 시작했다. 딸은 울면서 "그런 일이 없다"고 했다. 판단이 서지 않았는지 朴 대통령은 검찰에 또 수사를 지시했다. 검찰의 조사결과도 金 부장의 그것과 같았다. 그러나 崔太敏은 구국봉사단에서 손을 떼지 않았다. 그는 명예총재로 뒤로 물러난 것 같았지만 총재가 된 朴槿惠에게 계속 영향을 끼쳤다.〉

10·26 사건 뒤 金載圭는 姜信玉(강신옥) 변호사에게 朴 대통령에게 말한 내용을 털어놓았다.

"각하, 일본도 보십시오. 큰 영애는 적십자사 같은 데나 관여하도록 해야지 이런 데서는 손을 떼게 해야 합니다."

朴槿惠 씨는 金 부장에게 "왜 남의 프라이버시 문제까지 조사하느냐"고 항의했다는 것이다. 金 부장은 공정하게 조사했고, "돈이 필요하면 내가 주겠다"면서 제발 손을 떼도록 부탁했다고 한다. 金載圭는, 명예총재로 물러나서도 구국여성봉사단에 대해 계속 영향력을 행사하고 있는 崔太敏에게 집요한 관심을 두었다.

1979년 5월에 "崔 목사가 계속해서 대통령 큰딸에게 영향력을 행사하고 있다"는 보고가 들어오자, "그자는 백해무익한 놈이다. 교통사고라도 나서 죽어 없어져야 할 놈이다"고 화를 냈다고 한다. 5·17 직후 계엄사에서는 崔 씨를 붙들어 가 부정사실과 축재사실을 확인했으나, 朴 대통령의 가족과 관련된 사안이라 덮었다는 것이다.

金載圭의 범행 동기를 수사한 한 관계자는 "金 부장은 이 사건 처리로 대통령에 대해 실망했고, 존경심이 약해지기 시작했다. 이 사건이 시해 동기의 하나다"라고 했다.

朴槿惠 씨는 지금까지 일관되게 崔 씨를 전폭적으로 변호하면서 그에 대한 부정적인 정보는 음해라고 말하고 있다. 이제부터는 증거를 찾아나서야 한다.

鮮于煉(선우련) 당시 공보비서관은 자신의 업무가 아닌 데도 朴槿惠 씨의 일을 돕고 있었다. 그가 생전에 남긴 비망록에 이런 구절이 보인다.

〈1977년 9월20일.

지난 9월12일 밤, 대통령은 槿惠 양과 金載圭 중앙정보부장 및 白光鉉 정보부 7국장을 배석시킨 가운데 구국봉사단 崔太敏의 부정부패와 뇌물수수 혐의에 대해 親鞫(친국)을 했다. 朴 대통령은 오늘 나에게 큰영애인 槿惠 양과 관련해 물의를 일으켰던 崔太敏 구국봉사단 총재를 거세하라는 지시를 내렸다. 朴 대통령이 나에게 지시한 내용은 세 가지였다.

"崔太敏을 거세하고, 향후 槿惠와 청와대 주변에 얼씬도 못 하게 하라. 구국봉사단 관련 단체는 모두 해체하고."

朴 대통령의 지시를 받은 나는 곧 槿惠 양에게 가서 이 사실을 알렸다. 槿惠 양은 얼굴이 하얘지더니 낙담한 표정으로 눈물을 지었다. 안쓰러운 생각이 들었다.

"제가 각하께 다시 보고드릴 테니 기다려 봐요."

며칠 뒤 다시 朴 대통령을 만난 자리에서 槿惠 양 문제를 여쭈었다.

"각하, 큰 영애가 영부인이 돌아가신 뒤 퍼스트레이디 역할을 대리하고 있는데, 하고 있던 단체를 모두 해체하면 영애의 체면이 깎입니다. 구국여성봉사단만은 계속 할 수 있도록 허락해 주십시오."

朴 대통령은 한참 동안 생각에 잠겨 침묵을 지키더니 무겁게 입을 열었다.

"자네, 崔太敏을 가까이 안 하게 할 수 있나? 崔와 槿惠를 접근시키지 않는다는 조건을 붙여서 자네에게 허락할 테니, 그건 따로 의논해서 계속 일 하도록 하게. 사실 지난번에 내가 특명을 내리고 나서도 槿惠가 엄마도 없는데 일까지 중단시켜서 가엾기도 하고, 나도 마음이 아팠어.

자네가 구국여성봉사단만은 허락해 달라고 하니 나로서도 괴롭지만, 어떤 의미로는 내 마음이 편안해지네. 내 뜻을 알아서 정말 잘해주기 바라네. 이제는 절대 잡음이 나지 않겠지. 내가 그간 새마음봉사단에 관해 崔太敏과 관련한 보고가 올라올 때마다 가슴이 찢어지듯 아팠네. 늘그막에 애들이라도 잘 돼야 내가 마음이라도 편안하지 않겠는가. 나를 좀 도와주게."〉

〈조선일보〉 1977년 12월8일자 사회면에는 '대통령 영애 朴槿惠 양이 사단법인 구국여성봉사단의 총재로 취임했다'는 1단짜리 기사가 실렸다.

救國여성봉사단과 救國봉사단은 그동안 임의단체로 활동해왔는데 이번에 구국봉사단은 해체하고 구국여성봉사단은 문공부 장관의 설립인가를 받은 사단법인체로 발족하게 되었다는 것이다. 이 봉사단은 앞으로 忠孝(충효)에 바탕을 둔 새마음갖기운동과 사회봉사활동 및 문화사업을 추진하게 된다고 했다.

鮮于煉 씨는 또 이런 후일담을 비망록에 남겼다.

〈朴 대통령이 돌아가시고 國葬(국장)이 끝난 직후에 槿惠 양 등이 신당동 집으로 옮기기 위해 집수리를 하고 있을 때, 나는 신당동 집에 갔다가 全斗煥(전두환) 합동수사본부장을 만났다. 그는 신당동 집수리를 직접 감독하고 있었다.

"全 장군, 내가 부탁할 것이 있소. 3년 전에 朴 대통령이 나에게 崔太敏을 거세하라는 지시를 내렸었는데, 그게 몇 달 못 가서 흐지부지되고 말았소. 崔太敏이 다시 영애를 따라다니는 것을 朴 대통령에게 보고해서 깨끗하게 처단해야 했었는데, 영애가 부탁하는 통에 내 마음이 아파 보고를 못 하고 오늘에 이르렀소. 그게 이제는 朴 대통령의 언명이 아니라 유언이 되고 말았소. 합수본부장이니 그 힘으로 崔太敏을 영애에게 접근 못 하도록 해주시오. 방법은 全 장군이 알아서 해주시고."

그런 부탁을 하고 난 이틀 뒤에 나는 다시 全 장군을 만났다.

"鮮于 의원, 崔太敏 문제는 나도 해결하지 못하겠습니다. 鮮于 의원 얘기를 듣고 영애에게 崔太敏 처리의 양해를 구하기 위해 말씀을 드렸더니, 영애가 '崔太敏은 내가 처리할 테니 나한테 맡겨 달라'고 부탁하더군요. 각하도 계시지 않은데 내가 어떻게 영애의 부탁을 거역하겠습니까."

"여보, 영애가 崔太敏에게 현혹돼 그를 거세하라는 건데 그걸 영애에게 말하는 사람이 어디 있소!"

全 장군의 말을 들은 나는 어이가 없어서 면박을 주었다. 몇 달 뒤 확인해 보니 全 장군은 결국 崔를 강원도 산골로 쫓아냈다는 것을 알게 되었다.〉

鮮于煉 씨의 비망록을 읽어 보면 朴 대통령이 金載圭 주장대로 무턱대고 딸을 감싼 것은 아니란 사실을 알 수 있다. 어머니를 잃고서 퍼스트레이디 역할에 재미를 붙인 딸에게 매정하게 대하지 못하는 아버지의 심정이 잘 드러나 있다. 이 비망록의 정확성을 알아보기 위하여 대통령의 親鞫(친국)이 있었다는 1977년 9월12일자 대통령 면담록을 찾아내 확인했다.

이날 오전 10시20분부터 11시25분까지 金載圭 정보부장, 白光鉉 수사국 장이 서재에서 朴 대통령에게 보고를 올린 것으로 되어 있다. 아마 이 자리에 朴槿惠 씨가 불려 들어간 것으로 추정된다. 면담록에 따르면 오전 11시 25분부터 10분간 金載圭 정보부장이 따로 朴 대통령에게 보고했고, 이날 오후 5시35분부터 20분간 또 朴 대통령을 만나고 갔다. 이 문서는 문제의 親鞫을 확인해 주는 유일한 증거물일 것이다.

全斗煥 당시 대통령의 가장 가까운 측근이었던 許和平(허화평) 씨는 5공 화국 초기에 새마음봉사단을 해체하는 일을 맡았다고 한다. 그는 朴槿惠 씨를 찾아가 "우리는 朴 대통령의 명예를 지켜 드려야 하는데 새마음봉사

단이 대통령의 명예에 累(누)가 되었다. 그러니 이를 해체시키는 것을 양해해 달라"는 취지로 통보했다고 한다.

朴 대통령 시절 정보기관에 몸담았던 사람들은 朴 대통령이 정보부의 보고를 왕조시대의 친국式으로 처리한 데 대해서 이해할 수 없다고 평한다.

朴槿惠 씨는 崔 씨에 대한 어떤 비판에 대해서도 음해론이라며 그를 철저하게 옹호하는데, 이는 다른 객관적인 증언들과 부합되지 않는다.

우선, 당시 퍼스트레이디 역할을 하고 있던 朴槿惠 씨에 대해서 음해할 만한 세력이 없었다. 정보부도 비서실도 대통령과 딸을 아끼는 마음에서 直言(직언)을 했다고 봐야 한다. 다만, 崔 씨를 둘러싸고 있던 사람들 사이에 갈등이 빚어져 상당히 과장된 정보가 올라갔을 가능성은 있다.

朴槿惠 씨는 崔太敏 씨가 하려던 게 모두 좋은 일뿐이니 '다소 문제가 있다 하더라도 떠들 일은 아니다'라는 식으로 매우 주관적 판단을 했을지 모른다. 구국여성봉사단에 돈을 가져다주는 기업 쪽에서도 압력을 받아 마지못해 낸다고 했을 리는 없고, "제발 받아 달라"는 식으로 자진 기부 방식을 취했을 것이다.

朴槿惠 씨처럼 정상적 생활인과는 다른 체험에 익숙해 바닥 民心(민심)을 잘 모르는 권력의 심장부 사람으로서는 문제의식을 느끼지 못했을 수도 있다. 권력의 한복판에 있는 사람은 의외로 그 권력이 보통사람에게 어떤 영향을 끼치는지를 잘 모르는 경우가 많다. 자신을 위한다면서 惡役(악역)을 맡겠다고 달려드는 사람을 멀리 하기란 그렇게 쉽지 않다.

한나라당의 전 대표인 朴槿惠 씨에게 崔太敏 건이 문제가 될 수 있는 것은, 崔 씨에 대한 그때의 誤判(오판)이 金正日(김정일)에 대한 침묵과 어떤 관련성이 있는 것이 아닌가 하는 의혹이다. 2002년 당시 한나라당을 탈당한 朴 의원은 金正日이 내준 특별기를 타고 가서 그를 만났으며, 판문점을 통해 돌아왔다. 파격적인 특별대우였다. 이후 지금까지 朴 대표는 金正日에 대한 비판을 한 마디도 하지 않고 있다. 책임자인 金正日을 비판하지 않고서는 북한 정권의 非行도, 盧 정권의 굴욕적인 對北 정책도 견제할 수 없다.

국민행동본부는 광고를 통해서 '어머니를 죽인 원수와 만나 오누이처럼 사진을 찍고 와서는 한나라당까지 끌고 들어가서 金正日에 대해 침묵하도록 하고 盧 정권의 對北정책 비판도 포기했다'고 비판한다.

金正日은 朴 의원을 만난 자리에서 朴 대통령을 칭찬했고 "국립묘지에 가서 묘소에 참배하고 싶다"는 말까지 했다고 전한다. 崔太敏과 金正日에 대한 朴 대표의 납득하기 힘든 태도는 20代 처녀의 몸으로 퍼스트레이디役을 했던 사람의 '인간 본성과 세상 물정에 대한 순진한 오판' 때문인가?

崔 씨에 대한 오판이 朴 대통령의 운명에 다소간의 영향을 끼쳤다고 하더라도 국가적인 사안은 아니었다. 체제수호 정당을 자임하는 巨大야당의 유력자인 朴 씨의 현재진행 중인 金正日에 대한 오판과 침묵은 국가적 문제이다. 대한민국 수호세력의 챔피언이 되어야 할 자리에 있는 사람이 민족반역자에게 침묵함으로써 救國(구국)운동이 결정적 장애를 일으키고 있기 때문이다.

朴槿惠 의원의 반론

최태민 씨를 둘러싼 항간의 소문을 놓고 월간조선 기자와 벌이는
흥미진진한 공방전

金演光·月刊朝鮮 前 편집장

요사이 화제가 되는 기사가 있다. 필자가 편집장으로 있었던 月刊朝鮮
2002년 4월호에 실렸던 〈직격 인터뷰 – 朴槿惠의 非타협적 권력의지〉이
다. 金演光 기자가 당시 李會昌(이회창) 한나라당 총재와 맞서 대통령 출마
의사를 밝힌 朴槿惠 의원을 인터뷰한 기사이다.

이 기사는 이렇게 시작한다.

〈살집이 전혀 없는 가느다란 손가락, 약간 부풀린듯 뒷머리를 살짝 올린
머리 모양, 쑥색 투피스 정장 속에 숨겨진 가녀린 몸매. 朴正熙 대통령과 陸
英修 여사의 얼굴을 절반씩 섞어놓은 듯한 얼굴. 이 여인이 한국 정치판을
요동치게 만들고 있는 怪力(괴력)의 소유자라는 게 믿기지 않았다.〉

이 기사가 흥미로운 것은 朴 의원에게 기자가 집요하게 질문하고 朴 의원
이 이에 자극을 받아 직설적으로, 때로는 감정적으로 대응하는 팽팽한 攻
防(공방)이란 점 덕분이다. 이 인터뷰가 새삼 주목 받는 것은 최순실 아버
지 최태민과 관련된 문답 때문인데 그 외에도 오늘의 최순실 사태를 낳은
朴 대통령의 독특한 삶과 생각이 잘 드러나 있다.

기자가 "'바르게 살자'가 인생의 신조군요"라고 물으니 박 의원은 이렇게
답한다.

"바르고 지혜롭게."

—바르게보다 지혜롭기가 더 어렵죠.

"바른 사람은 지혜롭지 못하게 행동할 수도 있어요. 지혜로운 사람은 반드시 바르게 살아요. 바르게 살지 않는 삶이 얼마나 손해고, 얼마나 결과적으로 고통스럽고 수치인지를 알기 때문에 바르게 살지 않을 수 없어요. 지혜가 바르게보다 큰 거죠."

기자가 "이런 정치인이 됐으면 좋겠다고 생각해 온 이가 있습니까"라고 물었다.

"영국의 엘리자베스 여왕 傳記(전기)를 읽고 공감하는 부분이 많았어요. 존경할 만한 지도자라고 생각했어요. 정치를 하면서 극단으로 가지 않고 의견을 모아 중용으로 가고, 어떤 것이 가장 합리적이고 바른 것인지를 찾으려고 애쓰는 것이 마음에 와 닿더라구요."

—엘리자베스 여왕이 처녀 여왕이었죠. 朴의원이 獨身(독신)인 게 대통령직 수행에 마이너스 요인이 될까요, 플러스 요인이 될까요.

"장점이 많이 있을 걸로 봐요. 제 경우 챙길 가족이나 부양할 식구가 없잖아요. 모든 걸 나라에 바칠 수 있고, 주변에 비리나 유혹이 들끓어 이상한 일이 생길 여지가 없으니까요."

—그래도 가족이 있고, 자식이 있어야 현실감각이나 균형감이 생기는 것 아닙니까.

"제가 현실감각이 없어 보여요? 현실감각이 없는 사람이 어떻게 정치를 하고 정치개혁을 해요. 국민의 여망과 뜻을 모아서 대변하는 건데 현실을 모르는 사람이 어떻게 국민을 대변합니까."

김언광 기자는 당시 많은 국민들이 궁금해 하였던 것들을 주로 묻는다.

—청와대서 18년 간 살면서 사춘기를 보내고, 대학을 나와 인격이 형성됐는

데, 본인이 서민들의 情緖(정서)를 잘 안다고 생각하십니까.

"알려고 많이 노력하죠. 제 지역에 가면 많이 다녀요. 그런 데서도 많은 분을 만나고 집도 방문하고, 다 안다고 할 수는 없지만 잘 알려고 노력하죠."

—공주같이 자란 분인데 대중적인 정치지도자가 될 수 있겠나, 의구심을 보내는 분이 적지 않습니다.

"공주같이 자란 것도 아닙니다."

—그 정도면 공주같이 자란 겁니다.

"아니에요. 기구하게 자랐어요. 기구하게."

—왜 기구해요.

"저만치 고통을 많이 겪고 산 사람이 많지 않을 겁니다. 아버지 어머니가 그렇게 돌아가신 비극도 비극이지만, 그 후에 겪은 일도 그렇고, 사람들은 나름대로 경험이 달라요. 소설을 쓸 정도로 어려움이 많아요."

—그걸 어떻게 이겨냈습니까.

"그만큼 제가 강하게 마음을 다졌고, 저 자신에 스스로 훈계를 많이 했고, 그걸 극복하려고 엄청난 노력을 한 겁니다. 그런 상황에서 좌절하기 쉽잖아요."

崔太敏 질문에 격앙, "底意가 뭐예요"

崔 씨가 槿惠 씨를 등에 업고 각종 이권에 개입하고 있다는 풍문이 나돌아, 1977년 9월 朴正熙(박정희) 대통령이 청와대에서 崔 씨 비리를 수사한 金載圭(김재규) 중앙정보부장과 崔太敏(최태민) 씨를 대질신문하는 희한한 광경이 펼쳐지기도 했다. 5·17 이후 합동수사본부의 李鶴捧(이학봉) 수사국장과 검찰도 崔 씨 비리를 수사한 적이 있다.

朴 의원에게 미스터리의 인물 崔太敏 목사에 대해 집중적으로 물었다.

잘 대답을 하던 朴 의원은 崔太敏 관련 질문이 10분 이상 이어지자 "底意(저의)가 뭐예요"며 격앙된 반응을 보였다. "공인으로서 답변해야 할 의무가 있다는 건 알지만, 이런 식의 인터뷰는 더 이상 못 하겠다"는 그녀를 진정시켜 인터뷰를 계속했다.

―1980년대에는 뭘 했습니까.

"경로복지병원이라고, 나이드신 분들 무료로 침도 놔 드리고, 치료해 드리고, 육영재단, 장학재단 운영하고 수필집 내고, 아버지 기념사업도 2년여 했어요."

―1990년 육영재단 파동이 나면서, 퍼스트레이디 시절에 있었던 崔太敏 목사와의 얘기가 흘러나왔습니다. 1975년 5월13일 崔목사가 임진강에서 2000여 명의 청중을 모아 놓고 구국기도회를 할 때 거기에 갔다가 그 자리에서 명예총재로 추대된 거죠.

"맞아요. 그때 나라가 어려웠어요. 월남사태도 있었고, 국민들이 굉장히 불안해하고 북한의 움직임도 심상치 않을 때였어요. 그런 상황에서 '우리가 단결해서 나라를 구해야 한다'며 기독교 분들이 주축이 돼 하신 거예요. 퍼스트레이디 역할 하면서 좋은 일 하시는 분들 있으면 격려해야 할 책임이 있잖아요."

―구국선교단(뒤에 구국봉사단)의 명예총재하는 걸 아버지에게 허락받았습니까.

"일일이 할 때마다 허락받는 건 아니에요. 하고 나면 말씀드리는 것도 있어요."

―崔太敏 씨가 朴 의원에게 '陸英修(육영수) 여사가 꿈에 나타나 도와드리라고 했다'는 내용의 편지를 보내 만나게 됐다는 얘기가 있는데 사실입니까.

"그런 건 아니에요. 만나서 여러 가지 얘기를 하고 싶어 하셔서 한 번 청와대에서 만났죠. 여러 가지로 나라를 걱정하시는 생각이 들어, 그분이 선교단을 할 적에 좋은 뜻으로 하니까 도와 드리기도 하고 일하는 사람을 격려하고 했어요."

—어머니가 現夢(현몽)했다는 유의 얘기는 사실이 아닌가요.

"그건 아니에요. 이런 문제들이 왜 나오냐면, 제가 보궐선거와 총선을 치렀는데 그 상대가 안기부 출신이에요. 자료가 엄청나게 많아서 이런 것 저런 것 마구 공격을 했어요. 한 가지라도 사실이면 제가 국회의원 됐겠습니까. 말할 가치가 없는 주장들이에요."

朴 대통령 주재 김재규, 최태민 대질심문 사건

—1975년 5월24일자 한 일간 신문 기사를 보면, '기독십자군 창설을 위해 서부전선 5019부대에서 목사 100여 명이 3일 동안 군사훈련을 받았다. 명예총재인 근혜 양이 참석한 가운데 부대장으로부터 수료증을 받고 퇴소했다'는 기사가 나옵니다. 朴 의원은 '군사훈련을 통해 참 신앙이 무엇이며, 자기 민족국가를 사랑하는 마음이 무엇인가를 일깨워 주는 데 모범이 되었다'고 격려사를 하셨더군요. 목사들을 군사훈련시키고, 총참모장 총사령관까지 둔 군대식 '구국선교단'이라는 조직이 시대착오적인 게 아닌가 생각이 듭니다.

"그렇게 한가하게 말할 일이 아닙니다. 나라가 어려울 때 비판하는 건 쉽죠. 목사님들이 훈련받고 하는 걸 유치하다고 보는 사람도 있을 수 있지만, 목사님들이 모두 공부한 분들이고 사회지도층인데 '나라 위기에 단결해야 한다. 정신무장하자'고 노력하는 걸 격려하지는 못할망정, 유치하다고 보면 안 되죠."

—청와대 비서관이었던 鮮于煉(선우련) 씨의 증언에 따르면, 崔太敏씨가 道경찰국장, 道지사에게까지 호통을 칠 정도로 위세가 대단했고, 재벌 총수들이 崔 씨에게 줄을 대기 위해 자신에게 청탁까지 할 정도였다고 합니다.

"한마디로 말이 안 되죠. 5공 정권이 끝나고 청문회를 했잖아요. 아버지 돌아가시고 20년이 흘렀어요. 온갖 이야기를 끌어내서 그럴싸하게 만들어 중상모략을 할 수 있습니다. 들어 보면 '그러냐' 이럴 수도 있어요. 문제는 그게 사실이냐는 거예요. 세상에 비밀이 어디 있습니까. 崔 목사가 큰소리 쳐서 권력을 휘두르고 남의 재산을 탈취했다면, 벌써 내가 이렇게 억울하게 당했다고 얘기가 다 나왔을 겁니다. 崔 목사에게 사기당했다고 주장하는 사람이 하나도 안 나오잖아요. 그것 하나가 백 마디 얘기를 다 해주는 것 아닌가요."

—崔 씨의 횡령건수가 14건, 2억 2000만원이라는 합수부 수사기록이 있다고 합니다.

"그러면 감옥에 보내든지 책임을 물었겠죠. 말도 많고 모함도 많았지만 증거가 없잖아요. 아버지 살아계실 때는 권력이 무서워서 그랬다 쳐요. 그 후 저도 청와대에 있다가 반대편에서 얼마나 어렵게 살았어요. 그때 저한테 무슨 말을 못 하겠어요. 당했다는 사람이 누가 있어요."

—1977년 9월 아버님께서 中情부장과 崔 목사를 직접 심문했죠.

"謀略(모략)이 들어가니까. 아버지 성격에 가만 계실 분이십니까. 아버지는 분명히 조사시키고, 더군다나 딸 문젠데. 조사해서 뚜렷한 증거가 없으니까 없던 걸로 덮으신 거예요."

—中情(중정)을 제쳐두고 경호실 정보처에서 다시 崔 목사를 조사하려니까, 朴 의원이 밥도 안 먹고 1주일 간 두문불출해 조사를 포기했다는 얘기가 있습니다.

"그런 적 없어요. 저는 두문불출하고 밥 안 먹고 그런 일 안 해요. 얼마나 엄청난 모략이에요. 제가 편안하게 온실에서 자랐다고 잘못 생각하시는 분들이 계신데, 제가 여러 가지로 마음고생을 많이 했어요. 세상이 어떻다는 걸 잘 아는 이유가, 너무 많은 경험을 해서 일 거예요."

―국가정보기관에서 崔 목사의 전력이 의심스럽다, 가까이 하지 않는 것이 좋겠다는 권고를 하면 따르는 게 온당하지 않습니까.

"그렇게 권고하던 사람이 아버지를 암살하지 않았습니까."

―崔太敏 목사가 신군부에 구속돼서 강원도 인제로 쫓겨 갔을 때 全斗煥(전두환) 대통령을 상대로 석방운동을 하셨나요.

"그런 적이 없어요. 제가 말한다고 됩니까. 그때 '유신시절에 이런 일이 있었다고 崔 목사를 한 번 더 조사했지만, 혐의가 없으니까 뭘 할 수가 없었던 거예요. 그 양반이 감옥에 간 게 아니고 무슨 군부대에 가 있었어요. 문제가 있었으면 진짜 감옥에 갔든지, 돈을 물어냈든지 그렇게 됐겠죠."

"謀略한 사람들 얘기를 다 실어 줄 겁니까"

―지금도 대통령 주변의 친인척들이 대통령을 빙자해 蓄財(축재)를 하고 이권에 개입하는 일이 잦습니다. 사실상의 영부인을 자기 단체의 명예총재로 모신 崔 목사가 위세를 이용해서 官에 압력을 가하거나, 건어물 도매상 허가를 내달라거나, 공금을 횡령했다는 주장은 개연성이 있는 것 아닙니까.

"그런데 지금 이런 식으로 저한테 질문하시는 底意(저의)를 의심하고 있어요."

―저의는 아무것도 없습니다.

"정말 저의를 의심합니다. 이분은 돌아가셨어요. 건어물 도매시장 허가를 받아 누가 손해를 봤다든지 한 사실이 있다면, 여러 가지 다 물으실 수 있어요. 그런데 한 건도 사기당한 사람이 없었어요. 金 기자님은 수 십 년간 떠돌았던 의혹을 다 열거하면서 묻고, 나는 '그런 일이 없었다'고 얘기하지만, 그게 그대로 기사로 나가면 돌아가신 분이나 그 가족은 또 피해를 보게 됩니다. 그렇게 해야 할 이유가 뭡니까. 월간조선이 그분과 무슨 억하심정이 있습니까."

―朴 의원이 육영재단 이사장을 물러날 때도 崔 목사가 전횡을 한다는 얘기가 나왔죠.

"그때도 별별 얘기가 다 나왔잖아요. 崔 목사가 한 건이라도 감옥에 갈 만한 일을 했다든지, 피해본 사람이 있다든지, 권력을 빙자해서 뭐 한 게 없잖아요. 그게 없으면 그 다음에는 얘기하면 안 됩니다. 모략하는 사람들 얘기를 책에다 다 내실 겁니까. 왜 그러세요."

―왜 이런 식의 인터뷰가 필요하냐면, 이미 朴 의원이 우리 국민이 생각하는 가장 유력한 大選(대선)후보의 한 사람이 됐기 때문입니다.

"좋아요. 제 개인에 관해 검증하는 것은 좋지만, 세상을 뜬 사람과 그 사람 가족들에 대한 거잖아요. 잘못했으면 세상 떠나고도 욕먹어야죠. 그러나 하나도 없는 것이 밝혀졌는데 모략을 쭉 나열한다는 건 안 되죠."

―쭉 나열 안 하겠습니다. 崔 목사와 일한 것 때문에 유신시절, 5共시절 마음의 고초를 겪었는데 1990년까지 계속 崔 목사의 도움을 받은 이유는 뭡니까.

"그때 저를 도와주고 그런 분들이 별로 없었죠. 아버지가 매도당하던 시절이고, 누가 있었나요. 저를 와서 돕는다는 게 쉬운 일이 아니었어요. 세상 인심이라는 게 그래요."

―육영재단 이사장을 물러날 때 다른 분도 아니고, 동생 분과 육영재단 직원들이 '최태민이 전횡을 하니까 물러나라'고 했지 않습니까.

"전횡해서 뭐 나쁜 일 한 게 있었어요? 그때 육영재단이 얼마나 잘 되고 있었는데. 전횡해서 사기를 치고 한 일이 있나요."

　―같이 일을 한 사실만 있다는 말씀이죠.

　"그렇죠. 그렇게 일할 수 있죠. 재단에 손해날 짓, 또는 사적으로 뭘 챙긴 게 한 건도 없는 겁니다. 10원 한 장이라도 잘못했으면 감옥에 백번이라도 갔을 분위기였어요."

　―여성잡지들에 그런 얘기가 쏟아져 나왔는데 왜 법적 대응을 안 했습니까.

　"인터뷰에 응하고, 텔레비전에까지 나가서 질문에 다 답했어요. 꼭 법적인 대응을 해야만 합니까."

　―崔 목사가 목사가 되기 전 사이비 종교의 지도자였다는 주장이 있습니다.

　"사이비 종교의 지도자가 아니고 정식 기독교 목사였어요. 그렇게 이상한 사람이면 내가 상대를 안 했고, 나도 알아볼 것 다 알아보고 했어요."

　―그러면 마지막으로 하나만 묻겠습니다. 崔太敏 목사의 사위를 비서로 쓰고 있다고 들었습니다. 朴 의원이 아직도 崔 목사의 그늘에서 벗어나지 못했다는 얘기가 나옵니다.

　"말도 안 되는 소리예요. 능력이 되니까 쓰는 거예요. 대개 사람을 쓰고 일을 할 때 가까이 잘 알던 사람들을 쓰는 것 아닌가요."

　―1980년 이후 동생들과의 사이가 소원해진 이유는 뭔가요.

　"이런저런 게 겹쳤어요. 그 후에는 다 없어지고, 동생들이 선거 때 와서 도와주고, 지금은 제가 정치권에서 하는 일이 잘 되도록 안타까워도 하고 도움이 되려고 애를 써요."

　―자주 만나십니까.

　"자주 만나는 건 아닙니다. 저도 바쁘지만 동생들도 다 나름대로 바쁘거든요. 제사 때, 일이 있을 때 만나고 연락하죠."

(2002.4. 월간조선)

"대통령 조사는 서면이 원칙"

박근혜 대통령 변호인의 입장 발표문

유영하 · 변호사

박근혜 대통령의 변호를 맡은 유영하 변호사입니다. 본 사안은 제기된 의혹이 매우 방대하며 수사 결과 및 내용이 국정에 큰 영향을 미칠 수 있는 중대한 사안입니다.

현재 검찰 수사가 완결된 것이 아니라 한창 진행 중이고 매일 언론에서 각종 의혹이 쏟아지는 상황이므로 변호인으로서는 기본적인 의혹사항을 정리하고 법리를 검토하는 등 변론 준비에도 최소한의 시간이 필요하다고 생각합니다. 이는 철저한 진상 규명을 위해서도 반드시 필요한 일입니다.

저로서는 검찰이 이 사건을 신속하게 수사해서 대통령 관련 의혹사항이 모두 정리되는 시점에서 대통령에 대한 조사가 이루어지는 것이 타당하다고 생각합니다. 오늘 검찰에 변호인 선임계를 제출했으며 이런 변호인의 뜻을 말씀드리고자 합니다.

향후 검찰과 조사 일정 및 방법을 성실히 협의하겠으며 그 결과에 따라 합리적으로 조사 일정이 조정될 수 있기를 희망하면서 다음과 같이 변호인의 입장을 밝혀드립니다.

먼저 검찰 조사 문제에 대한 변호인의 입장을 말씀드리겠습니다.

아시다시피 헌법상 모든 국민은 공정한 수사·재판을 받을 권리가 있고 이는 대통령이라고 해 예외가 될 수 없습니다. 즉 공정한 수사와 재판을 받을 권리는 대통령에게도 당연히 존중돼야 합니다.

대통령께서는 이 사건의 진상을 밝히고 책임자를 엄벌하기 위해 검찰 수사와 필요하면 특검에까지 적극 협조하겠다고, 필요하면 조사까지 받겠다는 의지를 누차에 걸쳐서 밝힌 바 있습니다.

또한, 대통령께서는 비서실과 경호실에 검찰 수사에 적극 협조할 것을 지시하셨고, 이에 따라 청와대에서 관련 업무를 담당하였던 다수의 비서관과 행정관들이 소환조사를 받았으며 청와대에 대한 이틀간의 압수수색 등 강제 수사가 진행됐습니다.

조사 시기에 대해서 말씀드리겠습니다.

하지만 현재 검찰의 수사 상황을 보면 가장 먼저 구속된 최순실에 대한 수사만 거의 완료돼 이번 주말 기소를 앞두고 있을 뿐, 대통령과 관련됐다는 의혹이 제기된 안종범 전 경제수석, 정호성 전 부속비서관, 차은택 등은 현재 구속이 된 상태에서 수사가 진행되고 있으며 대통령 관련 여부가 문제 되고 있는 조원동 전 경제수석에 대해서는 어제 조 전 수석의 자택에 대한 압수수색으로 이제 막 수사가 시작된 상태이며 안봉근, 이재만 전 비서관들에 대한 수사도 어제 소환조사가 진행됐을 뿐입니다.

조사 방법에 대해서 말씀드리겠습니다.

헌법상 현직 대통령은 재직 중 내란·외환죄 이외에 소추를 받지 않도록 불소추 특권이 인정되고 있습니다. 이는 대통령의 임기 중 수사, 재판을 받으면 국정이 마비되고 국론이 분열되는 상황이 우려되기 때문에 국가 공동체를 보호하기 위한 최소한의 헌법상의 보호장치인 것입니다.

따라서 원칙적으로 대통령에 대해서는 내란·외환죄가 아닌 한 수사가 부적절하고 본인의 동의 하에 조사하게 되더라도 대통령의 직무 수행에 지장을 최소화하는 방법으로 진행돼야 하는 것이 헌법 정신에 부합하는 것으로 저는 판단하고 있습니다.

원칙적으로 서면조사를 하는 것이 바람직하고 부득이 대면조사를 해야 한다면 당연히 그 회수를 최소화해야 할 것입니다.

현직 대통령이 새로운 의혹이 제기될 때마다 번번이 검찰 조사를 받아야 한다면 의혹 해소에도 도움이 되지 않을 뿐 아니라 국정 수행에 큰 부담으로 작용할 수밖에 없다고 생각합니다. 그러므로 이 사건에 대해서도 검찰이 모든 의혹을 충분히 조사해서 사실관계를 대부분 확정한 뒤에 대통령을 조사하는 것이 합리적이라고 생각하고 있습니다.

어제 여야 합의로 특검법이 합의됐고 특검에 대통령에 대한 조사는 불가피한 기정사실이 됐습니다. 이런 상황에서 저는 검찰과 조사에 대해서 좀 더 숙고하고 깊이 있는 협의를 하려고 생각하고 있습니다.

현재 박근혜 대통령의 심정에 대해서 간략하게 말씀 올리겠습니다.

대통령께서는 그동안 개인적 부덕의 소치로 주변 사람을 제대로 관리하지 못해 엄청난 국정혼란을 초래하고 이에 대한 국민들의 질책과 분노에 대해 본인의 책임을 통감하시고 모든 비난과 질책을 묵묵히 받아들여 왔습니다. 선의로 추진했던 일이었고 그로 인한 긍정적인 효과도 적지 않았음에도 이런 일이 일어나 매우 가슴 아파하고 계십니다. 온갖 의혹을 사실로 단정하고 매도되는 것에 대해 매우 안타까운 심정이지만 성실하게 수사에 협조해서 진실을 밝히는 데 최선의 노력을 다할 것을 당부하셨습니다.

지금까지 제기된 의혹에 대한 변호인의 입장을 올리겠습니다.

제가 어제 변호인으로 선임돼 지금까지 사건 파악을 하는 데 물리적인 한계가 있었습니다. 추후 다른 자리를 빌려서 별도로 말씀드릴 기회를 갖도록 하겠습니다.

끝으로 언론인 여러분과 기자 여러분들에게 드리는 간곡한 부탁의 말씀입니다.

최순실 씨 사건으로 엄청난 혼란이 야기되고 많은 국민들이 분노하거나 실망한 것에 대해서 변호인인 저도 매우 안타깝게 생각하고 있습니다. 다만, 변호인으로서 변론 준비에 치중해야 하므로 다소간 언론인 여러분과 소통이 힘들 때도 있을 것이라 생각됩니다. 미리 이 자리를 빌려서 양해의 말씀을 드리겠습니다. 그리고 끝으로 대통령이기 전에 여성으로서의 사생활이 있다는 점도 고려해 주셨으면 좋겠습니다. 이상입니다.

(2016.11.15.)

'박근혜 대통령 탄핵소추안' 全文

더불어민주당·국민의당·정의당

탄핵소추의 사유

헌법 제1조는 "대한민국은 민주공화국이다. 대한민국의 주권은 국민에게 있고, 모든 권력은 국민으로부터 나온다."라고 선언하고 있다. 대통령은 주권자인 국민으로부터 직접 선거를 통하여 권력을 위임받은 국가의 원수이자 행정부의 수반으로서 헌법을 준수하고 수호할 책무를 지며 그 직책을 성실하게 수행해야 한다(헌법 제66조 제2항, 제69조). 이러한 헌법의 정신에 의하면 대통령은 '법치와 준법의 존재'이며, "헌법을 경시하는 대통령은 스스로 자신의 권한과 권위를 부정하고 파괴하는 것"이다(헌재 2004. 5. 14. 선고 2004헌나1 결정).

헌법 제65조 제1항은 대통령이 그 직무집행에 있어서 헌법이나 법률을 위배한 때에는 국회는 탄핵의 소추를 의결할 수 있다고 규정하고 있다. 그런데 박근혜 대통령은 직무집행에 있어서 헌법과 법률을 광범위하게 그리고 중대하게 위배하였다.

아래에서 보는 것처럼 박근혜 대통령은 국민주권주의(헌법 제1조) 및 대의민주주의(헌법 제67조 제1항), 법치국가원칙, 대통령의 헌법수호 및 헌법준수의무(헌법 제66조 제2항, 제69조), 직업공무원제도(헌법 제7조), 대통령에게 부여된 공무원 임면권(헌법 제78조), 평등원칙(헌법 제11조), 재산권 보장(헌법 제23조 제1항), 직업선택의 자유(헌법 제15조), 국가의 기본적 인권 보장 의무(헌법 제10조), 개인과 기업의 경제상의 자유와 사적자치에 기초한 시장경제질서(헌법 제119조 제1항), 언론의 자유(헌법 제21조) 등 헌법 규정과 원칙에 위배하여 헌법질서의 본질적 내용을 훼손하거나 침해, 남용하였다.

또한 박근혜 대통령은 특정범죄가중처벌등에관한법률위반(뇌물)죄(특정범죄가중처벌등에관한법률 제2조 제1항 제1호, 형법 제129조 제1항 또는 제130조), 직권남용권리행사방해죄(형법 제123조), 강요죄(형법 제324조), 공무상비밀누설죄(형법 제127조) 등 각종 범죄를 저질러 법률의 규정에 위배하였다.

박근혜 대통령의 위와 같은 위헌, 위법행위는 헌법수호의 관점에서 볼 때 대한민국 헌법질서의 본질적 요소인 자유민주적 기본질서를 위협하는 행위로서 기본적 인권의 존중, 권력분립, 사법권의 독립을 기본요소로 하는 법치주의 원리 및 의회제도, 복수정당제도, 선거제도 등을 기본요소로 하는 민주주의 원리에 대한 적극적인 위반임과 동시에 선거를 통하여 국민이 부여한 민주적 정당성과 신임에 대한 배신으로서 탄핵에 의한 파면결정을 정당화하는 사유에 해당한다.

이에 박근혜 대통령을 파면함으로써 헌법을 수호하고 손상된 헌법질서를 다시 회복하기 위하여 탄핵소추안을 발의한다.

구체적인 탄핵소추 사유는 다음과 같다.

1. 헌법 위배행위

가. 국민주권주의(헌법 제1조), 대의민주주의(헌법 제67조 제1항), 국무회의에 관한 규정(헌법 제88조, 제89조), 대통령의 헌법수호 및 헌법준수의무(헌법 제

66조 제2항, 제69조) 조항 위배

박근혜 대통령은 공무상 비밀 내용을 담고 있는 각종 정책 및 인사 문건을 청와대 직원을 시켜 최순실(최서원으로 개명. 이하 '최순실'이라고 한다)에게 전달하여 누설하고, 최순실과 그의 친척이나 그와 친분이 있는 주변인 등(이하 '최순실 등'이라고 한다)이 소위 비선실세로서 각종 국가정책 및 고위 공직 인사에 관여하거나 이들을 좌지우지하도록 하였다. 그 과정에서 국무위원이 아닌 최순실에게 국무회의의 심의를 거쳐야 하는 사항을 미리 알려주고 심의에 영향력을 행사하도록 하였다. 이러한 과정을 통하여 박근혜 대통령은 최순실 등의 사익을 위하여 대통령의 권력을 남용하여 사기업들로 하여금 각 수십억 원에서 수백억 원을 갹출하도록 강요하고 사기업들이 최순실 등의 사업에 특혜를 주도록 강요하는 등 최순실 등이 국정을 농단하여 부정을 저지르고 국가의 권력과 정책을 최순실 등의 '사익추구의 도구'로 전락하게 함으로써, 최순실 등 사인(私人)이나 사조직(私組織)이 아닌 박근혜 대통령 자신에게 권력을 위임하면서 '헌법을 수호하고 국민의 자유와 복리의 증진을 위하여 대통령으로서의 직책을 성실히 수행할 것'을 기대한 주권자의 의사에 반하여 국민주권주의(헌법 제1조) 및 대의민주주의(헌법 제67조 제1항)의 본질을 훼손하고, 국정을 사실상 법치주의(法治主義)가 아니라 최순실 등의 비선조직에 따른 인치주의(人治主義)로 행함으로써 법치국가 원칙을 파괴하고, 국무회의에 관한 헌법 규정(헌법 제88조, 제89조)을 위반하고 대통령의 헌법수호 및 헌법준수의무(헌법 제66조 제2항, 제69조)를 정면으로 위반하였다.

나. 직업공무원 제도(헌법 제7조), 대통령의 공무원 임면권(헌법 제78조), 평등원칙(헌법 제11조) 조항 위배

박근혜 대통령은 청와대 간부들 및 문화체육관광부의 장, 차관 등을 최순실 등이 추천하거나 최순실 등을 비호하는 사람으로 임명하였다. 이러한 예로는 김종덕 문화체육관광부 장관(차은택의 대학원 지도교수), 김종 문화체육관광부 차관(최순실의 추천), '문고리 삼인방'(이재만, 정호성, 안봉근), 윤전추 3급 행정관(최순실의 헬스트레이너), 차은택 문화창조융합본부장, 김상률 교육문화수석(차은택의 외삼촌), 송성각 한국콘텐츠진흥원장(차은택의 지인) 등을 들 수 있다. 박근혜 대통령은 이들이 최순실 등의 사익추구를 방조하거나 조장하도록 하였는데 예를 들어 김종은 2013. 10. 최순실의 추천으로 문화체육관광부 차관으로 임명되어 2016. 10. 30. 사퇴할 때까지 최순실 등의 체육계 인사 개입과 이권 장악을 도왔다. 김 전 차관은 문체부 산하 공기업 그랜드코리아레저(GKL)가 창단한 장애인 펜싱팀 대행업체로 더블루케이를 선정하도록 압박하고, 케이스포츠재단 설립 과정을 돕고, 더블루케이에 평창동계올림픽 관련 이권사업을 몰아주었다. 또한 박근혜 대통령은 최순실 등의 사익추구에 방해될 문화체육관광부의 고위 공직자들을 자의적으로 해임시키거나 전보시켰는데 이러한 예로는 2013. 4. 최순실의 딸 정유라가 한국마사회컵 승마대회에서 우승을 못하자 청와대의 지시로 문화체육관광부가 승마협회를 조사·감사하였고, 그 결과가 흡족하지 않자 박근혜 대통령은 2013. 8. 유진룡 문화체육관광부 장관에게 동 조사·감사에 관여한 노강택 국장과 진재수 과장을 두고 "나쁜 사람"이라고 언급하고 경질을 사실상 지시하였고, 그 후 이들은 산하기관으로 좌천된 일을 들 수 있다. 이와 관련하여 2014. 7. 유진룡 장관이 갑자기 면직되었고, 그 후 2014. 10. 청와대 김기춘 비서실장으로부터 문화체육관광부 김희범 차관에게 문화체육관광부 1급 공무원 6명의 일괄 사표를 받으라는 부당한 압력이 행사되었고 이들은 명예퇴직을 하게 되기도 하였다. 이와 같이 '국민 전체에 대한 봉사자로서 신분이 보장되는' 공무원을 최순실 등의 '사익에 대한 봉사자'로 전락시키고 공무원의 신분을 자의적으로 박탈시킴으로써 직업공무원제도(헌법 제7조)의 본질적 내용을 침해하고, 대통령에게 부여된 공무원 임면권(헌법 제78조)을 남용하였다. 또 박근혜 대통령은 애초에 최순실 등을 비호하기 위한 공무원 임면을 통하여 최순실 등이 문화체육관광부로부터 동계스포츠영재센터(최순실의 조카 장시호 운영)를 통하여 6억7천만 원을, '늘품체조'(차은택이 제작)로 3억 5천만 원의 예산지원을 받는 등 각종 이권과 특혜를 받도록 방조하거나 조장함으로써 '국가가 법집행을 함에 있어서 불평등한 대우를 하지 말아야 한다'는 평등원칙(헌법 제11조)을 위배하고 정부재정의 낭비를 초래하였다.

다. 재산권 보장(헌법 제23조 제1항), 직업선택의 자유(헌법 제15조), 기본적 인권보장 의무(헌법 제10조), 시장경제질서(헌법 제119조 제1항), 대통령의 헌법수호 및 헌법준수의무(헌법 제66조 2항, 제69조) 조항 위배

박근혜 대통령은 청와대 수석비서관 안종범 등을 통하여 최순실 등을 위하여 사기업에게 금품 출연을 강요하여 뇌물을 수수하거나 최순실 등에게 특혜를 주도록 강요하고, 사기업의 임원 인사에 간섭함으로써 '국민의 자유와 복리'를 증진하고 '기본적 인권을 보장할 의무'를 지니는 대통령이 오히려 기업의 재산권(헌법 제23조 제1항)과 개인의 직업선택의 자유(헌법 제15조)를 침해하고, 국가의 기본적 인권의 보장의무(헌법 제10조)를 저버리고, '개인과 기업의 경제상의 자유와 사적자치에 기초한' 시장경제질서(헌법 제119조 제1항)를 훼손하고, 대통령의 헌법수호 및 헌법준수의무(헌법 제66조 제2항, 제69조)를 위반하였다.

라. 언론의 자유(헌법 제21조 제1항), 직업선택의 자유(헌법 제15조) 조항 위배

언론의 자유는 "민주국가의 존립과 발전을 위한 기초"가 되며, 따라서 "특히 우월적인 지위"를 지닌다. 그런데 최순실 등 '비선실세'의 국정농단과 이를 통한 사익 추구를 통제해야 할 박근혜 대통령 및 그 지휘·감독을 받는 대통령비서실 간부들은 오히려 최순실 등 비선실세의 전횡을 보도한 언론을 탄압하고, 언론사주에게 압력을 가해 신문사 사장을 퇴임하게 만들었다. 일례로 세계일보는 2014. 11. '박근혜 대통령의 국회의원 시절 비서실장이자 최태민의 사위인 정윤회가 문고리 3인방을 포함한 청와대 안팎 인사 10명을 통해 각종 인사개입과 국정농단을 하고 있다.'라며 '정윤회 문건'을 보도하였다. 이에 대하여 박근혜 대통령은 2014. 12. 1. 비정상적인 국정 운영이 이루어지고 있다는 보도내용의 사실 여부에 대해서는 언급이 없이 '기초적인 사실 확인조차 하지 않은 채 외부로 문건을 유출하게 된 것은 국기문란'이라면서 문건의 외부 유출 및 보도가 문제라는 취지로 발언하였다. 그 후 김기춘 비서실장은 2014. 12. 13. 문건 수사를 '조기 종결토록 지도하라.'라고 김영한 전 민정수석비서관에게 지시하였고, 우병우 당시 민정비서관은 당시 문건 유출자로 지목받던 한일 전 경위에게 '자진출두해서 자백하면 불기소 편의를 봐줄 수 있다.'라고 하였으며, 김상률 청와대 교육문화수석비서관은 2015. 1. 세계일보 편집국장 한용걸을, 신성호 청와대 홍보특보는 세계일보 조한규 사장을 만나 세계일보의 추가 보도에 대하여 수습을 원하는 메시지를 전달하였다. 한편 그 무렵 청와대 고위 관계자는 세계일보의 사주(社主)인 통일교의 총재(한학자)에게 전화하여 조한규 사장의 해임을 요구하였고, 조한규 사장은 2016. 2. 세계일보 사장에서 물러났으며, 세계일보는 그후 추가 보도를 자제하였다. 이러한 청와대의 세계일보 보도의 통제 및 언론사 사장 해임은 최순실 등의 비선실세에 대한 언론보도를 통제하고 다른 언론에도 위축효과를 가져온 것으로서, 박근혜 대통령과 최순실의 긴밀한 관계 및 박근혜 대통령의 위 2014. 12. 1. 발언을 고려하면, 청와대의 세계일보 언론 탄압은 박근혜 대통령의 지시 혹은 묵인 하에서 벌어진 것이므로 박근혜 대통령은 언론의 자유(헌법 제21조 제1항) 및 직업의 자유(헌법 제15조)의 침해에 대한 책임이 있다.

마. 생명권 보장(헌법 제10조) 조항 위배

대통령은 국가적 재난과 위기상황에서 국민의 생명과 안전을 지켜야 할 의무가 있다. 그러나 이른바 세월호 참사가 발생한 당일 오전 8시 52분 소방본부에 최초 사고접수가 된 시점부터 당일 오전 10시 31분 세월호가 침몰하기까지 약 1시간 반 동안 국가적 재난과 위기상황을 수습해야 할 박근혜 대통령은 어디에도 보이지 않았다. 침몰 이후 한참이 지난 오후 5시 15분경에야 대통령은 재난안전대책본부에 나타나 "구명조끼를 학생들은 입었다고 하는데 그렇게 발견하기가 힘듭니까?"라고 말하여 전혀 상황파악을 하지 못하였음을 스스로 보여주었다. 대통령은 온 국민이 가슴 아파하고 눈물 흘리는 그 순간 국민의 생명과 안전을 책임지는 최고결정권자로서 세월호 참사의 경위나 피해상황, 피해규모, 구조진행상황을 전혀 인지하지 못하고 있었던 것이다.

그 후 박근혜 대통령은 국민들과 언론이 수차 이른바 '세월호 7시간' 동안의 행적에 대한 진실 규명을 요구하였지만 비협조와 은폐로 일관하며 헌법상 기본권인 국민의 알권리를 침해해 왔다. 최근 청와대는 박 대통령이 당일 오전 9시 53분경에 청와대 외교안보수석실로부터, 10시경에 국가안보실로부터 각 서면보고를 받았고, 오전 10시 15분과 10시 22분 두 차례에 걸쳐 국가안보실장에게 전화로 지시하였으며, 오전 10시 30분에는 해양경찰청장에게 전화로 지시하였다고 일방적으로 발표하였다. 그러나 이를 확인할 수 있는 근거자료는 전혀 제시하지 않았다. 만일 청와대의 주장이 사실이라 하더라도 대통령은 처음 보고를 받은 당일 오전 9시 53분 즉시 사태를 정확히 파악하고 동원 가능한 모든 수단과 방법을 사용하여 인명구조에 최선을 다했어야 한다. 또한 청와대 참모회의를 소집하고, 관계 장관 및 기관을 독려했어야 한다. 그러나 박근혜 대통령은 편면적인 서면보고만 받았을 뿐이지 대면보고조차 받지 않았고 현장 상황이 실시간 보도되고 있었음에도 방송 내용조차 인지하지 못했다. 결국 국가적 재난을 맞아 즉각적으로 국가의 총체적 역량을 집중 투입해야 할 위급한 상황에서 행정부 수반으로서 최고결정권자이자 책임자인 대통령이 아무런 역할을 수행하지 않은 것이다. 세월호 참사와 같은 국가재난상황에서 박 대통령이 위와 같이 대응한 것은 사실상 국민의 생명과 안전을 보호하기 위한 적극적 조치를 취하지 않는 직무유기에 가깝다 할 것이고 이는 헌법 제10조에 의해서 보장되는 생명권 보호 의무를 위배한 것이다.

2. 법률 위배행위

가. 재단법인 미르, 재단법인 케이스포츠 설립 · 모금 관련 범죄

(1) 사실관계

(가) 재단 설립에 이르게 된 경위

박근혜 대통령은 정부의 수반으로서 법령에 따라 중앙행정기관의 장을 지휘·감독하여 정부의 중요정책을 수립·추진하는 등 모든 행정업무를 총괄하는 직무를 수행하고, 대형건설 사업 및 국토개발에 관한 정책, 통화, 금융, 조세에 관한 정책 및 기업 활동에 관한 정책 등 각종 재정·경제 정책의 수립 및 시행을 최종 결정하며, 소관 행정 각 부의 장들에게 위임된 사업자 선정, 신규 사업의 인·허가, 금융지원, 세무조사 등 구체적 사항에 대하여 직접 또는 간접적인 권한을 행사함으로써 기업체들의 활동에 있어 직무상 또는 사실상의 영향력을 행사할 수 있는 지위에 있음을 이용하여 최순실, 안종범과 공모하여 문화발전 및 스포츠 산업 발전을 구실로 박근혜 대통령 본인 혹은 최순실 등이 지배하는 재단법인을 만들고 전국경제인연합회(이하 '전경련'이라 한다) 소속 회원 기업들로부터 출연금 명목으로 돈을 받기로 마음먹었다.

박근혜 대통령은 2015. 7. 20.경 안종범에게 '10대 그룹 중심으로 대기업 회장들과 단독 면담을 할 예정이니 그룹 회장들에게 연락하여 일정을 잡으라.'는 지시를 하고 안종범은 10대 그룹 중심으로 그 대상 기업을 선정한 다음 대통령의 승인을 받아 삼성 등 7개 그룹을 최종적으로 선정하여 각 그룹 회장들에게 대통령이 2015. 7. 24. 예정인 창조경제혁신센터 전담기업 회장단 초청 오찬 간담회 직후 단독 면담을 원한다는 의사를 전달하고 협의를 통하여 2015. 7. 24.~25. 양일간 단독 면담을 진행하기로 한 다음 그 사실을 대통령에게 보고하였다.

박근혜 대통령은 2015. 7. 24. 오후 현대자동차그룹 회장 정몽구, 부회장 김용환, 씨제이그룹 회장 손경식, 에스케이이노베이션 회장 김창근을, 같은 달 25. 같은 장소에서 삼성그룹 부회장 이재용, 엘지그룹 회장 구본무, 한화그룹 회장 김승연, 한진그룹 회장 조양호 등 대기업 회장들과 순차적으로 각 단독 면담을 하고, 그 자리에서 위 대기업 회장들에게 문화, 체육 관련 재단법인을 설립하려고 하는데 적극 지원을 해달라는 취지로 발언하였다.

대기업 회장들과 단독 면담을 마친 박근혜 대통령은 안종범에게 '전경련 산하 기업체들로부터 금원을 갹출하여 각 300억 원 규모의 문화와 체육 관련 재단을 설립하라.'는 취지의 지시를 하고, 안종범은 그 직후인 2015. 7. 하순경부터 8. 초순경까지 사이에 전경련 상근부회장인 이승철에게 '청와대에서 문화재단과 체육재단을 만들려고 하는데 대통령께서 회의에서 기업 회장들에게 이야기를 했다고 하니 확인을 해 보면 알고 있을 것이다.'라고 하면서 재단 설립을 추진하라는 취지로 지시하였다.

박근혜 대통령은 그 무렵 최순실에게 '전경련 산하 기업체들로부터 금원을 갹출하여 문화재단을 만들려고 하는데 재단의 운영을 살펴봐 달라.'는 취지의 요청을 하고, 이러한 요청을 받은 최순실은 재단의 이사장 등 임원진을 자신이 지정하는 사람들로 구성하여 재단 업무 관련 지시를 내리고 보고를 받는 등 재단의 인사 및 운영을 장악하였다.

(나) 재단법인 미르 설립 및 모금

최순실은 위와 같이 2015. 7.경 재단 설립에 대한 논의가 시작된 후 실제 기업체들의 자금 출연 등이 이루어지지 않아 재단 설립이 지체되던 중, 2015. 10. 하순경 리커창 중국 총리가 방한 예정이라는 사실을 알고 정호성 비서관에게 '리커창 중국 총리가 곧 방한 예정이고 대통령이 지난 중국 방문 당시 문화교류를 활발히 하자고 하셨는데 구체적 방안으로 양국 문화재단 간 양해각서(MOU)를 체결하는 것이 좋을 것으로 보인다. 이를 위해서는 문화재단 설립을 서둘러야 한다.'라고 말하였고 정호성을 통하여 이를 전달받은 박근혜 대통령은 2015. 10. 19.경 안종범에게 '2015. 10. 하순경으로 예정된 리커창 중국 총리 방한 때 양해각서를 체결하여야 하니 재단 설립을 서두르라.'는 지시를 하였다.

이에 안종범은 2015. 10. 19.경 이승철에게 전화하여 '급하게 재단을 설립하여야 하니 전경련 직원을 청와대 회의에 참석시켜라.'고 지시하고, 청와대 경제수석비서관실 소속 경제금융비서관인 최상목에게 '300억 원 규모의 문화재단을 즉시 설립하라.'라는 취지로 지시하였다.

안종범의 지시를 받은 최상목은 2015. 10. 21. 청와대 경제금융비서관 사무실에서 청와대 행정관, 전경련 사회본부장, 사회공헌팀장이 참석한 회의(1차 청와대 회의)를 주재하면서 '10월 말로 예정된 리커창 총리의 방한에 맞추어 300억 원 규모의 문화재단을 설립하여야 하고 출연하는 기업은 삼성, 현대차, 에스케이, 엘지, 지에스, 한화, 한진, 두산, 씨제이 등 9개 그룹이다.' 라는 취지로 지시하였고, 이에 전경련 관계자들은 급하게 재단설립 절차 등을 확인한 후 9개 그룹에 대한 출연금 분배 방안 문건 등을 준비하였다.

한편 최순실은 2015. 9.말경부터 10.경까지 문화재단에서 일할 임직원을 직접 면접을 본 후 선정하였고 같은 달 하순경 문화재단의 명칭을 '미르'라고 정하였으며, 위 재단 이사장을 '김형수', 사무총장을 '이성한'으로 정하는 등 임원진 명단과 조직표 및 정관을 마련하였다.

최순실로부터 위와 같은 경과를 들은 박근혜 대통령은 2015. 10. 21. 안종범에게 '재단 명칭은 용의 순수어로 신비롭고 영향력이 있다는 뜻을 가진 미르라고 하라.'라고 하면서 이사장, 이사 및 사무총장 인선 및 사무실 위치 등에 관한 지시를 하였고, 안종범은 이를 다시 최상목에게 지시하였다.

안종범의 지시를 받은 최상목은 2015. 10. 22. 오후 전경련 관계자, 문화체육관광부 소속 공무원 등이 참석한 회의(2차 청와대 회의)를 주재하면서 전경련이 준비해 온 문건 등을 보고받고, '재단은 10. 27.까지 설립되어야 한다. 전경련은 재단 설립 서류를 작성·제출하고, 문체부는 10. 27. 개최될 재단 현판식에 맞추어 반드시 설립허가가 이루어질 수 있도록 하라.'고 지시하면서 전경련이 보고한 9개 그룹의 분배 금액을 조정하여 확정하였다.

위와 같은 회의 결과에 따라 전경련 관계자들은 2015. 10. 23. 아침에 삼성, 현대차, 에스케이, 엘지 등 4대 그룹 임원 조찬 회의를, 오전에 지에스, 한화, 한진, 두산, CJ 등 5개 그룹 임원 회의를 각 개최하여, 각 그룹 임원들에게 '청와대의 요청으로 문화 및 체육 관련 재단을 만들어야 한다. 문화 재단은 10. 27.까지 설립하여야 한다. 출연금을 낼 수 있는지 신속히 확인해 달라.'고 요청하면서 그룹별 출연금 할당액을 전달하였다. 한편 전경련 측은 문화관광체육부에 설립허가를 위한 서류 및 절차 등을 문의하였다.

최상목은 2015. 10. 23. 다시 전경련 관계자 및 문화관광체육부 소속 공무원들이 참석한 회의(3차 청와대 회의)를 주재하면서 '아직까지도 출연금 약정서를 내지 않은 그룹이 있느냐. 그 명단을 달라.'고 말하며 모금을 독촉하고, '미르'라는 재단 명칭과 주요 임원진 명단을 전경련 관계자들 전달하면서 '이사진에게 따로 연락은 하지 말라.'라는 주의를 주었다.

같은 날(2015. 10. 23.) 전경련은 9개 그룹으로부터 출연금 총 300억 원에 대한 출연 동의를 받아 설립허가 신청에 필요한 재산출연증서 등의 서류를 받아두고, 정관(기본재산과 보통재산의 비율이 9:1), 창립총회 회의록의 작성도 마무리 중이었다.

그런데 최상목은 같은 날 전경련에 '롯데도 출연 기업에 포함시켜라.'고 지시하였고, 전경련 관계자들은 롯데를 포함시키는 방안을 검토하기 시작하였다.

한편 안종범은 2015. 10. 24. 전경련 관계자에게 '재단법인 미르의 출연금 규모를 300억 원에서 500억 원으로 증액하라. 출연 기업에 케이티, 금호, 신세계, 아모레는 반드시 포함시키고, 현대중공업과 포스코에도 연락해 보고, 추가할 만한 그룹이 더 있는지도 알아보라.'라고 지시하였다.

이에 따라 전경련 관계자들은 500억 원 기준으로 새로운 출연금 분배안을 작성하고, 기존에 출연이 결정되어 있던 삼성, 현대차, 에스케이, 엘지, 지에스, 한화, 한진, 두산, 씨제이 등 9개 그룹에는 증액을, 안종범이 추가로 출연 기업으로 포함시키라고 지시한 롯데, 케이티, 금호, 신세계, 아모레, 현대중공업, 포스코 등 7개 그룹과 전경련이 추가한 엘에스와 대림 등 2개 그룹에는 '청와대의 지시로 문화 재단을 설립한다. 출연 여부를 결정하여 달라.'고 요청하였다.

위와 같은 요청을 받은 18개 그룹 중 현대중공업(재무상태가 극도로 악화)과 신세계(문화 분야에 이미 거액 투자)를 제외한 16개 그룹은 재단의 사업계획서 등에 대한 사전 검토절차도 제대로 거치지 아니한 채 출연을 결정하게 되었다.

2015. 10. 26. 서울 서초구 소재 팔레스호텔에서 재단법인 미르의 이사로 내정된 사람들이 상견례를 하는 한편, 전경련 관계자들은 500억 원을 출연하는 각 그룹사 관계자들을 불러 재산출연증서 등 서류를 제출받고, 전경련에서 준비한 정관 및 마치 출연기업 임원들이 재단 이사장 등을 추천한 것처럼 작성된 창립총회 회의록에 법인 인감을 날인 받았다.

그러던 중 안종범은 최상목을 통해 전경련 측에 '재단법인 미르의 기본재산과 보통재산 비율을 기존 9:1에서 2:8로 조정하라'는 취지의 지시를 하였고, 팔레스호텔에서 기업 회원사의 날인을 받고 있던 전경련 관계자는 급히 지시에 따라 정관과 창립총회 회의록 중 기본재산과 보통재산 비율 부분을 수정한 후 이미 날인을 한 회원사 관계자들에게 다시 연락하여 위와 같이 수정한 정관과 창립총회 회의록에 날인해 줄 것을 부탁하였으나, 결국 발기인으로 참여한 19개 법인 중 1개 법인(에스케이 하이닉스)으로부터는 날인을 받지 못하였다.

다급해진 전경련 측은 문화체육관광부 하윤진 대중문화산업과장에게 연락하여 법인설립허가 신청서류를 서울에서 접수할 수 있도록 협조해 달라고 요청하고, 세종특별자치시 소재 문체부 대중문화산업과 사무실에 있던 하윤진은 소속 주무관에게 지시하여 서울로 출장을 가서 전경련으로부터 신청서류를 접수받도록 하였다.

한편 관련 법령에 의하면 정상적으로 법인을 설립하기 위해서는 발기인 전원이 날인한 정관과 창립총회 회의록이 구비서류로 제출되어야 함에도 불구하고, 전경련 측은 청와대에서 지시한 시한(10. 27.)까지 설립 허가를 마치기 위하여 서울 용산구 소재 문체부 서울사무소에서 문화관광체육부 주무관에게 에스케이 하이닉스의 날인이 없는 정관과 창립총회 회의록 등 설립허가 신청서류를 접수하였고, 이와 같은 하자가 있음에도 위 주무관은 같은 달 26. 20:07경 재단법인 미르의 설립허가에 관한 기안을 하였고 문화관광체육부는 다음날 09:36경 내부 결재를 마치고 설립허가를 해주었다.

결국, 위 16개 그룹 대표 및 담당 임원들은 박근혜 대통령과 최순실, 안종범의 요구에 따라 2015. 11.경부터 2015. 12.경까지 위와 같이 결정한 출연약정에 따라 재단법인 미르(2015. 10. 27. 설립)에 합계 486억 원의 출연금을 납부하였다.

(다) 재단법인 케이스포츠 설립 및 모금

최순실은 2015. 12. 초순경 스포츠재단에 대한 사업계획서를 작성하고 재단법인 케이스포츠에서 일할 임직원을 면접을 거쳐 선정한 다음 임원진 명단을 이메일로 정호성에게 보냈다.

최순실로부터 위와 같은 내용을 들은 박근혜 대통령은 같은달 11. 및 20. 안종범에게 임원진 명단을 알려주고 재단의 정관과 조직도를 전달하면서 서울 강남에 사무실을 구하라는 지시를 하였다.

안종범은 2015. 12. 중순경 전경련 관계자에게 전화하여 '예전에 말한 대로 300억 원 규모의 체육재단도 설립해야 하니 미르 때처럼 진행하라.'고 지시하였고, 전경련 관계자들은 재단법인 미르 설립 과정에서 연락했던 그룹 명단 및 각 그룹의 매출액을 기초로 출연금액을 할당하고, 각 그룹의 담당 임원들에게 '청와대 요청에 따라 300억 원 규모의 체육재단도 설립하여야 한다. 할당된 출연금을 납부하라.'고 전달하였다.

전경련 관계자들은 2015. 12. 21. 청와대 행정관으로부터 재단법인 케이스포츠 정관, 주요 임원진 명단 및 이력서를 팩스로 송부받고 재단법인 미르 때와 마찬가지로 마치 출연기업 임원들이 재단 이사장 등을 추천한 것처럼 창립총회 회의록을 작성한 다음, 2016. 1. 12. 전경련회관으로 해당 기업 관계자들을 불러 재산출연증서 등 서류를 제출받고 정관과 창립총회 회의록에 날인을 받았다.

결국 현대자동차 등 재단법인 케이스포츠에 자금을 출연하기로 한 16개 그룹은 박근혜 대통령과 최순실, 안종범의 요구에 따라 2016. 2.경부터 2016. 8.경까지 재단법인 케이스포츠(2016. 1. 13. 설립)에 합계 288억 원의 출연금을 납부하였다.

(2) 법률적 평가

(가) 특정범죄가중처벌등에관한법률위반(뇌물)죄

대통령은 정부의 수반으로서 중앙행정기관의 장을 지휘·감독하여 정부의 중요정책을 수립·추진하는 등 모든 행정업무를 총괄하는 직무를 수행하고, 대형건설 사업 및 국토개발에 관한 정책, 통화, 금융, 조세에 관한 정책 및 기업 활동에 관한 정책 등 각종 재정·경제 정책의 수립 및 시행을 최종 결정하며, 소관 행정 각 부의 장들에게 위임된 사업자 선정, 신규 사업의 인·허가, 금융지원, 세무조사 등 구체적 사항에 대하여 직접 또는 간접적인 권한을 행사함으로써 기업체들의 활동에 있어 직무상 또는 사실상의 영향력을 행사할 수 있는 지위에 있다. 또한 뇌물죄는 직무집행의 공정과 이에 대한 사회의 신뢰에 기하여 직무행위의 불가매수성을 그 직접의 보호법익으로 하고 있고, 뇌물성을 인정하는 데에는 특별히 의무위반행위의 유무나 청탁의 유무 등을 고려할 필요가 없는 것이므로 뇌물은 대통령의 직무에 관하여 공여되거나 수수된 것으로 족하고 개개의 직무행위와 대가적 관계에 있을 필요가 없으며, 그 직무행위가 특정된 것일 필요도 없다. (대법원 1997. 04. 17. 선고 96도3377 전원합의체 판결[특정범죄가중처벌등에관한법률위반(뇌물·뇌물방조·알선수재)·특정경제범죄가중처벌등에관한법률위반(저축관련부당행위)·뇌물공여·업무방해] 참조)

그런데 박근혜 대통령은 2015. 7. 24.~25. 위와 같이 7개 그룹 회장과 각각 단독면담을 하기 전 안종범에게 지시하여 각 그룹으로부터 '각 그룹의 당면 현안을 정리한 자료'를 제출받도록 하였다. 이때 제출된 내용은 '오너 총수의 부재로 인해 큰 투자와 장기적 전략 수립이 어렵다'(에스케이 및 씨제이), '삼성물산과 제일모직의 합병에 헤지펀드 엘리엇의 반대가 심하다'(삼성), '노사 문제로 경영환경이 불확실하다'(현대차) 등의 내용이다. 안종범은 이러한 내용을 정리하여 대통령에게 전달하였다. 민원적 성격을 가진 위의 '당면 현안'은 대통령의 사면권, 대통령 및 경제수석비서관(안종범)의 재정·경제·금융·노동 정책에 관한 권한과 직·간접적으로 관련이 있는 것이다.

실제로 기업들이 두 재단법인에 출연금 명목의 돈을 납부한 시기를 전후하여 박근혜 대통령은 위 '당면 현안'을 비롯하여 출연 기업들에게 유리한 조치를 다수 시행하였다.

삼성 그룹의 경우, 박근혜 대통령의 지휘·감독을 받는 문형표 보건복지부 장관은 2015. 6. 국민연금 의결권행사 전문위원들에게 전화를 하여 삼성물산과 제일모직의 합병에 찬성해달라는 취지의 요청을 하였다. 국민연금공단은 보건복지부 산하 공공기관이며 대통령은 공단 이사장에 대한 임면권을 가지고 있다(국민연금법 제30조 제2항). 합병 결의를 위한 주주총회일(2015. 7. 17) 직전인 2015. 7. 7.에는 국민연금 기금운용본부장 홍완선이 내부반발에도 불구하고 삼성 이재용 부회장과 면담을 했다. 홍 본부장은 외부 전문가 9명으로 구성된 의결권 전문행사위원회가 아닌 자신이 위원장을 겸했던 투자위원회에서 삼성물산 합병에 찬성키로 결정하기도 했다. (삼

성 그룹 출연액 204억 원)

에스케이 그룹의 경우, 박근혜 대통령은 2015. 8. 13. 에스케이 최태원 회장을 특별사면했다. 또한 에스케이 그룹은 대규모 면세점을 경영해왔는데 2015. 11.경 면세점 특허권 심사에서 탈락해서 사업권을 상실했다가 2016. 3. 기획재정부가 개선방안을 발표하고 이에 따라 2016. 4. 관세청이 서울시내에 면세점 4개소 추가 선정 계획을 밝히자 사업권 특허 신청을 하였다. (에스케이 그룹 출연액 111억 원)

롯데 그룹의 경우, 대규모 면세점을 경영해왔는데 2015. 11.경 각각 면세점 특허권 심사에서 탈락해서 사업권을 상실했다가 2016. 3. 기획재정부가 개선방안을 발표하고 이에 따라 2016. 4. 관세청이 서울시내에 면세점 4개소 추가 선정 계획을 밝히자 사업권 특허 신청을 하였다. 또한 롯데 그룹은 경영권 분쟁 및 비자금 등의 문제로 2005. 12.경부터 그룹 내부 인사들 사이 및 시민단체로부터의 고소, 고발로 검찰의 수사대상이었고 2016. 6. 10. 그룹 정책본부, 신동빈 회장 자택, 신격호 총괄회장 집무실 등에 대하여 검찰로부터 압수수색을 당한 이래 계속 수사를 받아왔으며 2016. 10. 19.에는 신동빈 회장이 기소되었다. 박근혜 대통령은 민정수석비서관을 통하여 검찰이 수사 중인 주요 사건에 대한 보고를 받을 뿐 아니라 검찰사무의 최고 감독자로서 일반적으로 검사를 지휘·감독하고 구체적 사건에 대하여는 검찰총장을 지휘·감독하는 법무부장관에 대한 임명권 및 지휘·감독권을 가지고 있다. 또한 아래에서 보는 것과 같이 박근혜 대통령과 최순실, 안종범은 롯데 그룹에 대한 수사가 진행 중이던 때에 추가로 70억 원을 받았다가 압수수색 등 본격적인 강제수사가 시작되기 하루 전 그 돈을 반환하기도 하였다. (롯데 그룹 출연액 45억 원)

위에서 본 것과 같이 대통령의 광범위한 권한, 기업 대표와 단독 면담을 갖고 민원사항을 들었던 점, 재단법인 출연을 전후한 대통령 및 정부의 조치를 종합하여 보면 출연 기업들 중 적어도 경영권 승계와 관련한 국민연금의 의결권 행사, 특별사면, 면세점 사업권 특허신청, 검찰 수사 등 직접적 이해관계가 걸려 있었던 삼성, 에스케이, 롯데 그룹으로부터 받은 돈(합계 360억 원)은 직무관련성이 인정되는 뇌물이라고 보아야 할 것이다.

또한 위에서 본 것과 같이 재단법인 미르와 재단법인 케이스포츠 재단은 박근혜 대통령과 최순실이 인사, 조직, 사업에 관한 결정권을 장악하여 사실상 지배하고 있으므로 박근혜 대통령의 행위는 형법상의 뇌물수수죄(형법 제129조 제1항)에 해당한다. 만일 재단법인에 대한 지배력이 인정되지 않는다고 하더라도 재단법인에 뇌물을 출연하게 한 것은 형법상의 제3자뇌물수수죄에 해당한다. 어느 경우든지 수뢰액이 1억원 이상이므로 결국 박근혜 대통령의 위와 같은 행위는 특정범죄가중처벌등에관한법률위반(뇌물)죄(특정범죄가중처벌등에관한법률 제2조 제1항 제1호, 형법 제129조 제1항 또는 제130조)에 해당한다. 이는 법정형이 무기 또는 10년 이상의 징역에 해당하는 중죄다.

(나) 직권남용권리행사방해죄, 강요죄

위에서 본 바와 같이 대통령은 정부의 수반으로서 중앙행정기관의 장을 지휘·감독하여 정부의 중요정책을 수립·추진하는 등 모든 행정업무를 총괄하는 직무를 수행하고, 대형건설 사업 및 국토개발에 관한 정책, 통화, 금융, 조세에 관한 정책 및 기업 활동에 관한 정책 등 각종 재정·경제 정책의 수립 및 시행을 최종 결정하는 등 국정 전반에 걸쳐 광범위한 권한을 가지고 있다. 또한 대통령과 공모한 안종범은 2014. 6.경부터 2016. 5.경까지 사이에 정부조직법과 대통령령인 대통령비서실 직제에 따라 대통령의 직무를 보좌하는 차관급 정무직 공무원인 대통령비서실 경제수석비서관으로 재직하면서 대통령을 보좌하여 산하에 경제금융비서관·농축산식품비서관·해양수산비서관을 두고 재정·경제·금융·산업통상·중소기업·건설교통 및 농림해양수산 정책 등을 포함한 국가정책에 관한 사무를 관장하였고, 2016. 5.경부터 2016. 10.경까지는 정책조정수석비서관으로 재직하면서 대통령을 보좌하여 산하에 기획비서관·국정과제비서관·재난안전비서관을 두고 대통령의 국정 전반에 관한 주요상황 파악·분석·관리, 국정과제 추진 관리, 이행점검, 주요 국정과제 협의·조정 등의 사무를 관장했다.

이와 같이 막강한 권한을 행사하는 박근혜 대통령과 안종범으로부터 재단법인에 출연금을 납부하라는 요구를 받고, 위에서 본 것과 같이 위법과 탈법을 불사하면서 관계 공무원 및 전경련과 기업 관계자 등을 동원하여 초고속으로 재단 설립 및 출연금 납부에 따른 행정조치를 취하는 것을 본 위 16개 그룹 대표 및 담당 임원들로서는 위와 같은 대통령의 요구에 응하지 않을 경우 세무조사나 인허가의 어려움 등 기업활동 전반에 걸쳐 직·간접적으로 불이익을 받을 것을 두려워하게 되었다. 박근혜 대통령이 안종범, 최순실과 함께 이러한 두려움을 이용하여 기업들로부터 출연금 명목으로 재단법인에 돈을 납부하게 한 것은 대통령의 직권과 경제수석비서관의 직권을 남용함과 동시에 기업체 대표 및 담당임원들의 의사결정의 자유를 침해해서 의무 없는 일을 하게 한 것으로서 형법상의 직권남용권리행사방해죄(형법 제123조) 및 강요죄(형법 제324조)에 해당한다.

나. 롯데그룹 추가 출연금 관련 범죄

(1) 사실관계

최순실은 재단법인 케이스포츠에 대한 인사 및 운영을 실질적으로 장악한 후, 재단법인 케이스포츠가 향후 추진하는 사업과 관련된 각종 이권에 개입하는 방법으로 이익을 취하기 위하여, 2016. 1. 12. 스포츠 매니지먼트 등을 목적으로 하는 주식회사 더블루케이(이하 '더블루케이'라고 한다)를 설립하였다.

이후 최순실은 재단법인 케이스포츠 직원에게 더블루케이가 이익을 창출할 수 있는 사업을 기획하라고 지시하여 2016. 2.경 '5대 거점 체육인재 육성사업'이라는 제목으로 전국 5대 거점 지역에 체육시설을 건립하고 체육시설의 관리 등 이권사업은 더블루케이가 담당하는 사업안을 마련하게 한 다음 체육시설 건립을 위한 자금은 기업으로부터 일단 재단법인 케이스포츠로 지원받은 후 더블루케이에 넘겨주는 방식으로 조달하기로 하고, 그 무렵 위와 같은 사업계획을 박근혜 대통령에게 전달하였다.

박근혜 대통령은 2016. 3. 14.경 롯데그룹 신동빈 회장과 단독 면담을 가진 후 안종범에게 롯데그룹이 하남시 체육시설 건립과 관련하여 75억 원을 부담하기로 하였으니 그 진행상황을 챙겨보라는 지시를 하였다.

한편 신동빈은 대통령과의 면담 이후 회사로 복귀하여 부회장인 망 이인원에게 대통령의 위와 같은 자금지원 요청 건에 대한 업무처리를 지시했고, 이인원은 임직원들에게 자금지원 업무를 진행하도록 지시하였다.

최순실은 2016. 3. 중순경 더블루케이 이사 고영태 등에게 '이미 롯데그룹과 이야기 다 되었으니 롯데그룹 관계자를 만나 지원 협조를 구하면 돈을 줄 것이다.'라고 지시하였고, 고영태 등은 2016. 3. 17. 및 3. 22. 두 번에 걸쳐 롯데 그룹 임직원들을 만나 '하남 거점 체육시설 건립에 75억 원이 소요되니 이를 후원해 달라.'면서 75억 원을 요구하였다.

그 사이 안종범은 박근혜 대통령의 지시를 이행하기 위하여 케이스포츠 사무총장으로부터 관련 자료를 송부받거나 롯데그룹 임직원들과 수시로 전화 통화를 하는 등 롯데그룹의 재단법인 케이스포츠에 대한 75억 원의 지원 여부 및 진행상황을 점검하였다.

롯데 그룹 임직원들은 재단법인 미르와 재단법인 케이스포츠 등에 이미 많은 자금을 출연하였거나 출연하기로 하였을 뿐만 아니라 더블루케이 측이 제시하는 사업계획도 구체성과 실현가능성이 떨어진다는 이유로 '75억 원을 출연해 주기는 어렵고 35억 원만 출연하면 안 되겠느냐.'는 의사를 재단법인 케이스포츠 측에 전달하고 이를 이인원에게 보고하였다.

그러나 이인원은 위와 같은 요구에 불응할 경우 기업활동 전반에 걸쳐 직·간접적으로 불이익을 받게 될 것을 두려워한 나머지 임직원들에게 '기왕에 그쪽에서 요구한 금액이 75억 원이니 괜히 욕 얻어먹지 말고 전부를 출연해 주는 것이 좋겠다.'라고 말하며 재단법인 케이스포츠에 75억 원을 교부해 주라고 지시하였다.

결국 롯데 그룹은 6개 계열사(롯데제과, 롯데카드, 롯데건설, 롯데케미칼, 롯데캐피탈, 롯데칠성음료)를 동원하여 2016. 5. 25.부터 같은 달 31.까지 사이에 재단법인 케이스포츠에 70억 원을 송금하였다.

(2) 법률적 평가

(가) 특정범죄가중처벌등에관한법률위반(뇌물)죄

대통령이 정부의 수반으로서 중앙행정기관의 장을 지휘·감독하여 정부의 중요정책을 수립·추진하는 등 모든 행정업무를 총괄하는 직무를 수행하고 대형건설 사업 및 국토개발에 관한 정책, 통화, 금융, 조세에 관한 정책 및 기업 활동에 관한 정책 등 각종 재정·경제 정책의 수립 및 시행을 최종 결정하며, 소관 행정 각 부의 장들에게 위임된 사업자 선정, 신규 사업의 인·허가, 금융지원, 세무조사 등 구체적 사항에 대하여 직접 또는 간접적인 권한을 행사함으로써 기업체들의 활동에 있어 직무상 또는 사실상의 영향력을 행사할 수 있는 지위에 있다는 점과, 위에서 본 것과 같이 롯데 그룹은 대규모 면세점을 경영해왔는데 2015. 11.경 면세점 특허권 심사에서 탈락해서 사업권을 상실했다가 2016. 3. 기획재정부가 개선방안을 발표하고 이에 따라 2016. 4. 관세청이 서울시내에 면세점 4개소 추가 선정 계획을 밝히자 사업권 특허 신청을 했던 점을 종합하면 박근혜 대통령이 롯데 그룹으로부터 출연금 명목으로 받은 돈은 직무관련성이 인정되는 뇌물이라고 하지 않을 수 없다.

또한 위에서 본 것처럼 롯데 그룹이 경영권 분쟁 및 비자금 등의 문제로 2005. 12.경부터 그룹 내부 인사들 사이 및 시민단체로부터의 고소, 고발로 검찰의 수사 대상이었고 2016. 6. 10. 그룹 정책본부, 신동빈 회장 자택, 신격호 총괄회장 집무실 등에 대하여 검찰로부터 압수수색을 당한 이래 계속 수사를 받아왔으며 2016. 10. 19에는 신동빈 회장이 기소되었던 점, 박근혜 대통령은 민정수석비서관을 통하여 검찰이 수사 중인 주요 사건에 대한 보고를 받을 뿐 아니라 검찰사무의 최고 감독자로서 일반적으로 검사를 지휘·감독하고 구체적 사건에 대하여는 검찰총장을 지휘·감독하는 법무부장관에 대한 임명권 및 지휘·감독권을 가진 점, 롯데 그룹이 압수수색을 당하기 하루 전인 2016. 6. 9. 케이스포츠 측이 갑작스럽게 출연금 명목으로 받은 70억원을 반환하겠다는 의사를 표시하고 그 후 3~4일에 걸쳐 실제로 반환한 점을 종합해볼 때도 이는 직무관련성이 인정되는 뇌물이라고 하지 않을 수 없다.

그렇다면 위에서 본 박근혜 대통령의 행위는 특정범죄가중처벌등에관한법률위반(뇌물)죄(특정범죄가중처벌등에관한법률 제2조 제1항 제1호, 형법 제129조 제1항 또는 제130조)에 해당한다.

(나) 직권남용권리행사방해죄, 강요죄

위에서 본 바와 같이 막강한 권한을 행사하는 박근혜 대통령과 안종범으로부터 체육시설 건립에 필요한 자금을 재단법인에 출연금 명목으로 납부하라는 요구를 받은 롯데 그룹의 대표와 임직원들은 대통령의 요구에 응하지 않을 경우 면세점 특허 심사 과정에서의 어려움이나 검찰 수사 등 기업활동 전반에 걸쳐 직·간접적으로 불이익을 받을 것을 두려워하게 되었다. 박근혜 대통령이 안종범, 최순실과 함께 이러한 두려움을 이용하여 롯데 그룹 소속 기업들로부터 출연금 명목으로 재단법인에 돈을 납부하게 한 것은 대통령의 직권과 경제수석비서관의 직권을 남용함과 동시에 기업체 대표 및 담당임원들의 의사결정의 자유를 침해해서 의무 없는 일을 하게 한 것으로서 형법상의 직권남용권리행사방해죄(형법 제123조) 및 강요죄(형법 제324조)에 해당한다.

다. 최순실 등에 대한 특혜 제공 관련 범죄

(1) 케이디코퍼레이션 관련 특정범죄가중처벌등에관한법률위반(뇌물)죄, 직권남용권리행사방해죄, 강요죄

최순실은 2013. 가을경부터 2014. 10.경까지 딸 정유라가 졸업한 초등학교 학부형으로서 친분이 있던 문화경으로부터 남편인 이종욱이 운영하는 주식회사 케이디코퍼레이션(이하 '케이디코퍼레이션'이라고 한다)이 해외 기업 및 대기업에 납품을 할 수 있도록 도와달라는 부탁을 받고 여러 차례에 걸쳐 정호성을 통해 케이디코퍼레이션에 대한 회사소개 자료를 박근혜 대통령에게 전달해 오던 중, 2014. 10.경 케이디코퍼레이션에서 제조하는 원동기용 흡착제를 현대자동차에 납품할 수 있도록 도와달라는 부탁을 받고 정호성을 통해 케이디코퍼레이션에 대한 사업소개서를 대통령에게 전달하였다.

박근혜 대통령은 2014. 11. 27.경 안종범에게 '케이디코퍼레이션은 흡착제 관련 기술을 갖고 있는 훌륭한 회사인데 외국 기업으로부터 부당한 대우를 받고 있으니 현대자동차에서 그 기술을 채택할 수 있는지 알아보라.'

는 지시를 하였다. 이에 그 무렵 안종범은 대통령이 함께 있는 가운데 현대자동차 그룹 정몽구 회장 및 그와 동행한 김용환 부회장에게 '케이디코퍼레이션이라는 회사가 있는데, 효용성이 높고 비용도 낮출 수 있는 좋은 기술을 가지고 있다고 하니 현대자동차에서도 활용이 가능하다면 채택해 주었으면 한다.'고 말을 하였다.

김용환은 2014. 12. 2.경 안종범에게 케이디코퍼레이션의 대표자 이름과 연락처를 다시 확인한 다음 잘 챙겨보겠다는 취지로 답하고 즉시 현대자동차 구매담당 부사장에게 케이디코퍼레이션과의 납품계약을 추진해 보라고 지시하고, 이후 안종범은 케이디코퍼레이션과 현대자동차와의 납품계약 진행상황을 계속 점검하면서 '특별 지시사항 관련 이행상황 보고'라는 문건을 작성하여 박근혜 대통령에게 보고하였다.

정몽구와 김용환은 위와 같은 요구에 불응할 경우 세무조사를 당하거나 인허가의 어려움 등 기업 활동 전반에 걸쳐 직·간접적인 불이익을 받게 될 것을 두려워 한 나머지, 케이디코퍼레이션은 현대자동차 그룹의 협력업체 리스트에 들어있지 않은 업체이고 인지도나 기술력 또한 제대로 검증되지 않은 업체임에도 불구하고 협력업체 선정을 위해 거쳐야 하는 제품성능 테스트와 입찰 등의 정상적인 절차를 생략한 채 수의계약으로 현대자동차 및 기아자동차가 케이디코퍼레이션의 제품을 납품받기로 결정하였다.

그 후 현대자동차와 기아자동차는 2015. 2. 3.경 케이디코퍼레이션과 원동기용 흡착제 납품계약을 체결하고, 케이디코퍼레이션으로부터 그 무렵부터 2016. 9.경까지 합계 1,059,919,000원 상당의 제품을 납품받았다. 최순실은 2016. 5.경 박근혜 대통령의 프랑스 순방시 이종욱이 경제사절단으로 동행할 수 있도록 도와주었다.

한편, 케이디코퍼레이션의 대표 이종욱은 최순실에게 위와 같은 계약체

결의 부탁이나 계약성사의 대가 명목으로 2013. 12.경 시가 1162만 원의 상당의 샤넬백 1개, 2015. 2.경 현금 2000만 원, 2016. 2.경 현금 2000만 원 합계 5162만 원 상당을 주었다.

대통령이 정부의 수반으로서 중앙행정기관의 장을 지휘·감독하여 정부의 중요정책을 수립·추진하는 등 모든 행정업무를 총괄하는 직무를 수행하고 대형건설 사업 및 국토개발에 관한 정책, 통화, 금융, 조세에 관한 정책 및 기업 활동에 관한 정책 등 각종 재정·경제 정책의 수립 및 시행을 최종 결정하며, 소관 행정 각 부의 장들에게 위임된 사업자 선정, 신규 사업의 인·허가, 금융지원, 세무조사 등 구체적 사항에 대하여 직접 또는 간접적인 권한을 행사함으로써 기업체들의 활동에 있어 직무상 또는 사실상의 영향력을 행사할 수 있는 지위에 있다는 점에 비추어보면 위와 같은 경위로 최순실이 케이드코퍼레이션 측으로부터 받은 돈은 박근혜 대통령의 직무와 관련성이 인정되는 뇌물이라고 하지 않을 수 없다. 이는 특정범죄가중처벌 등에관한법률위반(뇌물)죄(특정범죄가중처벌등에관한법률 제2조 제1항 제2호, 형법 제130조)에 해당한다.

또한 박근혜 대통령은 최순실, 안종범과 공모하여 대통령의 직권과 경제수석비서관의 직권을 남용함과 동시에 이에 두려움을 느낀 피해자 현대자동차 그룹 회장 정몽구 등으로 하여금 케이디코퍼레이션과 제품 납품계약을 체결하도록 함으로써 의무 없는 일을 하게 하였다. 이는 형법상의 직권남용권리행사방해죄(형법 제123조) 및 강요죄(형법 제324조)에 해당한다.

(2) 플레이그라운드 관련 직권남용권리행사방해죄, 강요죄

최순실은 2015. 10.경 광고제작 등을 목적으로 하는 주식회사 플레이그라운드커뮤니케이션즈(이하 '플레이그라운드'라고 한다)를 설립하고, 자신의 측근인 미르 재단 사무부총장 김성현 등을 이사로 선임한 다음 기업으로부터 광고수주를 받아 이익을 취하기로 계획하였고, 2015. 10.경부터 2016. 1. 초순경까지 사이에 김성현으로 하여금 플레이그라운드의 회사소개 자료를 작성하도록 하였다.

박근혜 대통령은 2016. 2. 15. 안종범에게 플레이그라운드의 회사소개 자료를 건네주면서 '위 자료를 현대자동차 측에 전달하라.'는 지시를 하고, 그 즈음 안종범은 서울 종로구 소재 안가에서 정몽구 회장과 함께 대통령과의 단독 면담을 마친 김용환 부회장에게 플레이그라운드의 회사소개 자료가 담긴 봉투를 전달하며 '이 회사가 현대자동차 광고를 할 수 있도록 잘 살펴봐 달라.'고 말하여 현대자동차의 광고를 플레이그라운드가 수주할 수 있도록 해 달라는 취지로 요구하였다.

또한, 박근혜 대통령은 2016. 2. 15.~22. 사이에 진행된 대통령과 현대자동차 그룹 등 8개 그룹 회장들과의 단독 면담이 모두 마무리될 무렵 안종범에게 '플레이그라운드는 아주 유능한 회사로 미르 재단 일에도 많은 도움을 주고 있어 기업 총수들에게 협조를 요청하였으니 잘 살펴보라.'는 취지의 지시를 하였다.

안종범으로부터 위와 같은 요구를 받은 김용환은 2016. 2. 18.경 현대자동차 김걸 부사장에게 플레이그라운드 소개자료를 전달하면서 '플레이그라운드가 현대·기아차 광고를 할 수 있게 해보라.'라고 지시하고, 김걸 등의 검토 결과 2016. 12. 31.까지는 현대자동차 그룹 계열 광고회사인 주식회사 이노션과 3개의 중소 광고회사에 대해서만 광고물량을 발주해주기로 확정된 상태임에도 불구하고, 위와 같은 요구에 불응할 경우 각종 인허가 등에 어려움을 겪거나 세무조사를 당하는 등 기업 활동 전반에 직·간접적으로 불이익을 입게 될 것을 두려워 한 나머지 주식회사 이노션에 양해를 구하고 그 자리에 플레이그라운드를 대신 끼워 넣어 광고를 수주할 수 있도록 해주

없다.

이에 따라 현대자동차 그룹에서는 2016. 4.경부터 2016. 5.경까지 사이에 플레이그라운드로 하여금 발주금액 합계 70억 6627만 원 상당의 광고 5건을 수주받게 하여 9억 1807만 원 상당의 수익을 올리도록 하였다.

결국 박근혜 대통령은 최순실, 안종범과 공모하여 대통령의 직권과 경제수석비서관의 직권을 남용함과 동시에 이에 두려움을 느낀 피해자 현대자동차 그룹 부회장 김용환 등으로 하여금 플레이그라운드와 광고발주 계약을 체결하도록 함으로써 의무 없는 일을 하게 하였다. 이는 형법상의 직권남용권리행사방해죄(형법 제123조) 및 강요죄(형법 제324조)에 해당한다.

(3) 주식회사 포스코 관련 직권남용권리행사방해죄, 강요죄

최순실은 재단법인 케이스포츠 직원인 박헌영 과장 등에게 재단이 추진하는 사업을 통해 더블루케이가 이익을 창출할 수 있는 방안을 기획하라고 지시하여 2016. 2. 경 '포스코를 상대로 배드민턴팀을 창단하도록 하고 더블루케이가 그 선수단의 매니지먼트를 담당한다.'라는 내용의 기획안을 마련하게 하였다.

박근혜 대통령은 2016. 2. 22. 서울 종로구 삼청동 소재 안가에서 포스코 회장 권오준과 단독 면담을 하면서 '포스코에서 여자 배드민턴팀을 창단해 주면 좋겠다. 더블루케이가 거기에 자문을 해 줄 수 있을 것이다.'는 요청을 하였고, 안종범은 위와 같이 대통령과 단독 면담을 마치고 나온 권오준에게 미리 준비한 더블루케이 조성민 대표의 연락처를 전달하면서 조성민을 만나보라고 하였다.

이에 권오준은 위와 같은 취지를 포스코 황은연 경영지원본부장에게 지시하고, 황은연은 2016. 2. 25. 더블루케이 및 재단법인 케이스포츠 관계자들을 만나 창단 비용 46억 원 상당의 여자 배드민턴팀 창단 요구를 받았으나, 포스코가 창사 이래 처음으로 적자를 기록하는 등의 어려운 경영 여건, 이미 포스코에서 다양한 체육팀을 운영하고 있는 상황 등을 이유로 추가로 여자 배드민턴팀을 창단하는 것은 부담스럽다는 의사를 표시하였다.

최순실은 조성민 등으로부터 포스코가 여자 배드민턴팀 창단 제의를 거절하였다는 보고를 받고 그 다음날인 2016. 2. 26. 재단법인 케이스포츠 사무총장 등으로 하여금 안종범을 만나 '황은연 사장이 더블루케이의 여자 배드민턴팀 창단 요구를 고압적이고 비웃는 듯한 자세로 거절하고 더블루케이 직원들을 잡상인 취급하였다.'라고 보고하도록 하였다.

안종범은 '포스코 회장에게 전달한 내용이 사장에게 제대로 전달되지 않은 것 같다. 포스코에 있는 여러 체육팀을 모아 통합 스포츠단을 창단하도록 조치하겠다. 다만 포스코가 더블루케이의 여자 배드민턴팀 창단 요구를 거절한 사실을 브이아이피께 보고하지 말아달라.'고 답변한 다음, 황은연에게 전화하여 '더블루케이 측에서 불쾌해 하고 있으니 오해는 푸는 것이 좋겠다. 청와대 관심사항이니 더블루케이와 잘 협의하고 포스코에 있는 여러 종목을 모아서 스포츠단을 창단하는 대안도 생각해 보라.'고 말하였다.

이에 황은연은 청와대의 요구에 불응할 경우 세무조사를 당하거나 인허가의 어려움 등 기업활동 전반에 걸쳐 직·간접적으로 불이익을 받게 될 것을 두려워한 나머지 조성민에게 전화하여 사과를 하고 내부적으로 통합 스포츠단 창단 방안에 대하여 검토를 시작하였으며, 최순실은 2016. 3. 초순경 박헌영 등에게 포스코가 운영하고 있는 5개 종목 기존 체육팀에 여자 배드민턴팀, 남·여 펜싱팀, 남·여 태권도팀을 신설하여 총 8개 체육팀을 포함한 통합 스포츠단을 창단하되 그 매니지먼트를 더블루케이가 담당하는 개편안을 준비하도록 하여 이를 포스코 측에 전달하였다.

포스코 측은 위 개편안은 과도한 비용이 소요되어 도저히 수용하기 어렵다고 결정하고 2016. 3. 15. 포스코 양원준 상무 등은 직접 더블루케이 사무실을 방문하여 고영태 등에게 여자 배드민턴팀이나 통합 스포츠단을 창단하기 어려운 사정을 설명하고 대신에 계열사인 포스코 피앤에스 산하에 2017년도부터 창단 비용 16억 원 상당의 펜싱팀을 창단하고 그 매니지먼트를 더블루케이에 맡기도록 하겠다는 내용으로 최종 합의하였다.

결국 박근혜 대통령은 최순실, 안종범과 공모하여 대통령의 직권과 경제수석비서관의 직권을 남용함과 동시에 이에 두려움을 느낀 피해자 포스코그룹 회장 권오준 등으로 하여금 2017년도에 펜싱팀을 창단하고 더블루케이가 매니지먼트를 하기로 하는 내용의 합의를 하도록 하는 등 의무 없는 일을 하게 하였다. 이는 형법상의 직권남용권리행사방해죄(형법 제123조) 및 강요죄(형법 제324조)에 해당한다.

(4) 주식회사 케이티 관련 직권남용권리행사방해죄, 강요죄

최순실은 대기업 등으로부터 광고계약을 수주할 생각으로 차은택 및 김홍택과 함께 2015. 1.경 모스코스를 설립하고 2015. 10.경 플레이그라운드를 설립하는 한편, 대기업들로부터 광고계약의 원활한 수주를 위하여 자신의 측근을 대기업의 광고업무 책임자로 채용되게 하려는 계획을 세웠다.

최순실은 위와 같은 계획 하에 2015. 1.경부터 2015. 7.경까지 사이에 차은택 등으로부터 대기업 채용 대상자로 차은택의 지인인 이동수와 신혜성 등을 추천받았다.

박근혜 대통령은 2015. 1.경 및 2015. 8.경 안종범에게 '이동수라는 홍보전문가가 있으니 케이티에 채용될 수 있도록 케이티 회장에게 연락하고, 신혜성도 이동수와 호흡을 맞출 수 있도록 하면 좋겠다.'라는 지시를 하였고, 안종범은 케이티 회장인 황창규에게 연락하여 '윗선의 관심사항인데 이동수는 유명한 홍보전문가이니 케이티에서 채용하면 좋겠다. 신혜성은 이동수 밑에서 같이 호흡을 맞추면 좋을 것 같으니 함께 채용해 달라.'라고 요구하였다.

황창규는 이러한 요구를 받아들여 2015. 2. 16.경 이동수를 전무급인 '브랜드지원센터장'으로, 2015. 12. 초순경 신혜성을 '아이엠씨본부 그룹브랜드지원 담당'으로 채용하였다.

그 후 박근혜 대통령은 2015. 10.경 및 2016. 2.경 안종범에게 '이동수, 신혜성의 보직을 케이티의 광고 업무를 총괄하거나 담당하는 직책으로 변경하게 하라.'는 지시를 하였고, 안종범은 황창규에게 연락하여 이동수를 케이티의 아이엠씨 본부장으로, 신혜성을 아이엠씨 본부 상무보로 인사발령을 내줄 것을 요구하였고, 황창규는 안종범의 요구대로 이동수와 신혜성의 보직을 변경해 주었다.

박근혜 대통령은 2016. 2.경 안종범에게 '플레이그라운드가 케이티의 광고대행사로 선정될 수 있도록 하라.'는 지시를 하였고, 이에 따라 안종범은 그 무렵 황창규와 이동수에게 전화를 걸어 '브이아이피 관심사항이다. 플레이그라운드라는 회사가 정부 일을 많이 하니 케이티의 신규 광고대행사로 선정해 달라.'라고 요구하였다.

이에 황창규 등은 위와 같은 요구에 불응할 경우 세무조사를 당하거나 각종 인허가의 어려움 등 기업 활동 전반에 걸쳐 직·간접적으로 불이익을 받게 될 것을 두려워한 나머지, 신규 설립되어 광고제작 실적이 부족한 플레이그라운드가 공개 경쟁입찰에서 광고대행사로 선정될 수 있도록 기존 심사기준에서 '직전년도 공중파 TV/CATV 광고실적' 항목을 삭제하고 플레이그라운드 명의로 제출된 포트폴리오 중 일부가 실제 플레이그라운드의 포트폴리오가 아닌 것으로 확인되는 등 심사결격 사유가 발견되었음에도 2016. 3. 30. 플레이그라운드를 케이티의 신규 광고대행사로 최종 선정하고

2016. 3. 30.부터 2016. 8. 9.까지 플레이그라운드로 하여금 발주금액 합계 6,817,676,000원 상당의 광고 7건을 수주받게 하여 516,696,500원 상당의 수익을 올리도록 하였다.

결국 박근혜 대통령은 최순실, 안종범과 공모하여 대통령의 직권과 경제수석비서관의 직권을 남용함과 동시에 이에 두려움을 느낀 피해자 케이티 회장 황창규 등으로 하여금 플레이그라운드를 광고대행사로 선정하고 광고제작비를 지급하게 하는 등 의무 없는 일을 하게 하였다. 이는 형법상의 직권남용권리행사방해죄(형법 제123조) 및 강요죄(형법 제324조)에 해당한다.

(5) 그랜드코리아레저 관련 직권남용권리행사방해죄, 강요죄

최순실은 2016. 1. 중순경 기업들에게 스포츠 선수단을 신규 창단하도록 하고 선수단의 창단, 운영에 관한 업무대행은 더블루케이가 맡는 내용의 용역계약을 체결함으로써 이익을 취하기로 계획하고, 케이스포츠 부장 노승일과 박헌영에게 위와 같은 용역계약 제안서를 작성하도록 하였다.

최순실은 2016. 1. 20.경 위와 같은 용역계약을 체결할 대상 기업으로 문화체육관광부 산하 한국관광공사의 자회사인 그랜드코리아레저 주식회사(이하 '그랜드코리아레저'라고 한다)를 정한 후, 정호성에게 '대통령께 그랜드코리아레저와 더블루케이 간 스포츠팀 창단·운영 관련 업무대행 용역계약을 체결할 수 있도록 주선해 줄 것을 요청해 달라.'고 하였다.

박근혜 대통령은 2016. 1. 23. 안종범에게 '그랜드코리아레저에서 장애인 스포츠단을 설립하는데 컨설팅할 기업으로 더블루케이가 있다. 그랜드레저코리아에 더블루케이라는 회사를 소개하라.'라고 지시하면서 더블루케이 대표이사 조성민의 연락처를 알려주었다.

안종범은 박근혜 대통령의 지시에 따라 2016. 1. 24.경 그랜드코리아레저 대표이사 이기우에게 전화하여 조성민의 전화번호를 알려주며 스포츠팀 창단·운영에 관한 업무대행 용역계약 체결을 위해 조성민과 협상할 것을 요구하였다.

또한 박근혜 대통령은 그 무렵 안종범에게 '케이스포츠가 체육 인재를 양성하고자 하는 기관이니 사무총장을 문화체육관광부 김종 차관에게 소개하라.'는 지시를 하였고, 이에 따라 안종범은 2016. 1. 26. 김종을 케이스포츠 정현식 사무총장과 위 조성민에게 소개시켜 주었고 김종은 그 자리에서 케이스포츠와 더블루케이의 향후 사업 등에 대한 조언과 지원을 약속하였다.

최순실은 조성민과 더블루케이 이사 고영태에게 2016. 1. 28. 그랜드코리아레저 대표이사 이기우를 만나도록 지시하였고, 그들을 통해 이기우에게 그랜드코리아레저 측이 배드민턴 및 펜싱 선수단을 창단할 것과 창단, 운영 관련 매년 80억 원 상당의 업무대행 용역계약을 체결할 것을 요구하였다.

이기우는 더블루케이 측이 요구하는 용역계약의 규모가 너무 커 계약체결이 곤란한 상황임에도 불구하고, 이러한 요구에 불응할 경우 기업활동 전반에 걸쳐 직·간접으로 불이익을 받을 것을 두려워한 나머지 더블루케이와 협상을 계속 진행할 수밖에 없었다.

김종은 위 용역계약의 체결이 지연되자 2016. 2. 25. 계약금액을 줄인 장애인 선수단 창단·운영에 대한 용역계약을 체결하는 조정안을 제시하였고, 이기우와 조성민은 김종의 조정안에 따라 협상을 진행하여, 결국 2016. 5. 11.경 더블루케이가 선수의 에이전트로서의 권한을 갖는 그랜드코리아레저-선수-더블루케이 3자간 '장애인 펜싱 실업팀 선수위촉계약'을 체결하였다.

그랜드코리아레저는 2016. 5. 24.경 위 계약에 따라 선수들 3명에 대한

전속계약금 명목으로 각 2000만 원씩 합계 6000만 원을 지급하였고, 그 무렵 더블루케이는 위 선수들로부터 전속계약금의 절반인 3000만 원을 에 이전트 비용 명목으로 지급받았다.

결국 박근혜 대통령은 최순실, 안종범과 공모하여 대통령의 직권과 경제 수석비서관의 직권을 남용함과 동시에 이에 두려움을 느낀 피해자 이기우 로 하여금 위와 같은 계약을 체결하게 함으로써 의무 없는 일을 하게 하였 다. 이는 형법상의 직권남용권리행사방해죄(형법 제123조) 및 강요죄(형법 제324조)에 해당한다.

라. 문서 유출 및 공무상 취득한 비밀 누설 관련 범죄

박근혜 대통령은 2013. 10.경 서울 종로구 청와대로 1로에 있는 대통령 부속 비서관실에서 정호성 비서관으로부터 2013. 10. 2.자 국토교통부장관 명의의 '복합 생활체육시설 추가대상지(안) 검토' 문건을 전달받고 관련 내 용을 보고받았다.

위 문건에는 '수도권 지역 내 복합 생활체육시설 입지선정과 관련하여 추 가 대상지로 경기도 하남시 미사동 등 3개 대상지를 검토하였으며, 그 중 경기도 하남시 미사동이 접근성, 이용수요, 설치비용 모두 양호하여 3개 대 상지 중 최상의 조건을 갖추었다.'라는 등의 내용이 기재되어 있는데, 위 문 건의 내용 및 국토교통부와 대통령 비서실에서 수도권 지역 내 복합 생활체 육시설 부지를 검토하였다는 사실 등은 직무상 비밀에 해당한다.

박근혜 대통령은 그 무렵 정호성에게 지시하여, 위 '복합 생활체육시설 추가대상지(안) 검토' 문건을 정호성과 최순실이 공동으로 사용하는 외부 이메일에 첨부하여 전송하는 방법으로 최순실에게 전달하였다.

박근혜 대통령은 이를 비롯하여 2013. 1.경부터 2016. 4.경까지 정호성 에게 지시하여 총 47회에 걸쳐 공무상 비밀 내용을 담고 있는 문건 47건을 최순실에게 이메일 또는 인편 등으로 전달하였다. 박근혜 대통령의 이러한 행위는 형법상의 공무상비밀누설죄(형법 제127조)에 해당한다.

3. 중대성의 문제

박 대통령에 대한 파면결정이 정당화되기 위해서는 파면결정을 통하여 헌법을 수호하고 손상된 헌법질서를 다시 회복하는 것이 요청될 정도로 대통령의 법위반행위가 헌법수호의 관점에서 중대한 의미를 가져야 하고 대통령에게 부여한 국민의 신임을 임기 중 다시 박탈해야 할 정도로 대통령이 법위반행위를 통하여 국민의 신임을 저버린 경우여야 한다. 이러한 경우에 한하여 대통령에 대한 탄핵사유가 존재하는 것으로 볼 수 있을 것이다.

그런데 박 대통령은 앞서 살펴본 것과 같이 국민의 신임을 받은 행정부 수반으로서 정부 행정조직을 통해 국가정책을 결정하고 집행하여야 함에도 최순실 등 비선조직을 통해 공무원 인사를 포함한 국가정책을 결정하고 이들에게 국가기밀에 해당하는 각종 정책 및 인사자료를 유출하여 최순실 등이 경제, 금융, 문화, 산업 전반에서 국정을 농단하게 하고, 이들의 사익추구를 위해서 국가권력이 동원되는 것을 방조하였다. 그 결과 최순실 등이 고위 공무원 등의 임면에 관여하였으며 이들에게 불리한 언론보도를 통제하고 이에 응하지 않는 언론인을 사퇴하게 하는 등 자유민주국가에서 허용될 수 없는 불법행위를 가하였다. 박 대통령의 이러한 행위는 자유민주적 기본질서를 위협하고 국민주권주의, 대의민주주의, 법치국가원리, 직업공무원제 및 언론의 자유를 침해하여 우리 헌법의 기본원칙에 대한 적극적인 위반행위에 해당하는 바, 박 대통령의 파면이 필요할 정도로 헌법수호의 관점에서 중대한 법위반에 해당한다.

나아가 박 대통령은 최순실, 안종범과 공모하여 사기업들로 하여금 강제로 금품 지급 또는 계약 체결 등을 하거나 특정 임원의 채용 또는 퇴진을 강요하고 사기업으로부터 부정한 청탁을 받고 최순실 등을 위해 금품을 공여하거나 이를 약속하게 하는 부정부패행위를 하였는데, 박 대통령의 이러한 행위는 헌법상 권한과 지위를 남용하고 국가조직을 이용하여 국민의 기본권을 침해하고 부정부패행위를 한 것으로서 국가와 국민의 이익을 명백히 해하는 행위에 해당한다. 따라서 대통령의 직을 유지하는 것이 더 이상 헌법수호의 관점에서 용납될 수 없거나 대통령이 국민의 신임을 배신하여 국정을 담당할 자격을 상실한 정도에 이른 것이다.

4. 결론

최순실 등의 국정농단과 비리 그리고 공권력을 이용하거나 공권력을 배경으로 한 사익의 추구는 그 끝을 알 수 없을 정도로 광범위하고 심각하다. 국민들은 이러한 비리가 단순히 측근에 해당하는 인물이 아니라 박근혜 대통령 본인에 의해서 저질러졌다는 점에 분노와 허탈함을 금치 못하고 있다. 박근혜 대통령과 최순실 등의 그러한 행위는, 박근혜 대통령이 자인하였듯이, 대한민국 국민들에게 "이루 말할 수 없는 큰 실망"을 주었으며, 대통령을 믿고 국정을 맡긴 주권자들에게 "돌이키기 힘든 마음의 상처"를 가져왔다(2016. 11. 4.자 대국민 사과문).

더욱이 박근혜 대통령은 검찰 수사에 응하겠다고 공개적으로 국민들에게 약속하였다가 검찰이 자신을 최순실 등과 공범으로 판단한 수사결과를 발표하자 청와대 대변인을 통하여 "검찰의 (최순실 등에 대한 기소는) 객관적인 증거는 무시한 채 상상과 추측을 거듭해서 지은 사상누각일 뿐"이라고 말하면서 검찰 수사에 불응하였다. 국정의 최고, 최종 책임자인 대통령이 국가 기관인 검찰의 준사법적 판단을 이렇게 폄하하는 것은 그 자체가 국법질서를 깨는 일일 뿐만 아니라, 공개적인 대국민약속을 상황이 자신에게 불리해졌다고 해서 불과 며칠 만에 어기고 결과적으로 거짓말로 만들어 버린 것은 국민들이 신임을 유지할 최소한의 신뢰도 깨어버린 것이다.

2016. 11. 박근혜 대통령에 대한 지지율은 3주 연속 4~5%의 유례없이 낮은 수치로 추락하였으며 2016. 11. 12. 및 같은 달 26. 서울 광화문에서만 100만이 넘는 국민들이 촛불집회와 시위를 하며 대통령 하야와 탄핵을 요구하였다. 박근혜 대통령을 질타하고 더 이상 대통령 직책을 수행하지 말라는 국민들의 의사는 분명하다. 주권자의 뜻은 수많은 국민들이 세대와 이념과 출신지역에 상관없이 평화롭게 행하는 집회와 시위에서 충분히 드러났다.

박근혜 대통령의 탄핵소추와 공직으로부터의 파면은 대통령의 직무수행의 단절로 인한 국가적 손실과 국정 공백을 훨씬 상회하는 '손상된 근본적 헌법질서의 회복'을 위한 것이다. 이미 박근혜 대통령은 국민들의 신임을 잃어 정상적인 국정운영이 불가능하며 주요 국가정책에 대하여 국민의 동의와 지지를 구하기 어려운 상태다. 박근혜 대통령에 대한 탄핵소추와 파면은 국론의 분열을 가져오는 것이 아니라 오히려 국론의 통일에 기여할 것이다. 이 탄핵소추로서 우리는 대한민국 국민들이 이 나라의 주인이며 대통령이라 할지라도 국민의 의사와 신임을 배반하는 권한행사는 결코 용납되지 않는다는 준엄한 헌법원칙을 재확인하게 될 것이다.

이에 국민의 뜻을 받들어 박근혜 대통령에 대한 탄핵소추를 발의한다.

(2016.12.9.)

박근혜 대통령 대리인 답변서 全文

"중대한 헌법위배 및 법률위배 사실을 인정할 증거가 없으므로 피청구인에 대한 탄핵 소추 사유는 모두 부적법하거나 사실이 아니어서 본건 탄핵 소추는 이유 없습니다."

사건 2016헌나1 대통령(박근혜) 탄핵

청구인: 국회

소추위원: 국회법제사법위원회 위원장

피청구인: 대통령

피청구인의 변호인: 변호사 이중환, 변호사 손범규, 변호사 채명성

위 탄핵사건 피청구인의 대리인 변호사 이중환, 변호사 손범규, 변호사 채명성은 다음과 같이 답변서를 제출합니다.

– 다음 –

I. 서론

○ 국회는 2016. 12. 9. 대통령인 피청구인에 대한 탄핵 소추를 의결하였고, 같은 날 소추위원이 귀 재판소에 소추의결서의 정본을 제출하여 탄핵 심판을 청구하였습니다.

○ 그러나 탄핵소추의결서의 '탄핵 소추 사유'는 아래와 같이 전혀 사실이 아니고, 그것을 입증할 만한 증거가 없으며, 그 절차에 있어서도 심각한 법적

흠결이 있으므로 본건 탄핵 심판 청구는 각하 또는 기각되어야 마땅합니다.

○ 피청구인의 대리인은 아래와 같이 심판 청구가 이유 없고, 절차상 위법이 있다는 점을 답변하고자 합니다.

II. 탄핵소추안 요지

탄핵소추의결서에 기재된 탄핵 소추 사유는 피청구인이 대통령으로서 직무를 집행하면서 헌법과 법률을 중대하게 위배하였다는 것인 바, 그 내용을 요약하면 아래와 같습니다.

1. 헌법 위배행위

가. 국민주권주의, 대의민주주의, 국무회의에 관한 규정, 대통령의 헌법수호 및 준수 의무 위배

(1) 피청구인이 공무상 비밀인 각종 정책 및 인사 문건을 최순실(최서원으로 개명)에게 전달하여 누설하고, 최순실과 동인의 친척 및 지인들(이하 '최순실 등'이라 합니다)이 국가 정책 및 공직 인사에 관여하도록 하면서 최순실 등의 사익을 위해 기업에서 수백억 원을 갹출하도록 강요하는 등으로 주권자의 위임 의사에 반하여 국가 권력을 사익 추구의 도구로 전락시켜 국민주권주의, 대의민주주의의 본질을 훼손하고

(2) 국정을 운영하면서 비선 조직에 따른 인치주의를 행해 법치주의, 국무회의 규정, 헌법 수호 및 준수 의무를 위반하였다.

나. 직업공무원 제도, 대통령의 공무원 임면권, 평등 원칙 위배

(1) 청와대 간부, 문화체육관광부의 장차관 등을 최순실이 추천하거나 최순실 등을 비호하는 사람으로 임명하여 공무원을 최순실 등의 사익에 대한

봉사자로 전락시키고, 유진룡 문화체육관광부 장관과 노태강 국장, 진재수 과장 등을 좌천 또는 명예퇴직 시키는 등으로 공무원 신분을 자의적으로 박탈하여 직업공무원 제도의 본질을 침해하고 공무원 임면권을 남용하였으며

(2) 최순실 등이 각종 이권과 특혜를 받도록 방조하거나 조장함으로써 평등 원칙을 위배하고 정부 재정 낭비를 초래하였다.

다. 재산권 보장, 직업 선택의 자유, 기본권 보장 의무, 시장 경제 질서, 대통령의 헌법 수호 및 준수 의무 위배

○ 최순실 등을 위해 사기업에 금품 출연을 강요하여 뇌물을 수수하거나 특혜를 주도록 강요하고, 사기업 임원 인사에 간섭함으로써 재산권, 직업선택의 자유, 시장 경제 질서 규정을 침해하였다.

라. 언론의 자유 및 직업선택의 자유 위배

○ '정윤회 문건 사건' 당시 비선 실세의 전횡에 대한 보도 통제 및 언론사 사장 해임 지시 혹은 묵인함으로써 언론의 자유 및 직업 선택의 자유를 침해하였다.

마. 생명권 보장 조항 위배

○ 세월호 참사와 같은 국가 재난 상황에서 국민의 생명과 안전을 보호하기 위한 적극적 조치를 취하지 않음으로써 생명권 보호 의무를 위배하였다.

2. 법률 위배행위

가. 재단법인 미르, 재단법인 케이스포츠 설립 · 모금 관련 범죄

(1) 기업의 경영권 승계와 관련한 의결권 행사, 특별사면, 면세점 사업자 선정, 검찰 수사 등 직접적 이해관계가 있었던 기업에서 최순실 등이 설립 또는 실질적으로 운영하는 재단법인 미르, 재단법인 케이스포츠(이하 '미르재단 등'이라 합니다)에 수백억의 출연을 하게 한 것은 뇌물수수 또는 제3

자 뇌물수수에 해당한다.

(2) 대통령의 막강한 권한을 이용하여 재단법인에 출연금 납부를 요구하고, 응하지 않을 경우 불이익을 받게 될 것을 두려워한 기업 대표 등에게 의무 없는 일을 하게 한 것이다.

나. 롯데그룹 추가 출연금 관련 범죄

(1) 롯데그룹의 재단법인 케이스포츠(이하 '케이스포츠'라 합니다)에 대한 추가 출연(70억 원)은 면세점 사업자 선정, 경영권 분쟁 및 비자금 수사 등 직무와 관련하여 이루어진 뇌물수수 또는 제3자 뇌물수수이다.

(2) 대통령의 막강한 권한을 이용하여 재단법인에 출연금 납부를 요구하고, 응하지 않을 경우 불이익을 받게 될 것을 두려워한 기업 대표 등에게 의무 없는 일을 하게 한 것이다.

다. 최순실 등에 대한 특혜 제공 관련 범죄

(1) KD코퍼레이션 관련

(가) (뇌물) 대통령의 권한을 이용하여 현대·기아자동차로 하여금 최순실 등이 운영하는 KD코퍼레이션과 납품 계약을 체결하도록 요구하여 현대·기아자동차가 KD코퍼레이션으로부터 10억 원의 제품을 납품받은 것은 대통령의 직무와 관련하여 이루어진 제3자 뇌물수수이다.

(나) (직권남용, 강요) 대통령의 권한을 이용하여 납품 계약을 체결하도록 요구하고, 응하지 않을 경우 불이익을 받게 될 것을 두려워한 현대자동차 회장 등에게 의무 없는 일을 하게 한 것이다.

(2) 플레이그라운드 관련

○ (직권남용, 강요) 대통령의 권한을 이용하여 현대자동차 부회장 등으로 하여금 최순실 등이 설립한 광고회사인 주식회사 플레이그라운드커뮤니케이션(이하 '플레이그라운드'라 합니다)과 70억 원 상당의 광고 계약을 체

결하도록 하여 의무 없는 일을 하게 하였다.

(3) 포스코 관련

○ (직권남용, 강요) 대통령의 권한을 이용하여 포스코 그룹 회장 등으로 하여금 펜싱팀을 창단하고 최순실 등이 스포츠매니지먼트 등을 목적으로 설립한 주식회사 더블루케이(이하 '더블루케이'라 합니다)가 매니지먼트를 하기로 하는 합의를 하도록 하여 의무 없는 일을 하게 하였다.

(4) KT 관련

○ (직권남용, 강요) 대통령의 권한을 이용하여 KT회장으로 하여금 플레이그라운드를 광고대행사로 선정하고 광고제작비를 지급하게 하는 등 의무 없는 일을 하게 하였다.

(5) 그랜드코리아레저(GKL) 관련

○ (직권남용, 강요) 대통령의 권한을 이용하여 GKL 대표로 하여금 더블루케이와 '장애인 펜싱 실업팀 선수 위촉 계약'을 체결하도록 하여 의무 없는 일을 하게 하였다.

라. 문서 유출 및 공무상 비밀누설 관련 범죄

○ (공무상비밀누설) 국토부장관 명의의 '복합 생활 체육 시설 추가 대상지(안) 검토'를 포함한 47건의 문건을 정호성으로 하여금 최순실에게 전달하도록 지시하여 공무상 비밀을 누설하였다.

3. 중대성의 문제

가. 위와 같은 헌법 및 법률 위배행위는 자유민주적 기본질서를 위협하고 헌법의 기본 원칙을 적극적으로 위반한 것이어서 대통령의 파면이 필요할 정도로 헌법 수호의 관점에서 중대한 법 위반에 해당한다.

나. 사기업 금품 강제 지급 등은 대통령의 헌법상 권한과 지위의 남용,

부정부패 행위로 대통령의 직을 유지하는 것이 헌법수호의 관점에서 용납될 수 없거나 대통령이 국민의 신임을 배신하여 국정을 담당할 자격을 상실한 정도에 이른 것이다.

4. 결론

가. 최순실 등의 국정 농단과 비리, 공권력 이용을 배경으로 한 사익 추구는 광범위하고 심각하며 대통령 본인에 의해 저질러진 것이다.

나. 피청구인은 검찰 수사에 불응하고 국가기관인 검찰의 準사법적 판단을 '객관적인 증거는 무시한 채 상상과 추측을 거듭해서 지은 사상누각'으로 폄하함으로써 국법 질서와 국민에 대한 신뢰를 깨버린 것이다.

다. 2016. 11. 피청구인에 대한 지지율은 3주 연속 4~5%로 유례없이 낮고, 2016. 11. 12. 및 같은 달 26. 서울 광화문에서 100만이 넘는 국민들이 촛불집회와 시위를 하여 대통령이 더 이상 대통령 직책을 수행하지 말라는 국민들의 의사가 분명해졌다.

라. 그런 사유로 탄핵 소추를 하게 된 것이다.

III. 탄핵 소추 절차의 문제점

1. 본건 탄핵 소추는 아무런 객관적 증거 없이 이루어진 것으로 부적법해서 각하되어야 합니다.

가. 본건 탄핵 심판 절차는 헌법상 5년 임기가 보장되는 국가원수 겸 행정부 수반인 대통령의 자격에 관계된 중차대한 사안입니다. 따라서 단순한 의혹의 수준을 넘어서 객관적 증거로 입증된 사실에 기반해서 엄격한 의혹의 수준을 넘어서 객관적 증거로 입증된 사실에 기반해서 엄격한 법률적

평가를 거친 뒤 이유 유무를 따져야 할 것입니다. 국회법 제130조 제3항은 탄핵소추의 발의에는 탄핵의 증거 기타 조사상 참고가 될 만한 자료를 제시하도록 규정하고 있습니다.

나. 그러나 탄핵소추의결서에 첨부된 '증거 기타 조사상 참고자료'를 보면 ①헌법상 무죄 추정의 원칙에 따라 검사의 의견을 적은 것에 불과한 공소장과 ②질풍노도의 시기에 무분별하게 남발된 언론의 폭로성 의혹 제기 기사뿐이고 명확하게 소추 사유를 증명할 수 있는 객관적 증거는 아무 것도 없습니다.

다. 소추위원이 제출한 공소장 중 최소한 피청구인에 관련된 부분은 아래와 같이 전혀 사실이 아니고, 제3자의 일방적 주장이나 추측에 근거해서 이루어진 언론 보도 역시 소추 사유에 관련된 내용은 모두 사실이 아니고, 아무런 객관적 증거 없이 이루어진 본건 심판 청구는 부적법하여 심리할 것도 없이 각하되어야 할 것입니다.

2. 대통령에게도 절차상의 권리로서 방어권(항변권)이 보장되어야 함

가. 탄핵 소추 사유와 동일한 내용에 대하여 현재 여야 합의에 따라 국회에서 국정조사가 진행(2016. 11. 17~2017. 1. 15. 60일)되고 있고, 야당 추천 특별검사에 의한 수사도 진행 중입니다.

나. 따라서 국회의 국정조사와 특검의 수사를 통해 사실 여부를 명백하게 밝힌 뒤, 혹은 최소한 국회법상 탄핵소추안의 객관성을 담보하기 위한 '법사위 조사' 절차(국회법 제130조 제1항)라도 거친 뒤 표결이 이루어졌어야 함에도 이런 절차 없이 이루어진 탄핵 소추는 헌법과 국회법이 정한 절차적 정당성을 현저히 훼손했다고 판단됩니다.

다. 또한 국회의 소추 절차에서 피청구인에게 억울함을 호소할 수 있는 아무런 기회도 제공되지 않아 헌법상 보장되는 무죄 추정 원칙(제27조 제4

항)을 심각하게 침해하는 위헌적 처사라 하지 않을 수 없습니다.

3. 검찰 조사 불응, 검찰 판단 비판이 국법 질서와 국민 신뢰를 깨버렸다는 주장은 본말이 전도된 것입니다.

가. 피청구인이 검찰 수사에 응하지 않은 데는 수사 과정의 변호인이 밝힌 바와 같이 상당한 이유가 있으므로 이를 방어권 남용이나 포기로 볼 수 없고 참고인으로서 당연히 보장되는 권리의 행사에 불과한 것이어서 비난받을 일이 아닙니다.

나. 또한, 대형사건 수사 과정에서 검찰 수사의 편향성을 문제 삼고 '정치적 탄압' 운운하면서 출석에 불응하거나, 심지어 구속영장이 발부된 상황에서도 당사 內에서 농성하며 검찰을 규탄한 사례가 있었어도, 그것이 탄핵당할 만한 잘못이라는 비판은 듣지 못했습니다.

다. 판결 확정 전까지는 무죄로 추정되고, 내란이나 외환죄가 아닌 한 불소추 특권이 보장되어 헌법 해석상 검사의 조사가 불가능하다고 인정되는 대통령이 임의적인 검찰 조사에 며칠간의 연기를 요청하였고, 잘못된 수사 결론에 침묵 또는 동의하지 않았다고 해서 피청구인이 국법질서와 국민신뢰를 깨뜨렸다는 이유로 이루어진 본건 탄핵 소추는 도저히 정당성을 인정할 수가 없습니다.

4. 낮은 지지율(4~5%), 100만 촛불 집회로 국민의 탄핵 의사가 분명해졌다는 사유로 이루어진 본건 탄핵 소추는 그 자체가 헌법 위반입니다.

가. 우리 헌법은 대통령의 임기를 보장하는 규정(제70조)을 두고 있고, 그 외에 대통령에 대한 지지율이 일시적으로 낮고, 100만 명이 넘는 국민들이 촛불 집회에 참여하면 임기를 무시할 수 있다는 예외 규정을 두지 않고 있습니다.

나. 따라서, 국민의 탄핵의사가 분명해졌다는 것을 사유로 한 탄핵소추

는 헌법상 대통령의 임기 보장 규정(제70조) 취지를 완전히 몰각·무시하는 위헌적 처사입니다.

다. 헌법상 국민투표로도 대통령의 재신임을 묻지 못하는 바(제72조, 헌법재판소 2004.05.14. 선고 2004헌나1 결정), 일시적 여론조사 결과 등이 전체 국민의 뜻을 대변한다거나, 그것을 근거로 대통령을 퇴진시켜야 한다는 것은 우리 헌법에 규정한 권력구조의 본질을 훼손하는 반헌법적인 발상이라 할 것입니다.

IV. 탄핵 소추 사유에 대한 답변

1. 전반적인 문제점

가. 탄핵소추안에 기재된 대통령의 헌법 · 법률 위배 행위는 모두 사실이 아닙니다.

(1) 탄핵소추안의 기초가 되는 사실관계는 검증되지 않은 의혹 또는 현재 수사·재판 중인 사안으로, 대통령의 헌법 및 법률 위배행위가 입증된 바는 전혀 없음에도 기정사실인 것처럼 단정하고 있는 바 이는 헌법상 무죄추정의 원칙(제27조 제4항)을 정면으로 위반된 것입니다.

(2) 다음과 같이 사실 인정이 달라질 경우 탄핵 소추 사유는 법적 근거를 상실하게 됩니다.

▶ 피청구인이 최순실 등의 전횡이나 사익 추구를 인식하지 못한 경우

▶ 재단 출연, 계약 체결, 인사 등과 관련하여 기업들의 자발성이 인정되거나 피청구인이 자발적이라고 인식한 경우 또는 대가 관계가 인정되지 않는 경우

▶ 재단 출연, 계약 체결, 인사 등과 관련하여 참모진 등이 피청구인의

발언 취지를 오해하여 과도한 직무 집행이 이루어진 경우

▶피청구인이 일부 연설문과 관련하여 최순실에게 의견을 구한 사실만 인정되고, 문건을 포괄적·지속적으로 유출한 사실이 없는 경우

▶세월호 사건 당일 피청구인의 작위 또는 부작위와 사고 발생 또는 피해 결과 사이에 인과관계가 인정되지 않는 경우

(3) 탄핵소추안에 언급된 일부 헌법 위배 부분(국민주권주의, 대의민주주의, 헌법수호 및 헌법준수 의무)은 탄핵 사유로 삼기 부적절합니다.

(가) 탄핵 사유로 제시된 헌법 위배는 법률 위배 사실을 기초로 하는바, 모든 법률 위배가 헌법 위배가 되는 것은 아닙니다.

(나) 더욱이, 탄핵심판청구서의 헌법 위배 부분은 추상적이고 막연한 법 조항들이 단순 나열되어 탄핵사유로 부적합합니다.

(다) 피청구인이 최순실과 친분이 있다는 이유로 최순실의 행위에 대한 모든 책임을 피청구인의 헌법상 책임으로 구성한 것은 헌법상 연좌제 금지 조항(제13조 제3항)의 정신과 자기 책임 원칙에 위배되는 것입니다.

※탄핵소추의결서의 논리라면, 측근 비리가 발생한 역대 정권 대통령은 모두 탄핵 대상이 된다는 결론에 도달하게 됨

나. 이 件 탄핵과정은 헌법 및 법률의 일반적 절차에 위배된 것입니다.

(1) 헌법재판소는 대법원과 함께 우리나라 최고재판기관이고, 단심입니다. 한편 피청구인에 대한 본건 탄핵소추 사유 중 법률위반 부분은 최순실 등과 피청구인이 공모하여 범행을 한 것이라는 내용이고, 피청구인은 위 법률위반 부분에 대하여 아래와 같이 공모관계를 부인하고 있습니다. 그런데 현재 최순실 등은 서울중앙지방법원에 기소되어 형사재판이 진행 중입니다. 따라서 최고재판기관의 탄핵재판 내용과 형사1심 재판 내용이 거의 동일한 내용이므로 최고재판기관인 헌법재판소는 형사1심재판 과정을 잘 지

켜보면서 사실심리를 할 필요가 있다고 하겠습니다. 만약 헌법재판소의 탄핵결정이 형사재판 1심, 2심 및 대법원 재판 결과와 상충된다면 이는 최고재판기관인 헌법재판소의 권위에 크나큰 손상을 입힐 가능성이 매우 높다고 할 것입니다. 이러한 사정을 감안하여 헌법재판소법 제51조는 "피청구인에 대한 탄핵심판청구와 동일한 사유로 형사소송이 진행되고 있는 경우에는 재판부는 심판절차를 정지할 수 있다"고 규정하고 있습니다.

(2) 헌법재판소법 제32조는 '재판부가 결정으로 다른 국가기관 또는 공공단체의 기관에 필요한 사실을 조회하거나, 기록의 송부나 자료의 제출을 요구할 수 있으나, 재판·소추 또는 범죄수사가 진행 중인 사건의 기록에 대하여는 송부를 요구할 수 없다'고 규정하고 있어 위 취지를 더욱 구체화하였다고 할 것입니다.

(3) 위와 같은 피청구인에 대한 탄핵절차 규정을 종합하면 피청구인에 대한 이 件 탄핵은 헌법 제84조 대통령에 대한 형사상 특권을 간접적으로 위반한 것이고, 헌법에 규정된 최고재판기관인 대법원과 헌법재판소 및 하급법원이 각 상충된 재판 및 심판결과를 초래할 가능성을 전혀 고려하지 않았을 뿐만 아니라 탄핵심판 절차 과정에서 법원의 형사재판에 영향을 미치지 않게 하려는 법률조항을 위반한 것이라 할 것입니다.

2. 헌법 위배 행위 부분

가. 국민주권주의 및 대의민주주의 위반 여부

(1) 최순실 등이 국가 정책 및 고위 공직 인사에 광범위하게 관여했거나 좌지우지했다는 것은 사실이 아니고 입증된 바도 없습니다. 그 과정에서 최순실이 사익을 추구했더라도, 피청구인은 개인적 이득을 취한 바 없고, 최순실의 사익 추구를 인식하지 못하였습니다.

※언론에 제기된 의혹 대부분은 '미르·K재단, 최순실 이권 사업' 등에 국한되어 있는 바, 이는 피청구인이 대통령으로서 수행한 국정 전체의 극히 일부분(대통령의 국정수행 총량 대비 최순실 등의 관여비율을 계량화한다면 1% 미만이 되고, 그 비율도 소추기관인 국회에서 입증해야 할 것입니다)에 불과하고, 피청구인은 최순실의 이권 개입을 전혀 알지 못하였습니다.

(2) 피청구인의 의사에 따라 국가 정책이 최종 결정되었고, 피청구인은 국민 전체의 이익을 위해 정책을 집권하였을 뿐이므로 국민주권주의 위반이 아닙니다.

(3) 피청구인이 국정 수행 과정에서 지인의 의견을 들어 일부 반영했다고 하더라도 이는 사회통념상 허용될 수 있는 일이고(White House Bubble), 역대 대통령도 같은 방식으로 대통령직을 수행하였으며, 피청구인이 국민의 대표자로서 국민을 대신해 최종 의사 결정권자로서 대통령의 역할을 수행한 이상 헌법 위반이 아닙니다.

(4) 특히, 국민주권주의(제1조), 대의민주주의 조항(제67조 제1항) 등 국가 기본질서에 관한 추상적 규정은 탄핵 사유가 되기 어렵습니다.

나. 국무회의의 심의에 관한 규정 및 헌법 준수 의무 위반 여부

(1) 국무회의 관련 조항(제89, 90조)은 국무회의 구성 및 심의 대상에 관한 근거조항으로서 탄핵 사유가 되기에 부적합합니다. 특히, 국무회의의 심의사항 중 일부 내용이 최순실에게 유출되었더라도 실제 국무회의의 심의를 모두 거쳤을 뿐만 아니라 최순실이 국무회의 심의에 영향을 끼친 바는 없습니다.

(2) 또한 법률 위배가 인정된다고 하더라도 무조건 헌법 위배가 되는 것은 아니나, 법률 위배가 없으면 헌법 위배도 인정되지 않는다는 점에서 헌법 준수 의무는 탄핵 사유가 되지 않는다고 보아야 합니다.

※피청구인(대통령)이 헌법 준수 의무를 위반하였기 때문에 헌법을 위반하였다는 주장은 무의미한 순환논리에 불과함

다. 직업공무원 제도 및 대통령의 공무원 임면권 위반 여부

(가) 김종덕 문화체육관광부 장관 등 탄핵소추의결서에 적시된 인물들은 모두 법률에 정해진 절차를 거쳐 임명된 공무원입니다.

(나) 피청구인은 주변의 믿을 만한 지인을 포함하여 각계각층의 의견을 들어서 인사에 참고할 수 있고, 최종 인사권을 피청구인이 행사한 이상 설사 일부 인사 과정에서 특정인의 의견을 들었다고 하더라도 공무원 임면권을 남용한 것이라고 볼 수 없습니다.

※ 김종덕 장관의 경우 엄격한 국회의 인사청문회를 거쳐 임명되었고, 당시 국회는 '국민을 행복하게 만드는 문화융성을 실현할 장관의 직무를 수행할 수 있는 기본적인 역량을 갖추었다'고 평가한 바 있습니다.

※ 피청구인이 최순실을 잘못 믿었다는 결과적 책임은 정치적·도의적 책임일 뿐, 법적 탄핵 사유가 될 수 없습니다.

(다) 문화체육관광부 장·차관의 임명과 면직, 1급 공무원의 일괄 사표 등에 대하여 본다면 위 직위는 법률에 따라 직업공무원의 신분 보장이 적용되지 않으므로 피청구인이 공무원 임면권을 남용한 것이 아닙니다.

▶유진룡 前 장관은 여러 언론에 스스로 사의를 표명하였다고 밝힌 바 있음

▶정치적 공무원과 1급 공무원은 직업공무원 제도의 핵심인 신분 보장이 적용되지 아니함(1989. 12. 18. 89헌마32) → 국가공무원법 제68조 단서 : 1급 공무원과 고위공무원단에 속하는 공무원에 대한 신분 보장 제도가 적용되지 않음

▶'공직 기강 확립, 조직 쇄신' 차원에서 일반직 중 최고위직인 1급 공무

원이 일괄 사의를 표명한 사례는 現 정부에서뿐만 아니라, 역대 정부에서도 다수 존재

⇨ 노무현 정부 당시 김두관 행자부 장관 취임 직후인 '03. 3. 행자부 1급 공무원 11명이 사표를 제출하였는 바, 같은 논리라면 노무현 前 대통령 역시 공무원 임면권을 남용한 것임

※ 이명박 대통령 정부에서도 감사원, 총리실, 국세청, 교과부, 국세청, 농식품부 등의 1급 간부 전원이 사표를 제출한 사례 다수

○ 문화체육관광부 공무원 인사에서 인사 평정, 업무 수행 능력과 외부 평판 등을 종합적으로 고려하여 결정하였다면, 그 과정에서 부적격자임이 명백하고 뇌물 수수 등의 범죄가 수반되지 않은 한 대통령의 정당한 인사권 행사로 보아야 할 것입니다.

※ 피청구인은 2015. 1. 대통령 기자회견에서 '해당 국·과장은 체육 개혁 책임자로서 체육계 비리 척결이 이루어지지 않는 것에 대한 문책성 경질이고, 승마협회 감사와 무관함'을 밝혔으며, 조응천 당시 청와대 공직기강비서관(現 민주당 의원)도 최근 언론에 그런 사실을 밝힌 바 있음

라. 평등원칙 위반 여부

1) 공무원들이 최순실 등에게 사업상 특혜를 제공하였다 할지라도 이는 개인 비리에 불과하고, 피청구인은 그 과정에 관여한 바가 없습니다.

2) 최순실의 범죄행위에 대한 피청구인의 공모가 입증되지 않는 이상 그것을 가지고 피청구인이 평등 원칙을 위배하였다고 볼 수 없으므로 헌법위반으로 볼 수 없습니다.

마. 재산권 보장, 직업 선택의 자유 등 위반 여부

1) 피청구인은 기업들에게 직권을 남용하거나 강제적으로 재단 출연을 요구한 바가 전혀 없습니다.

2) 출연 기업 관계자들은 검찰 조사나 국회 청문회에서 '재단 설립 취지에 공감하여 돈을 냈다'고 진술한 것으로 알고 있고, 자발적 기금 모집의 경우 국가기관에 의한 재산권 침해행위가 없어 재산권 제한 문제는 발생하지 아니합니다.

3) 또한 기업 임원에 대한 인사권은 해당 기업에 있고, 전문가를 기업 임원으로 추천한 것에 대한 도덕적 비난은 별론, 피청구인이 직접 직업의 자유를 침해한 것으로 보기는 어렵습니다.

바. 언론 및 직업 선택의 자유 위반 여부

1) 객관적 사실에 부합하지 않고, 개인 명예를 훼손하거나 사생활 비밀을 침해하는 보도를 바로잡기 위한 조치(정정보도 청구, 보도자제 요청 등)를 언론·출판의 자유에 대한 침해라고 할 수 없습니다.

2) 소위 '정윤회 문건' 사건 당시 청와대에서 작성된 문서가 외부로 유출된 자체가 범죄행위이므로, '문건을 유출한 것이 국기 문란'이라는 피청구인의 발언은 부당하지 않습니다.

※ 한일 경위의 경우, 검찰은 '압수물에서 문건 유출 범행을 입증할 결정적인 증거가 발견되어 혐의를 자백하였다'고 수사 결과를 발표한 바 있으며, 이후 법원에서 유죄 판결이 선고되었으므로 민정비서관이 한일 경위를 회유하였다는 것은 신빙성이 낮음

3) 언론사 임원에 대한 인사권은 해당 기업에 있고, 피청구인이 세계일보 등 언론사에 임원 해임을 요구하거나 지시한 사실은 없습니다.

※ '청와대 고위관계자가 세계일보 사주에게 조한규 사장의 해임을 요구하였다'는 부분은 일방 당사자의 미확인 주장에 불과하고, 조한규 前 사장 역시 '직접 경험한 것이 아닌 타인으로부터 들은 사실'이라고 언론에서 밝힌 바 있음

사. 생명권 보장 위반 여부(소위 '세월호 7시간' 문제)

1) 대통령 등 국가기관의 생명권 보호 의무 위반으로 보기 위해서는 보호 의무의 의식적 포기행위가 있어야 되고, 단순히 직무를 완벽히 수행하지 않았다거나 결과가 기대에 미치지 못했다고 헌법에 규정된 생명보호 의무 위반으로 보기는 어렵습니다.

2) 피청구인은 세월호 사고 당시 청와대에서 정상 근무하면서 해경, 안보실 등 유관기관 등을 통해 피해자 구조를 위해 최선을 다하도록 지시했고, 대규모 인명 피해 정황이 드러나자 신속하게 중앙재해대책본부에 나가 현장 지휘를 했는 바, 피청구인이 생명권 보호를 위해 노력했다는 점에 대한 객관적 증거가 충분히 있습니다.

※ 대법원은 형법상 직무유기죄의 해석과 관련해 직무에 관한 의식적인 방임 내지 포기 등 정당한 이유 없이 직무를 수행하지 않는 경우를 의미하며, 단순한 직무 수행의 태만은 포함하지 아니한다고 판시(1956.10.19 선고 4289형상244)

3) 세월호 피해자에 대한 구조 책임은 현장에 출동한 해양경찰에 대해서만 인정되었고, 상급자인 목포해양경찰서장, 해양경찰청장 등에 대해서도 법적 책임이 인정되지 않았습니다. 따라서 대통령에게 국가의 무한 책임을 인정하려는 국민적 정서에만 기대 헌법과 법률의 책임을 문제 삼는 것은 무리한 주장이라고 지적하지 않을 수 없습니다.

4) 사고 당시 국가기관의 대응 체계가 미흡했다고 평가되는 측면이 없지 않지만 헌법재판소는 2004년 노무현 대통령 탄핵 사건에서 대통령의 정책결정상의 잘못 등 직책 수행의 성실성 여부는 그 자체로 탄핵 소추 사유가 될 수 없다고 판시한 바 있습니다(2004헌나1). 따라서 설령 위와 같은 중대한 재난사고에 대응한 피청구인의 조치 또는 대응에 일부 미흡한 부분이 있다

고 할지라도 위와 같은 사유가 적법한 탄핵 소추 사유가 될 수 없습니다.

※ 탄핵소추인의 논리대로라면, 향후 모든 인명 피해 사건에 대하여 대통령이 생명권을 침해하였다는 결론을 초래

3. 법률 위배행위 부분

가. 재단 관련 뇌물수수죄 성립 여부

(1) 미르재단 등은 한류 전파·문화 융성 등 명확한 정책 목표를 갖고 민·관이 함께 하는 정상적인 국정 수행의 일환으로 추진된 공익사업입니다.

(2) 피청구인은 기업인들에게 문화·체육 발전에 대한 자발적 지원을 부탁한 것이고, 어떠한 대가를 조건으로 기금을 부탁하거나 기업의 대가를 바라고 출연한 것도 아니므로 뇌물수수의 고의가 인정되지 않습니다.

(3) 또한 피청구인은 사익을 추구할 목적이 없었고, 최순실의 범죄를 알면서 공모하였거나 예측할 수 있었던 것도 아닙니다.

(4) 본건 문제된 재단법인과 대통령 또는 최순실은 별개이고, 재단 기금의 사유화는 아예 불가능합니다. 즉 미르재단 등은 재단법인이고, 법적으로 독립된 권리와 의무의 주체로서(민법 제34조) 재단 운영의 주체는 이사회입니다.

▶피청구인이 재단 이사 후보군을 전경련에 추천하였다고 하더라도, 이는 정책의 시너지 효과를 거두기 위한 공익적 목적일 뿐 피청구인이 재단을 지배한 바 없음

▶재단은 '지정 기부금 단체'로도 지정되어 있어 지출액의 80% 이상을 고유 목적 사업에 지출하고, 기부금 모금에 활용 실적을 공개해야 하며, 주무부처에 실적을 보고하고 감사를 받는 등 엄격한 통제를 받고 있어 재단 기금의 사유화는 불가능

▶노무현 정부 당시 삼성 一家 8000억 원의 사재를 출연하자, 정부가 나서서 이를 관리하겠다고 공언하여 재단 이사진을 親盧 인사들로 채운 사례도 존재

(5) 피청구인 또는 최순실이 재단에 영향력을 행사할 수 있는 지위에 있다고 할지라도, 재단 출연금을 대통령 또는 최순실이 받은 뇌물로 치환하는 것은 법인에 별개의 법인격을 부여한 민법 법리를 도외시한 것입니다. 즉 재단 운영 구조 및 재단 기금 사용 현황 등을 고려할 때 재단 사유화 자체가 불가능하므로 재단이 받은 기금을 개인적 차원에서 받은 뇌물과 동일하게 볼 수 없습니다.

※ 더욱이, 검찰이 철저하게 수사해도 뇌물을 입증할 수 없어 안종범 前 수석 등에게 뇌물죄를 적용하여 기소하지 않았음에도 국회는 피청구인에 대하여 아무런 추가 근거 또는 증거도 없이 탄핵 소추 사유에 뇌물죄를 포함시키는 것은 부당하다고 할 것입니다.

나. 재단 관련 제3자 뇌물수수죄 성립 여부

(1) 제3자 뇌물수수죄는 통상의 뇌물죄와 달리 금품의 대가로 부정한 청탁이 필요하나 기업의 「부당한 청탁」이 입증된 바 없고, 삼성·SK·롯데 등과 관련한 정부의 각종 행정행위는 관계기관 간 충분한 논의와 절차를 거쳐 이루어진 것이어서 미르재단 출연과 무관합니다.

※ 실제 롯데가 70억 원을 추가 출연하였음에도 롯데에 대한 검찰 수사가 진행되었다는 것은 오히려 피청구인(대통령)이 출연 대가로 어떠한 영향력도 행사한 것이 없다는 반증임

(2) 막연히 선처하여 줄 것이라는 기대나 직무 집행과는 무관한 다른 동기에 의하여 제3자에게 금품을 공여한 경우에는 묵시적 의사표시에 의한 부정한 청탁이 있다고 볼 수 없고(대법원 2010도12313호 판결), 피청구인

과 기업 사이에 재단이 당면 현안 해결에 대한 대가라고 인식하거나 양해한 바 없으며, 국정조사 청문회에서 기업 총수들이 모두 대가성이 없었다고 증언하였습니다.

다. 재단 관련 직권남용 및 강요죄 성립 여부

(1) 직권남용 및 강요는 '자신의 의사에 반하여 한 행위'임에 반하여 뇌물은 공여의 고의 하에 '자발적으로 한 행위'여서 양립 불가능합니다. 그런데 탄핵소추 사유 중 2. 가. (2). (가)에는 피청구인이 대기업으로부터 뇌물을 출연하게 하여 뇌물수수 또는 제3자뇌물수수죄에 해당된다고 기재하면서도 한편 (나)에서는 위 대기업들로 하여금 의무 없는 일을 하게 함으로써 직권남용권리행사방해죄 및 강요죄에 해당한다고 기재함으로써 상호 모순된 소추사실을 기재하였습니다.

(가) 재단 설립은 과거 정부에도 있었던 관행에 따른 것으로 모금의 강제성이 인정되지 않습니다. 피청구인은 기업인들에게 국정기조의 하나인 '문화융성'을 위해 적극 투자해달라고 부탁하고, 안종범 등에게 좋은 취지로 협조를 받으라고 지시하였을 뿐 위법·부당한 행위를 지시한 사실이 없습니다.

※ ①재단 설립이 상당한 기간 여러 논의를 거쳐 추진된 점, ②모금 과정에서 기업들이 심층 검토와 합당한 절차를 거쳐 지원 규모를 결정한 점, ③역대 정부가 추진한 공익재단 사업과 유사하고 본질적 차이가 없는 점, ④재단 운영 구조상 특정 개인의 사유화가 불가능한 점, ⑤현재도 90% 이상의 자금이 재단에 그대로 남아 있으며, 지출된 돈도 목적에 맞게 쓰인 점 등을 종합할 때 직권남용 및 강요죄는 성립하기 어려움.

(나) 강요죄는 '폭행' 또는 '협박행위'가 있어야 하는데, 검찰 공소장에도 어떠한 방식으로 기업을 협박했는지 기재가 되어 있지 않습니다. 이 부분은 헌법재판소의 보정 명령이 이루어져야 합니다.

(다) 구체의 강압이나 협박이 없었음에도 대통령의 권한이나 지위만으로 피청구인에게 범죄 성립을 인정하는 것은 무리한 해석입니다.

▶검찰은 막연히 '기업들이 요구에 불응할 경우 세무조사를 당하거나 인허가의 어려움 등 기업 활동 전반에 걸쳐 직·간접적으로 불이익을 받게 될 것을 우려한 나머지' 출연금을 냈으니 협박이라고 주장하나,

▶검찰 논리대로라면 국회의원이 기업에 정당한 협조 요구를 하여 수용한 경우에도, 언제든지 '기업 관련 법제에 있어 불이익을 받을 것을 우려하여 강압에 의해 받아들인 것'이라는 부당한 결론에 이르게 됨.

라. 최순실 등에 대한 특혜 제공 관련 범죄 성립 여부

(1) 피청구인은 KD코퍼레이션의 현대차 납품과 관련하여 어떤 경제적 이익도 받은 바 없고, 최순실과 뇌물수수 범행을 공모하지 않았으며, 최순실이 샤넬백 및 금원을 받은 사실 자체를 알지 못했습니다. 최순실이 대통령 피청구인을 내세워 청탁을 받고 대가를 취득하였다고 하여, 이를 알지도 못한 피청구인과 공범이라고 단정하는 것은 공범에 대한 법리를 잘못 판단하였거나, 논리 비약에 불과하다 할 것입니다.

(2) 피청구인이 안종범 전 수석을 통하여 현대차 그룹으로 하여금 최순실의 지인이 운영하는 KD코퍼레이션으로부터 납품을 받도록 하고, 최순실이 KD코퍼레이션 대표로부터 금품을 수수하였다는 사실만으로 피청구인에 대한 제3자 뇌물수수죄가 당연히 성립한다고 볼 수는 없습니다.

(3) 사기업의 영업 활동은 공무원의 직권 범위 밖의 행위이고, 개별 기업의 납품, 직원 채용, 광고 등 영업 활동은 공무원인 피청구인 또는 경제수석의 직무 범위에 속하지 않아 법리 및 판례상 직권남용죄가 성립하지 않습니다.

※ 과거 속칭 '신정아 사건'에서도 대법원은 변양균 前 정책실장에게 같은

이유로 무죄 선고 → 공무원이 직무와는 상관없이 지원을 권유하거나 협조를 의뢰한 것까지 직권남용에 해당한다고 할 수는 없음(대법원 2009.1.30 선고 2008도6950 판결)

(4) 강요죄는 '폭행' 또는 '협박행위'가 있어야 하는데 피청구인은 그런 행위를 하거나 지시한 바 없고, 안종범에 대한 공소장에도 그가 어떻게 협박을 하였다는 것인지 특정되어 있지 않아 강요죄는 성립되지 않습니다. 피청구인은 문화·체육 융성이라는 정책적 관점에서 포스코, GKL 등에 실업 체육팀 창단 협조를 부탁한 것이고, 이는 정당한 직무 수행의 일환입니다.

※ 포스코와 GKL은 회사 사정상 안종범 수석의 부탁을 수용하기 어렵다며 거절하였고, 이후 수차례의 협상과 조정을 거쳐 전혀 다른 내용의 계약이 성사되었는 바, 만일 '협박'이 있었다면 이러한 협상 과정이 존재할 수 없었을 것임.

(5) 피청구인은 각종 공식 행사나 회의, 사석에서 '중소기업'이 어려움을 겪는다는 말을 들으면 적극적으로 해결해 주기 위하여 관계 수석에게 상황을 알아보고 도울 수 있으면 도와주라는 지시를 해왔습니다. 피청구인은 대기업 일가 친척들이 운영하는 하청업체에 일감을 몰아주는 속칭 '재벌 카르텔'로 인하여 우수한 기술을 보유한 중소기업들이 꽃을 피우지 못하는 것을 안타까워 하였고, 이를 혁파하는 것을 중요한 국정업무로 삼아 이를 실행하여 왔습니다. 본건도 그런 과정의 일환으로 이루어진 것이므로 피청구인은 제3자 뇌물수수 범행의 고의가 없었습니다.

※ 최순실과 관련된 업체라서, 혹은 최순실의 부탁이기에 도와준 것이 아니라, 누가 이야기하든 어떤 중소기업이라도 애로 사항을 해결해 주기 위해 노력하는 것은 대통령으로서 정당한 업무수행임

※ 오히려 최순실과 어떤 관련이라도 있다는 사실을 알았다면 절대 들어

주지 않았을 것임

(6) 또한, 안종범 수석에게 지시한 것도 무조건 특정 기업에 특혜를 주라는 것이 아니었고, 합법적 범위 내에서 중소기업의 애로사항을 정부가 실질적으로 해결해주라는 의미였으며, 계약 또는 채용 여부는 개별 기업이 검토해서 결정할 문제입니다. 위와 같이 국정의 최고책임자인 대통령이 시야가 제한되어 있는 직업공무원들로 이루어진 보고체계에 의존하지 않고, 여러 경로를 통하여 국민, 기업들의 애로사항을 청취하고 이를 해결하는 것은 정치의 한 방법으로 동서고금 널리 인정되어 왔습니다. 다만 위 과정에서 대통령 등 최고 권력자의 친인척·지인들이 최고 권력자의 권위를 이용하여 개인적인 이득을 취하여 왔던 사례는 역사적으로 헤아릴 수 없을 정도로 많고, 우리나라 전직 대통령의 친척들도 이러한 문제를 야기하였습니다. 그러나 전직 대통령 그 누구도 이러한 문제로 탄핵을 당하지 않았다는 점에 비추어 본다면 피청구인에 대한 이 件 탄핵소추는 형평에 반하는 것이라 할 것입니다.

마. 공무상비밀누설죄 성립 여부

(1) 피청구인은 이 부분 탄핵 소추 사유를 전부 부인합니다. 연설문 이외의 문건들은 비밀에 해당하는지 여부가 분명하지 않고 피청구인의 지시에 따라 최순실에게 전달된 것이 아니어서 구체적 유출 경로를 알지 못합니다.

(2) 피청구인이 연설문을 최순실로 하여금 한 번 살펴보게 한 이유는 직업관료나 언론인 기준으로 작성된 문구들을 국민들이 보다 잘 알아들을 수 있도록 일부 표현에 관해 주변의 의견을 청취한 것에 불과하고, 발표되기 직전에 최순실의 의견을 구한 것이어서 그 내용이 미리 외부에 알려지거나 국익에 반하게 활용될 가능성이 없었기에 공무상비밀누설이라 보기 어렵습니다.

※ 통상 정치인들은 연설문이 국민의 눈높이에서 너무 딱딱하게 들리는지, 현실과 맞지 않는 내용이 있는지에 대해 주변의 자문을 받는 경우가 왕왕 있고(속칭 'Kitchen cabinet'이라고 합니다), 피청구인이 최순실의 의견을 들은 것도 같은 취지였음

- 판례상 공무상 비밀이 되기 위해서는 누설로 인해 국가 기능에 위협이 발생하여야 하나(대법원 2001도1343호 판결) 실제 유출된 연설문은 선언적·추상적 내용이고, 발표 1~2일 전에 단순히 믿을 만하다고 판단한 주변 지인의 의견을 들어본 것이어서 '누설'로 보기 어렵습니다.

V. 결론

위에서 본 바와 같이 피청구인에 대한 탄핵소추 사유를 인정할 자료들이 없습니다. 특히 피청구인에 대한 뇌물죄 또는 제3자 뇌물수수, 직권남용권리행사방해, 강요에 의한 증거들은 공범 최순실 등에 대한 1심 형사재판 절차에서 충분한 심리를 거친 후에 결정하여야 할 것이고, 형사처벌에 상응하는 탄핵소추 절차에서도 형사소송법 규정을 준용하여 무죄추정의 원칙이 적용되어야 하여야 할 뿐 아니라 아래에서 보는 바와 같이 파면의 효과가 중대한 대통령인 피청구인에 대하여서는 더욱더 엄격한 증명이 요구된다고 할 것입니다.

설혹 견해를 달리하여 피청구인에 대한 탄핵소추의 사유를 인정할 증거들이 있다고 하더라도 "대통령은 국가의 원수이자 행정부의 수반이라는 막중한 지위에 있고(헌법 제66조), 국민의 선거에 의하여 선출되어 직접적인 민주적 정당성을 부여받은 대의기관이라는 점에서(헌법 제67조) 다른 탄핵대상 공무원과는 그 정치적 기능과 비중에 있어서 본질적인 차이가 있으

며, 이러한 차이는 '파면의 효과'에 있어서도 근본적인 차이로 나타난다.…
대통령의 경우, 국민의 선거에 의하여 부여받은 '직접적 민주적 정당성' 및
'직무수행의 계속성에 관한 공익'의 관점이 파면결정을 함에 있어서 중요한
요소로서 고려되어야 하며, 대통령에 대한 파면효과가 이와 같이 중대하다
면, 파면결정을 정당화하는 사유도 이에 상응하는 중대성을 가져야 한다.…
대통령을 제외한 다른 공직자의 경우에는 파면결정으로 인한 효과가 일반
적으로 적기 때문에 상대적으로 경미한 법위반 행위에 의해서도 파면이 정
당화될 가능성이 큰 반면, 대통령의 경우에는 파면결정의 효과가 지대하
기 때문에 파면결정을 하기 위해서는 이를 압도할 수 있는 중대한 법위반
이 존재해야 한다.… 대통령에게 부여한 국민의 신임을 임기 중 다시 박탈
해야 할 정도로 대통령이 법위반 행위를 통하여 국민의 신임을 저버린 경우
에 한하여 대통령에 대한 탄핵사유가 존재하는 것으로 판단된다.… 대통령
의 파면을 요청할 정도로 '헌법수호의 관점에서 중대한 법위반'이란, 자유민
주적 기본질서를 위협하는 행위로서 법치국가 원리와 민주국가 원리를 구
성하는 기본원칙에 대한 적극적인 위반행위를 뜻하는 것이고, '국민의 신
임을 배반한 행위'란 '헌법수호의 관점에서 중대한 법위반'에 해당하지 않
는 그 외의 행위유형까지도 모두 포괄하는 것으로서, 자유민주적 기본질서
를 위협하는 행위 외에도, 예컨대, 뇌물수수, 부정부패, 국가의 이익을 명백
히 해하는 행위가 그의 전형적인 예라 할 것이다. 대통령이 자유민주적 기
본질서를 수호하고 국정을 성실하게 수행하리라는 믿음이 상실되었기 때문
에 더 이상 그에게 국정을 맡길 수 없을 정도에 이르렀다고 보아야 한다. 결
국, 대통령의 직을 유지하는 것이 더 이상 헌법수호의 관점에서 용납될 수
없거나 대통령이 국민의 신임을 배신하여 국정을 담당할 자격을 상실한 경
우에 한하여, 대통령에 대한 파면결정은 정당화되는 것이다."(헌법재판소

2004.05.14. 2004헌나1)라는 헌법재판소의 결정례에 비추어 본다면 피청구인의 이 건 법률위반은 파면결정을 정당화하는 사유에 해당하는 중대성을 가진다고 볼 수 없습니다.

위에서 본 바와 같이 피청구인이 중대한 헌법위배 및 법률위배 사실을 인정할 증거가 없으므로 피청구인에 대한 탄핵 소추 사유는 모두 부적법하거나 사실이 아니어서 본건 탄핵 소추는 이유 없습니다.

따라서 본건 탄핵 심판 청구는 기각되어야 할 것입니다. 끝.

2016. 12. 16.
피청구인 대통령
대리인 변호사 이중환
변호사 손범규
변호사 채명성
헌법재판소 귀중

언론의 亂

지은이 | 趙甲濟 외
펴낸이 | 趙甲濟
펴낸곳 | 조갑제닷컴
초판 1쇄 | 2016년 12월23일
초판 2쇄 | 2017년 1월6일
초판 3쇄 | 2017년 2월2일

주소 | 서울 종로구 새문안로3길 36, 1423호
전화 | 02-722-9411~3
팩스 | 02-722-9414
이메일 | webmaster@chogabje.com
홈페이지 | chogabje.com

등록번호 | 2005년 12월2일(제300-2005-202호)
ISBN 979-11-85701-49-3-03340

값 13,000원

*파손된 책은 교환해 드립니다.